資源・インフラPPP／プロジェクトファイナンスの基礎理論

弁護士
樋口孝夫 [著]
Takao Higuchi

一般社団法人 金融財政事情研究会

推薦のことば

　国内外での投資事業およびその資金調達に携わる方々、大規模な事業のビジネスに関心をもっている学生や研究者に、本書を読むことをぜひ薦めたい。
　プロジェクトファイナンスは、わかりづらい代物である。人によってプロジェクトファイナンスについての評価・見方が異なるからである。実際のところ、ディールの現場でもさまざまな意見が語られ、まことしやかに伝承される。
　たとえば、①プロジェクトファイナンスは、若い担当者だけが取り組むに値する単なる金融実務にすぎない。②膨大な契約書類は、弁護士を儲けさせるだけのもので、時間とコストの無駄。③資金力のあるスポンサーならプロジェクトファイナンスを利用する必要はない。④経験のある優良スポンサーがいれば、貸付リスクなどないも同然であり、契約書も紙1枚で十分。⑤インフラ事業などでは、対象事業の契約ストラクチャーさえしっかりしていればよく、初体験のスポンサーでもプロジェクトファイナンスで貸すことができる。⑥貸し手によるステップインはしょせん空想にすぎず、これを可能とする仕組み・契約は無駄至極である。⑦そこに費やされる膨大なエネルギーのすべては不要な回り道であり、すべてのプロセスは貸し手側の自己満足にすぎない。⑧プロジェクトファイナンスは、債権保全がしっかりしていて、事業の経済性やカントリーリスクが変化しても安心安全だ。⑨それは突き詰めるところ倒産隔離が目的である。⑩わが国のプロジェクトファイナンスも外国のものも内容は基本的に同じである。
　こうした意見・見方のなかには、単純な誤りもある。一方で、必ずしも間違いではないが、見方があまりに一面的すぎるものもある。したがって、初心者の多くは、プロジェクトファイナンスに接した初期の段階から誤った見方を周囲から植えつけられることがある。
　プロジェクトファイナンスは、金融の一手法であるが標準化ができていな

い面もあって、厳格な金融規律や理想的な契約構造が、現場における実務的要求やバランスのとれた総合的判断と、頻繁に交錯・衝突する実務作業である。言い換えれば、理念・理屈が正しく貫かれるべき事項もあれば、実質的なビジネス判断が大きく優先することもある。何が守られるべき金科玉条のルールで、何が柔軟に判断されるべきなのかは、時に判然としない。したがって、スポンサーであれ、レンダーであれ、契約交渉をリードするためには相当の経験、バランスのとれたリスク評価と総合的な判断力が求められる。一定程度のディール経験を重ねていくと、複数の案件を貫いているこの世界の真髄が少しずつみえてくるようになる。

しかしながら、回数を重ねて案件を担当していれば、プロジェクトファイナンスの基本的な原理原則が、必ずしも簡単に、ごく自然に身についていくわけではない。実務経験、プロジェクトの資金調達交渉体験を重ねるなかで、本当にこの分野をよく理解している専門家に、原理原則に立ち返った講釈や確認をしてもらうことを通じて、はじめて「そういうことか」と理解できるようになってくる。ところが、実際にはディールの現場は、火事場のように混乱していて、原理原則を確認する暇を与えられることなどなく、若い担当者はリーダーの指示をいわれたままにこなすしかない。そして、1つのディールを終えれば別の新しい案件のインフォメモを作成する（あるいは読む）ことに奔走している。特に優秀な先輩たちはお客さんから引っ張りだこで、なかなか時間をゆっくりとって後輩たちに極意を教えてくれるわけではない。

いまから約15年前、本著者の樋口氏、松井毅氏（現・大阪ガス株式会社執行役員）と私の3人は、一時期同じ国際協力銀行のプロジェクトファイナンスの現場でディールに取り組み、案件を離れた場でも、プロジェクトファイナンスの本来のあり方論についての議論を重ねた。樋口氏は、チームの解散後も国内のPFIにかかわり、その問題意識を継続してきた。私はある時、樋口氏と共著で本書と同様の企画を試みたが、日々の些事にまみれ、逆に乗り気になった樋口氏の期待に応えられず挫折してしまったが、辛抱強い樋口氏は

本書を単著で完成した。

　日本国内のPFIの適切な発展、本邦企業のいっそうの海外事業展開、そしてわが国金融のさらなる発展を祈念して、若い読者が案件に取り組みながら本書を熟読することを強く期待している。

　2014年4月

　　　　　　　　　　　　　　国際協力銀行　執行役員・企画管理部門長
　　　　　　　　　　　　　　京都大学経営管理大学院　客員教授
　　　　　　　　　　　　　　福井県立大学　客員教授

　　　　　　　　　　　　　　　　　　　　　　　　安間　匡明

【著者略歴】

樋口　孝夫（ひぐち　たかお）

長島・大野・常松法律事務所所属弁護士（日本国および米国ニューヨーク州弁護士）

1962年生まれ
1981年3月：私立武蔵高等学校卒
1987年3月：東京大学法学部卒
1989年4月：弁護士登録（第一東京弁護士会）、長島・大野法律事務所（現　長島・大野・常松法律事務所）入所
1995年5月：米国コロンビア大学ロースクール卒（LL. M）
1995年9月～1996年5月：米国ニューヨーク Milbank, Tweed, Hadley & McCloy 法律事務所で研修
1996年9月～1997年4月：英国ロンドン Linklaters & Paines（現 Linklaters）法律事務所で研修
1997年6月～1999年5月：日本輸出入銀行（現　株式会社国際協力銀行）プロジェクトファイナンス部の案件に専属的に関与
2010年から現在：京都大学経営管理大学院講座「プロジェクトファイナンス」（株式会社国際協力銀行協力講座）担当非常勤講師

目　次

第 I 編　序　論

1　本書の目的 ··· 2
　(1)　ホスト国・オフテイカーからの観点 ······························· 5
　(2)　民間事業者からの観点 ··· 6
　(3)　シニア・レンダーからの観点 ······································ 6
2　関係当事者 ·· 8
　(1)　ホスト国・オフテイカー ··· 9
　(2)　スポンサー（株主） ··· 10
　(3)　プロジェクト会社 ··· 11
　(4)　O&M オペレーター ·· 12
　(5)　EPC コントラクター ·· 12
　(6)　シニア・レンダー ··· 13
　(7)　独立コンサルタント（エンジニア） ······························ 14
3　契約関係 ··· 15
　(1)　プロジェクト関連契約 ·· 16
　　(i)　事業契約（オフテイク契約） ·································· 16
　　(ii)　O&M 契約 ··· 18
　　(iii)　EPC 契約 ·· 19
　　(iv)　スポンサー劣後貸付契約 ······································· 20
　　(v)　プロジェクト・マネージメント・サービス契約 ················ 21
　(2)　融資関連契約 ··· 22
　　(i)　優先貸付契約 ·· 22
　　(ii)　スポンサー・サポート契約 ··································· 22
　　(iii)　担保関連契約 ·· 23

(iv)　直接協定 ……………………………………………………… 24
　　(v)　コンサルタント契約 ………………………………………… 25
4　2つのケース ……………………………………………………………… 26
(1)　プロジェクト会社がマーケット・リスクをとるケース（ケース①） ………………………………………………………………………… 26
(2)　プロジェクト会社がマーケット・リスクをとらないケース（ケース②） ………………………………………………………………… 27

第Ⅱ編　資源・インフラPPPプロジェクトの基礎理論

1　資源・インフラPPPプロジェクトの内容 ………………………………… 30
(1)　BOT形式のプロジェクト ……………………………………………… 30
(2)　BLT形式のプロジェクトとの相違 …………………………………… 32
(3)　BOTとPFIおよびPPPとの関係 ……………………………………… 33
(4)　PFIとPPPとの関係 …………………………………………………… 33
(5)　施設の設計・建設を含まない単なる物・サービスの提供のPPP …… 35
(6)　DBOプロジェクト ……………………………………………………… 36
(7)　ハコ物PFI ……………………………………………………………… 37
2　資源・インフラPPPプロジェクトが用いられる理由 …………………… 38
(1)　資源・インフラPPPプロジェクトにおける「富」の源泉 ………… 38
(2)　ホスト国・オフテイカーにとってのメリットを計る指標 ………… 40
　　(i)　バリュー・フォー・マネー ……………………………………… 40
　　(ii)　アディショナリティ ……………………………………………… 41
　　(iii)　財政にかわる景気刺激および公共のバランスシートにおけるオフバランス ………………………………………………………… 43
　　(iv)　「国・地方公共団体にお金がないことから民間のお金を使う」は本質的に誤り ……………………………………………………… 45
(3)　スポンサーにとってのメリットを計る指標 ………………………… 46

3　資源・インフラPPPプロジェクトの本質 ･･････････････････････････････ 49
　(1)　資源・インフラPPPプロジェクトでSPCが用いられる理由 ･･････････ 49
　　(i)　複数のスポンサーの存在が理由か ････････････････････････････ 49
　　(ii)　プロジェクトファイナンスが理由か ･･････････････････････････ 50
　　(iii)　スポンサーからの倒産隔離が理由か ････････････････････････ 50
　　(iv)　資源・インフラPPPプロジェクトに対するモニタリングが
　　　　理由か ･･ 53
　(2)　資源・インフラPPPプロジェクトでSPCであるプロジェクト
　　　会社が用いられる真の理由──資源・インフラPPPプロジェクトに
　　　おける民間事業者の「投資」 ････････････････････････････････････ 53
　　(i)　スポンサーによる金員の拠出 ････････････････････････････････ 54
　　(ii)　スポンサーへの利益のための事業が行われること ･･････････････ 54
　　(iii)　スポンサーにより拠出された金員の資金使途──事業は運営
　　　　が対象 ･･ 55
　　(iv)　「投資」における有限責任 ･･････････････････････････････････ 55
　　(v)　ホスト国・オフテイカーがスポンサーやプロジェクト会社か
　　　　らの各業務の受託者と基本契約を締結することの妥当性 ････････ 57
　　(vi)　事業契約におけるリスクが民間事業者に移転することの意味 ･･･ 57

4　資源・インフラPPPプロジェクトの特徴 ････････････････････････････ 67
　(1)　資源・インフラPPPプロジェクトは、運営が主体であること ･･････ 68
　(2)　オーナーオペレーターの原則 ･･････････････････････････････････ 69
　(3)　スポンサーとEPCコントラクターとの利益相反 ･･････････････････ 70
　(4)　事業の単一性の原則およびプロジェクト会社は特別目的会社で
　　　あること ･･ 72
　　(i)　事業の単一性の原則 ･･ 72
　　(ii)　プロジェクト会社は特別目的会社であること ･･････････････････ 74
　(5)　バック・トゥ・バックの規定およびリスクのパス・スルーなら
　　　びにプロジェクト会社のペーパー・カンパニー化 ････････････････ 74

（ⅰ）バック・トゥ・バックの規定およびリスクのパス・スルー ……… 74
　　　（ⅱ）プロジェクト会社のペーパー・カンパニー化 ……………………… 76
　（6）シングル・ポイント・レスポンシビリティの原則 ……………………… 77
　　　（ⅰ）O&M 業務におけるシングル・ポイント・レスポンシビリ
　　　　　ティの原則 ………………………………………………………………… 77
　　　（ⅱ）EPC 業務におけるシングル・ポイント・レスポンシビリ
　　　　　ティの原則 ………………………………………………………………… 78
　　　（ⅲ）O&M 業務と EPC 業務においてシングル・ポイント・レス
　　　　　ポンシビリティの原則が求められる根拠の相違 ……………………… 81
　　　（ⅳ）シングル・ポイント・レスポンシビリティの原則が求められ
　　　　　るその他の業務 …………………………………………………………… 81
　（7）スポンサー兼 O&M オペレーターが資源・インフラ PPP プロ
　　　ジェクトの主役 ………………………………………………………………… 82
　　　（ⅰ）スポンサー兼 O&M オペレーターによる資源・インフラ
　　　　　PPP プロジェクト全体の統括 …………………………………………… 82
　　　（ⅱ）スポンサー兼 O&M オペレーターの事業遂行能力の重要性 ……… 83
　　　（ⅲ）プルーブン・テクノロジーの原則 …………………………………… 85
　　　（ⅳ）資源・インフラ PPP プロジェクトの格付 ………………………… 86
　　　（ⅴ）資源・インフラ PPP プロジェクトの事業期間 …………………… 87
　　　（ⅵ）ホスト国・オフテイカーが資源・インフラ PPP プロジェク
　　　　　トの入札段階で審査すべき項目 ………………………………………… 87
　（8）設計・建設期間および運営期間 ……………………………………………… 89
　　　（ⅰ）設計・建設期間 ………………………………………………………… 90
　　　（ⅱ）運営期間 ………………………………………………………………… 91
　　　（ⅲ）時系列の観点からのキャッシュフロー ……………………………… 91
　（9）2 種類の資源・インフラ PPP プロジェクト ……………………………… 93
　　　（ⅰ）マーケット・リスク・テイク型 ……………………………………… 93
　　　（ⅱ）利用可能状態に対する支払型 ………………………………………… 93

(ⅲ) テイク・オア・ペイ ……………………………………………… 94
　　　(ⅳ) テイク・オア・ペイとアベイラビリティ・フィーとの相違点 ……… 97
　(10) 事業期間における事業の固定化 ………………………………… 97
　(11) プロジェクト会社はお金のない会社 …………………………… 98
　(12) 資源・インフラPPPプロジェクトの困難性およびサスティナ
　　　ビリティ ……………………………………………………………… 100
5　主要なプロジェクト関連契約の特徴 ………………………………… 102
　(1) 事業契約（オフテイク契約）の特徴 …………………………… 102
　　　(ⅰ) リスク分担 ………………………………………………… 102
　　　(ⅱ) 事業契約上の対価 ………………………………………… 119
　　　(ⅲ) 利用可能状態に対する支払型におけるプロジェクト会社のリ
　　　　　スクの負い方 ……………………………………………… 124
　　　(ⅳ) プロジェクト終了時にプロジェクトに係る施設をホスト国・
　　　　　オフテイカーに譲渡する理由 ……………………………… 130
　(2) O&M契約の特徴 ………………………………………………… 133
　(3) EPC契約の特徴 …………………………………………………… 135
　　　(ⅰ) EPC業務の対価 …………………………………………… 135
　　　(ⅱ) 性能未達に係る損害賠償の予約 ………………………… 136

第Ⅲ編　プロジェクトファイナンスの基礎理論

1　プロジェクトファイナンスの内容 …………………………………… 140
　(1) プロジェクトファイナンスの定義 ……………………………… 140
　(2) ファイナンスリースを利用した航空機ファイナンスとの相違 …… 141
　(3) 証券化との相違 …………………………………………………… 142
　(4) 事業と資産との相違 ……………………………………………… 143
2　プロジェクトファイナンスが用いられる理由 ……………………… 145
　(1) プロジェクトファイナンスにおける「富」の源泉 …………… 145

- (2) スポンサーにとってのプロジェクトファイナンスのメリット ……… 146
  - (i) プロジェクトファイナンスによるスポンサーのEquity-IRRの向上 ……………………………………………………………… 146
  - (ii) スポンサーの貸付債務に関する法的責任の限定および貸借対照表からの貸付債務のオフバランス ……………………………… 154
- (3) シニア・レンダーにとってのプロジェクトファイナンスのメリット ………………………………………………………………………… 156
- (4) スポンサーにとってのプロジェクトファイナンスの限界・デメリット ………………………………………………………………………… 157
  - (i) プロジェクトファイナンスを受けることができるプロジェクトの限定 …………………………………………………………… 157
  - (ii) プロジェクトファイナンスを受けることができるスポンサーの限定 ……………………………………………………………… 158
  - (iii) 用いることができる技術の限界 ……………………………… 159
  - (iv) プロジェクトファイナンスに係る費用および時間 …………… 159
  - (v) シニア・レンダーによるプロジェクト会社の事業遂行に対するコントロール …………………………………………………… 160
- (5) シニア・レンダーにとってのプロジェクトファイナンスの限界 … 161
- (6) ホスト国・オフテイカーにとってのプロジェクトファイナンスのメリットおよび限界 …………………………………………………… 162
  - (i) VFMの向上 ……………………………………………………… 163
  - (ii) 資源・インフラPPPプロジェクトの選別機能 ……………… 163
  - (iii) スポンサーの選別機能 ………………………………………… 164
  - (iv) 資源・インフラPPPプロジェクトのモニタリング機能 ……… 165
  - (v) プロジェクト立直し機能 ……………………………………… 165
- 3 プロジェクトファイナンスの本質 …………………………………… 168
  - (1) スポンサーの事業遂行能力に依拠しているファイナンス ……… 168
  - (2) 長期の事業金融 ……………………………………………………… 169

（3）シニア・レンダーによるプロジェクトの審査 …………………… 170
　　（ⅰ）スポンサーの事業遂行能力および信用力ならびに用いられる技術 …………………………………………………………… 171
　　（ⅱ）プロジェクトの経済性（収益性） ………………………… 172
　　（ⅲ）対象となる資源・インフラ PPP プロジェクトに含まれるさまざまなリスク ……………………………………………… 172
　　（ⅳ）対象となる資源・インフラ PPP プロジェクトのサスティナビリティ ………………………………………………………… 175
　（4）シニア・レンダーによるモニタリング …………………………… 176
4　プロジェクトファイナンスの特徴 ……………………………………… 179
　（1）デット・エクイティ・レシオ ……………………………………… 179
　　（ⅰ）デット・エクイティ・レシオの意味 ……………………… 179
　　（ⅱ）デット・エクイティ・レシオが求められる期間 ………… 180
　　（ⅲ）エクイティ・ラスト ………………………………………… 181
　　（ⅳ）運営期間におけるデット・エクイティ・レシオ維持には合理性はない ……………………………………………………… 182
　（2）ウォーターフォール規定 …………………………………………… 183
　　（ⅰ）ウォーターフォール規定の内容 …………………………… 183
　　（ⅱ）①公租公課等、O&M 業務委託料および②プロジェクトファイナンスのシニア・ローンの元利金の支払の順位 ………… 184
　　（ⅲ）②プロジェクトファイナンスのシニア・ローンの元利金および③株式・劣後ローンに係る配当等の支払の順位 ………… 186
　　（ⅳ）ウォーターフォール規定における支払順序は、一定期間ごとに適用されること ……………………………………………… 187
　　（ⅴ）配当等の要件 ………………………………………………… 189
　　（ⅵ）配当等支払準備口座および配当等支払口座が別々に開設される理由 ……………………………………………………… 191
　（3）キャッシュフロー・ストラクチャー ……………………………… 192

（i）スポンサー（株主）による劣後ローンの供与 ………………… 193
　　（ii）スポンサーへの金員の支払の名目は重要でない ……………… 203
　　（iii）DSCR、LLCR および PLCR ……………………………………… 203
5　主要な融資関連契約の特徴 ……………………………………………… 211
　（1）財務的完工および完工保証 ………………………………………… 212
　　（i）財務的完工の内容 …………………………………………………… 213
　　（ii）財務的完工が規定される目的 …………………………………… 214
　　（iii）完工保証 …………………………………………………………… 215
　（2）スポンサー・サポート ……………………………………………… 216
　（3）セキュリティ・パッケージ ………………………………………… 218
　（4）プロジェクトファイナンスにおける担保権 ……………………… 219
　　（i）プロジェクトファイナンスにおいて担保権が設定される理由
　　　　──消極的（防御的）理由 ………………………………………… 220
　　（ii）プロジェクトファイナンスにおいて担保権が設定される理由
　　　　──積極的理由 ……………………………………………………… 221
　　（iii）①旧スポンサーが有する株式および劣後ローン債権の新スポ
　　　　ンサーに対する譲渡、ならびに②旧プロジェクト会社のすべて
　　　　の資産の新スポンサーが有する新プロジェクト会社に対する譲
　　　　渡のメリット・デメリット ……………………………………… 223
　　（iv）担保権設定の時期 ………………………………………………… 224
　　（v）担保権の実行に求められる手続 ………………………………… 226
　　（vi）プロジェクト関連契約のうえへの担保権の設定 ……………… 226
　　（vii）事業契約のうえへの担保権の設定 ……………………………… 229
　（5）直接協定およびステップ・インの権利 …………………………… 230
　　（i）プロジェクト関連契約（上のプロジェクト会社の権利）のうえ
　　　　に設定された担保権に関する対抗要件の具備 ………………… 231
　　（ii）ステップ・インの権利 …………………………………………… 232
　　（iii）プロジェクト関連契約に係るプロジェクト関係当事者のプロ

ジェクト関連契約上の義務を遵守するシニア・レンダーに対する義務 ……………………………………………………………………… 240

あとがき──志の高い若き諸君のために ……………………………… 242
事項索引 ……………………………………………………………………… 245

第Ⅰ編

序論

1 本書の目的

　資源プロジェクトやインフラPPPプロジェクト（本書では、資源プロジェクトおよびインフラPPPプロジェクト双方をあわせて資源・インフラPPPプロジェクトという）とプロジェクトファイナンスがビジネスの場面で盛んに利用されるようになって久しい。その起源がどこにあるかについてはいろいろな説明がなされているが[1]、この資源・インフラPPPプロジェクトおよびプロジェクトファイナンスの手法は、特に1970年代から油田開発や鉱山開発あるいは液化天然ガス（Liquefied Natural Gas；LNG）プロジェクトといった資源開発事業に、また石油化学等の資源が絡む製造事業の分野に、さらに1980年代からは先進国のみならず発展途上国の電力分野を中心とし、その他鉄道、道路、空港、港湾、水道、廃棄物処理、通信も含めたインフラ事業に採用されてきている。日本でも、1990年代初頭の電力の自由化の時代に電力会社をオフテイカー（Off-taker）とするいわゆるIPP（Independent Power Producer、独立系発電事業者）事業が新たに始まり、この手法が採用された。現在でも特に風力発電やメガソーラー発電等の再生可能エネルギーを用いた発電の分野でこのIPP事業が行われ、この手法が採用されている。

　また、英国で1992年に保守党のメージャー政権のもとで正式にPFI（Private Finance Initiative）が誕生し、その後労働党のブレア政権のもとでPPP（Public Private Partnership）となり、この資源・インフラPPPプロジェクトおよびプロジェクトファイナンスの手法が、病院、刑務所といった、国によってはこれまで純粋な民間事業者が運営することがあまり想定されていなかったイ

---

[1] 加賀隆一編著『プロジェクトファイナンスの実務』（金融財政事情研究会）60〜70頁参照。

ンフラ事業にも拡大していった。また、地域としても、英国にとどまらず、広く先進国にも及び、日本でも「民間資金等の活用による公共施設等の整備等の促進に関する法律」（以下、「PFI法」という）が1999年9月24日から施行された。内閣府作成の「PFIに関する年次報告（平成21年度）」によれば、2009年度末の日本におけるPFIの事業数は366事業、事業費も約3.2兆円となっている。

　筆者は1989年4月に日本で弁護士登録して以来、さまざまなかたちで資源・インフラPPPプロジェクトおよびプロジェクトファイナンスの案件に関与してきた。海外の案件のプロジェクトファイナンスの契約交渉にも数多く参加し、実際に英語で相手方と交渉する経験も積んできた。そして、この契約交渉でいつも問題となるのは、資源・インフラPPPプロジェクトの理論、プロジェクトファイナンスの理論と個々の案件におけるビジネスニーズとの調和である。これらの理論からはずれない範囲でいかに個々の案件の特殊性をカバーする仕組みを構築するかである。単にこの規定を受け入れる、受け入れないといった水掛け論のような契約交渉をするのではなく、さまざまな過去の案件の蓄積をもとに、いかに創造的な解決策を提示できるかが契約交渉においては要求されるのである。その意味で、弁護士に限らず、契約交渉に参加する者にはこの創造性が要求され、またこの創造的な解決策が提示できれば、相手方からも評価されるのである。プロジェクトファイナンスはテイラー・メイド（Tailor-made）といわれる[2]が、その理由はまさにここにあるのである。

　資源・インフラPPPプロジェクトおよびプロジェクトファイナンスは、1990年代後半までは、いわばクラブ・ディールの世界に属していた。クラブ・メンバーである専門家は資源・インフラPPPプロジェクトの理論、プロジェクトファイナンスの理論を理解しており、その理解を前提として案件が進められていた。金融機関でいえば、プロジェクトファイナンスを専門とす

2　前掲加賀『プロジェクトファイナンスの実務』9頁参照。

る部署において、オン・ザ・ジョブ・トレーニングで資源・インフラPPPプロジェクトの理論、プロジェクトファイナンスの理論が教えられていたのである。たとえば、「プロジェクト会社（SPC）の格付はスポンサーの格付以上になることはない」（この点は、**第Ⅱ編4(7)(iv)**で後述する）といったプロジェクトファイナンスの基本的な事項が語り継がれていた。そこでは、資源・インフラPPPプロジェクトの理論、プロジェクトファイナンスの理論が教科書を使って教育されるということはなかったのである。また、法律事務所についても、当初はインターナショナルな案件に関与する法律事務所は英国の少数の大手法律事務所が中心で、米国の法律事務所でもごくわずかな法律事務所しか関与していなかった。

　1990年代中頃以降、資源・インフラPPPプロジェクトおよびプロジェクトファイナンスの案件数が飛躍的に増大した。特に英国でPFIが誕生してからはその傾向に拍車がかかったものと思われる。しかしながら、残念なことに、この拡大に比例して資源・インフラPPPプロジェクトの理論、プロジェクトファイナンスの理論を理解している専門家が増えるということはなかった。資源・インフラPPPプロジェクトの理論、プロジェクトファイナンスの理論が理解されないままプロジェクトが進められることも増えていったのである。なかには、ストラクチャーが証券化と類似していることから、証券化の考え方で案件を進めている場合もある。しかしながら、「プロジェクト会社（SPC）の格付はスポンサーの格付以上になることはない」といわれた瞬間に、プロジェクトファイナンスは、実務的には「SPCの信用力をオリジネーターの信用力以上にする」技法である証券化とは本質的にはまったく異なるものであることが容易に理解できるのである。証券化ではSPCが倒産しないようにさまざまな手法が用いられるが、プロジェクトファイナンスではSPCが倒産する可能性があることを前提として倒産したときにどのような対応策を講じるかが検討されるのである。なお、当該対応策については、**第Ⅲ編5(5)(ii)⑥**で後述する。

　資源・インフラPPPプロジェクトおよびプロジェクトファイナンスに関

する専門書は、すでに日本語でも存在する。そこでは、登場するプレーヤーの役割が説明され、実際の案件でどのようなことが問題となるかが解説され、プロジェクトの経済性をどう判断するかが述べられている。しかしながら、資源・インフラPPPプロジェクトの「理論」、プロジェクトファイナンスの「理論」というものを正面から解説している書物は皆無である。英語で書かれた文献でも、筆者の知る限り、ほとんど存在しない。そこで、本書では、**第Ⅱ編**で資源・インフラPPPプロジェクトの理論を、および**第Ⅲ編**でプロジェクトファイナンスの理論を、それぞれ解説することとしたい。本書では、可能な限り初心者の方にもわかりやすく説明することを心がけるが、ファイナンスの基礎知識がある程度あることを前提とさせていただく。また、筆者は弁護士であることから法律・契約に関して専門的な事項を説明することを期待される方もいるかもしれないが、本書では法律・契約に関する事項については、資源・インフラPPPプロジェクトの理論、プロジェクトファイナンスの理論を解説するうえでの必要最小限度の説明にとどめることとしたい。

　資源・インフラPPPプロジェクトおよびプロジェクトファイナンスに関して時系列的に行われる事項を列挙すると、主な事項は次のとおりとなる。

(1) ホスト国・オフテイカーからの観点

① 資源・インフラPPPプロジェクトの立案
② アドバイザーの選任
③ 入札書類の作成
④ 入札手続
⑤ 事前資格審査
⑥ 提案書類審査
⑦ 落札者決定
⑧ 落札者との事業契約の交渉および締結
⑨ シニア・レンダーとの直接協定の交渉および締結

⑩　プロジェクトのモニタリング
⑪　事業契約終了時の取引

(2)　民間事業者からの観点

①　資源・インフラ PPP プロジェクトの発掘
②　資源・インフラ PPP プロジェクトに対する参画の検討
③　複数の民間事業者によるコンソーシアムの組成およびコンソーシアム協定の締結
④　入札書類および提案書類の作成および提出
⑤　シニア・レンダーとのプロジェクトファイナンスに関する協議
⑥　落札後のホスト国・オフテイカーとの事業契約の交渉および締結
⑦　各種プロジェクト関連契約の交渉および締結
⑧　シニア・レンダーとの各種融資関連契約の交渉および締結
⑨　プロジェクトの完工に向けた業務遂行
⑩　資源・インフラ PPP プロジェクトの運営・維持管理業務遂行
⑪　事業契約終了時の取引

(3)　シニア・レンダーからの観点

①　民間事業者からのプロジェクトの事前相談および検討
②　関心表明書（レター・オブ・インテント　Letter of Intent）の提出
③　プロジェクトの審査
④　シンジケート・ローンに係るアレンジメント業務
⑤　インフォメーション・メモランダム（Information Memorandum）の作成および提出
⑥　事業契約を含む各種プロジェクト関連契約の検討および交渉
⑦　タームシートの作成および交渉

⑧　各種融資関連契約の交渉および締結
⑨　第1回貸付実行に係る貸付前提条件充足に係る作業
⑩　財務的完工の認定
⑪　プロジェクトのモニタリング

　本来であれば、資源・インフラPPPプロジェクトおよびプロジェクトファイナンスを時系列的に、かつ実務的な側面もふまえ説明するほうが、特に初心者の方には理解が深まると思われる。しかしながら、本書では、資源・インフラPPPプロジェクトおよびプロジェクトファイナンスの「理論」の説明を優先させ、このような時系列的な説明はしないこととしたい。

　なお、資源・インフラPPPプロジェクトの理論、プロジェクトファイナンスの理論を説明するにあたっては、関係当事者としてどのようなプレーヤーが存在するのか、およびそのプレーヤー間がどのように関係づけられているのかを正確に理解する必要がある。そこで、**第Ⅱ編**および**第Ⅲ編**で「理論」を説明する前に、2で「関係当事者」を、および3で「契約関係」を、それぞれ説明する。また、「理論」を説明する際に理解を深めてもらうことから、4で典型的な2つのケースをあげることとする。なお、具体的な事例をあげて説明を求められることがあるが、表面的な事象を暗記することにもなりかねないことから、本書では具体的な事例をあげて説明することは意図的に行っていない。これらの理論は、教科書を読んだだけでは本当の意味で理解することはできない。資源・インフラPPPプロジェクトおよびプロジェクトファイナンスを体得するためには、まさにオン・ザ・ジョブ・トレーニングで鍛えることが要求されるのである。本書で書かれている理論をもとに、実際に案件でこれらの理論がどう関係しているかを徹底的に研究していただきたい。

2 関係当事者

　資源・インフラPPPプロジェクトの理論、プロジェクトファイナンスの理論を説明するにあたっては、まず資源・インフラPPPプロジェクトおよびプロジェクトファイナンスに関係する当事者としてどのような企業・法人が存在するかを説明する。なお、ここでは資源・インフラPPPプロジェクトの理論、プロジェクトファイナンスの理論を説明するのに必要最小限の関係当事者のみの説明にとどめたい。したがって、たとえば、プロジェクトファイナンスでは、通常、複数の貸付人が存在するシンジケート・ローンの形式がとられ、この場合は各種エージェントやトラスティーが置かれることになる。また、ファイナンスの組成の段階で、アレンジャーやフィナンシャル・アドバイザーが重要な役割を果たす。さらに、リスク分担の観点からは保険会社やスワップ・プロバイダーの役割が実務的には重要となる。しかしながら、エージェント、トラスティー、アレンジャー、フィナンシャル・アドバイザー、保険会社やスワップ・プロバイダーの存在は、資源・インフラPPPプロジェクトの理論やプロジェクトファイナンスの理論には直接関係してこないことから、本書では説明の対象外とさせていただく。また、資源・インフラPPPプロジェクトによっては、原燃料供給者が重要な役割を果たす。原燃料供給者とは、資源・インフラPPPプロジェクトの運営に必要な原燃料を供給する者である。たとえば、IPP事業の場合には、原燃料供給者は、その発電の燃料である石炭やガスを供給する者を意味する。また、石油精製・石油化学プロジェクトでは、原燃料供給者は、原油の供給者である。しかしながら、原燃料供給者の存在も、資源・インフラPPPプロジェクトの理論やプロジェクトファイナンスの理論を理解するうえでは必ずしも必要とはならない

ことから、本書では同じく説明の対象外とさせていただく。

(1) ホスト国・オフテイカー

　ホスト国は、対象となる資源・インフラPPPプロジェクトを民間事業者に運営させる法主体であり、通常は国（連邦国家）であるが、地方公共団体の場合もある（ただし、一般論として、特に、発展途上国の地方公共団体のリスクをとることはむずかしいといわれている）。資源・インフラPPPプロジェクトではこのような国を「ホスト国」ということが多い。ホスト国は、対象となるプロジェクトの内容を規定する契約においてプロジェクト会社（(3)で後述する）との間で締結する契約である事業契約（3(1)(i)で後述する）の契約当事者となる。ただし、法的にはホスト国とは別の法人格を有する行政主体（たとえば、電力公社）が事業契約の契約当事者となる場合もある。法的には国とは別の法人格を有する行政主体が事業契約の契約当事者となる場合には、事業契約の契約当事者である当該行政主体ではなく当該国自身をホスト国という。なお、国とは別の法人格を有する行政主体が事業契約の契約当事者となる場合、ホスト国は、事業契約上の行政主体の債務を保証したり、当該事業契約に係るプロジェクトを支援するサポート・レターをプロジェクト会社やシニア・レンダー（(6)で後述する）に対して差し入れることもある[3]。

　他方、オフテイカーとは少々聞き慣れない言葉であるが、資源・インフラPPPプロジェクトにおける専門用語である。事業契約は、大別してプロジェクト会社がマーケット（需要）・リスクをとる場合ととらない場合とが存在する（この点は、**第Ⅱ編4(9)**で後述する）が、プロジェクト会社がマーケット・リスクをとらない場合、ホスト国・行政主体が事業契約の内容である物・サービスをプロジェクト会社から受け取ることになる。この物・サービスを受け取る者であることから、このような法主体をオフテイカーという。また、

---

[3] 前掲加賀『プロジェクトファイナンスの実務』21頁参照。

このような内容の事業契約をオフテイク（Off-take）契約という。

なお、特に資源プロジェクトでは、ホスト国がプロジェクト会社に対して開発の許認可等（Concession、コンセッションあるいは事業権）を付与するだけで、ホスト国・行政主体は事業契約を締結しない場合もある。また、オフテイク契約をホスト国・行政主体でなく、民間事業者が締結する場合もある。この点は、3(1)(i)で後述する。

(2)　スポンサー（株主）

スポンサーという言葉は一般的にはかなり広い意味で用いられており、場合によっては単なる資金提供者や支持者という意味で用いられる。しかしながら、資源・インフラPPPプロジェクトでは、資源・インフラPPPプロジェクトのプロジェクトコスト（第Ⅱ編4(8)(i)で後述する）に係る資金（の一部）を提供するとともに当該プロジェクトをプロジェクト会社を通じて実質的に保有し、かつ運営する者をいう。その意味で、O&Mオペレーター（(4)で後述する）と基本的には同一法人である。これをオーナーオペレーターの原則という。この点は、第Ⅱ編4(2)で後述する。ただし、スポンサーの一部はプロジェクトの運営に関与しない場合もあるが、そのようなスポンサーのプロジェクト会社に対する持分が多数を占めることにはならないし、なってはならない。また、当該資金の提供方法はプロジェクト会社に対する出資および劣後ローン[4]である。このことからスポンサーを株主と称することもある。ただし、スポンサーが直接プロジェクト会社に出資する場合もあれば、税務上の理由等により途中に100％子会社等を介在させて間接的に出資する場合もある。この場合、当該100％子会社等はスポンサーとは位置づけられないこ

---

[4]　このように、出資のほかに、劣後ローン（Subordinated Loan、単にサブ・ローンということもある）の供与という形式も存在する。この後の部分でもスポンサーの出資に言及する部分は、同じである。なお、出資ではなく劣後ローンが使われる理由については、**第Ⅲ編4(3)(i)①②**で後述する。

とに留意する必要がある。あくまでも実質的にプロジェクトに資金を提供し、プロジェクトを運営する会社がスポンサーとなる。

(3) プロジェクト会社

　プロジェクト会社（Project Company）は、ホスト国・オフテイカーと事業契約を締結する法人である。また、プロジェクトファイナンスにおけるローンの借入人でもある。(2)で前述したとおり、プロジェクト会社の（直接または間接の）株主はスポンサーである。事業契約上の法的な権利義務の観点からすれば、ホスト国・オフテイカーとの関係では、プロジェクトを実施する主体はあくまでもプロジェクト会社であり、スポンサーではない。また、プロジェクトファイナンスの貸付人との関係でも、プロジェクトファイナンスにおけるローンの返済義務を負っているのは原則としてプロジェクト会社であり、スポンサーではない。なお、事業契約の契約当事者がスポンサーではなくプロジェクト会社である理由については、**第Ⅱ編3**で後述する。また、ホスト国・オフテイカーとの関係でプロジェクトを実施する主体はプロジェクト会社であるが、プロジェクト会社は当該プロジェクトの実施に関してO&Mオペレーターや EPC コントラクター（(5)で後述する）との間でO&M契約（3(1)(ii)で後述する）や EPC 契約（3(1)(iii)で後述する）を締結する。したがって、実際にプロジェクトを実施するのは O&M オペレーターや EPC コントラクターである。その意味で、プロジェクト会社は、プロジェクトに関する資産を有することや各種契約の契約当事者となることを除けば、実質的にはペーパー・カンパニーである。この点は**第Ⅱ編4(5)(ii)**で後述する。

　また、このプロジェクト会社は、特別目的会社（Special Purpose Company；SPC）である。プロジェクト会社は、対象となるプロジェクトの運営のみを行うことを目的として設立される会社であることから「特別目的」会社となるのである。この点も**第Ⅱ編4(4)(ii)**で後述する。

　なお、このプロジェクト会社の法形態は、通常は日本における株式会社に

相当する会社であるが、税務上の理由からリミテッド・ライアビリティ・カンパニー（Limited Liability Company；LLC）やパートナーシップ（Partnership）の場合もある。この点も**第Ⅱ編3(2)(iv)**で後述する。

(4) O&M オペレーター

O&M オペレーター（O&M Operator）は通常の事業ではあまり用いられることのない用語であり、特にプロジェクトファイナンスにおける専門用語である。「O&M」とは、Operation and Maintenance の略称であり、プロジェクトの運営および維持管理を行う法人を意味する。日本の PFI ではプロジェクトの運営（そもそも運営がないハコ物 PFI が多いが）と維持管理は別々の法人が担うことが多いが、本来のプロジェクトファイナンスでは、シングル・ポイント・レスポンシビリティの原則の観点から、運営および維持管理双方が同一法人である O&M オペレーターにより行われることが要求される。この点は**第Ⅱ編4(6)(i)**で後述する。なお、**2(2)**で述べたとおり、スポンサー（の一部）がこの O&M オペレーターになるものである。

また、スポンサーの現地子会社が O&M オペレーターとなり、スポンサーが当該 O&M オペレーターの O&M 契約上の義務を保証する場合もある。

(5) EPC コントラクター

EPC コントラクター（EPC Contractor）も通常の事業ではあまり用いられることのない用語であり、主に資源・インフラ PPP プロジェクトおよびプロジェクトファイナンスにおける専門用語である。ただし、施設の完工のみを目的とした EPC プロジェクトのように、資源・インフラ PPP プロジェクトではないプロジェクトの場合にも用いられることもある。「EPC」とは、Engineering, Procurement and Construction の略称である。日本では EPC コントラクターを建設業者、EPC 契約を建設請負契約と訳している例もあ

るが、これは誤りである。3(1)(iii)で後述するとおり、EPC契約において、EPCコントラクターは、単に施設の建設だけを行う義務を負うのではなく、プロジェクトを完工させる義務を負うのである。このプロジェクトの完工に必要な業務には、単に施設の建設だけではなく、施設の設計および機器の調達等も含まれるのである。なお、日本のPFIでは施設の設計および建設ならびに機器調達等は別の法人が行うことが多いが、シングル・ポイント・レスポンシビリティの原則の観点から、本来の資源・インフラPPPプロジェクトおよびプロジェクトファイナンスではプロジェクトを完工させる業務すべてが同一法人であるEPCコントラクターにより行われることが要求されるのである。この点は**第Ⅱ編4(6)(ii)**で後述する。

　なお、海外では、実質的な意味でのEPCコントラクターの現地子会社がEPCコントラクターとなり、実質的な意味でのEPCコントラクターが当該現地子会社であるEPCコントラクターのEPC契約上の義務を保証する場合もある。また、税務上の理由から、現地からみた海外が関係する業務と関係しない業務とに分けて、それぞれ別のEPC契約を締結することもある。海外が関係する業務に関するEPC契約をオフショア（Offshore）EPC契約、海外が関係しない業務に関するEPC契約をオンショア（Onshore）EPC契約と呼ぶことが多い。なお、両方のEPC契約を結びつける契約としてコーディネーション（Coordination）契約が別途締結される。この点も**第Ⅱ編4(6)(ii)**で後述する。

(6)　シニア・レンダ

　シニア・レンダー（Senior Lender、優先貸付人）も主にプロジェクトファイナンスにおける専門用語であり、プロジェクトファイナンスにおけるローンの貸付人である。なお、借入人は、2(3)で前述したとおり、プロジェクト会社である。プロジェクトファイナンスでは、2(2)で前述したとおり、スポンサーが劣後ローンを貸し付けることから、この劣後ローンの劣後との対比で

プロジェクトファイナンスのローンを優先ローン（Senior Loan、シニア・ローンともいう）といい、したがって、この優先ローンの貸付人をシニア・レンダー（優先貸付人）という。

(7) 独立コンサルタント（エンジニア）

　資源・インフラPPPプロジェクトやプロジェクトファイナンスの教科書では、時として独立コンサルタント（エンジニア）(Independent Consultant/Engineer) は脇役として説明される。しかしながら、独立コンサルタントは、実務上の観点からのみならず、理論的にもプロジェクトファイナンスにおいて重要な役割を果たす当事者である。独立コンサルタントの役割は、大別して、①プロジェクトファイナンスの組成時において、シニア・レンダーに対して、プロジェクトやEPCコントラクター、O&Mオペレーターの技術的な問題点を助言すること、および②プロジェクトファイナンスのシニア・ローン実行後のプロジェクトのモニタリングにおいて、シニア・レンダーに対して、プロジェクトやEPCコントラクター、O&Mオペレーターの技術的な問題点を助言することである。日本のPFIでもシニア・レンダーのモニタリング機能が説明されているが、モニタリングの対象が具体的に何で、シニア・レンダーが具体的にどのようにしてモニタリングしているのかを説明している文献はほとんど存在しない。シニア・レンダーは単に借入人であるプロジェクト会社の財務上の数値のみをモニタリングするのではなく、プロジェクトに関する技術的な事項もモニタリングするのである（この点は、**第Ⅲ編2 (6)(iv)**で後述する）。技術的な事項に関しては専門家ではないシニア・レンダーが直接この技術的な事項のモニタリングを行い、それに基づき評価することは不可能である。まさに、この独立コンサルタントがシニア・レンダーのためにこの技術的な事項を助言するのであり、この助言なくしてシニア・レンダーはプロジェクトファイナンスを供与することはできないのである。

　なお、独立コンサルタントはシニア・レンダーのために助言するものであ

るが、「独立」との文言がついていることからもわかるように、中立的な立場で助言を与える存在である。その意味で、その選定においてはシニア・レンダーおよびスポンサー（プロジェクト会社）双方が合意することが必要となる。また、プロジェクトファイナンスでは少なからず問題が発生し、スポンサー（プロジェクト会社）とシニア・レンダーの意見や利害が対立することもある。これらの問題が技術的な問題であり、またプロジェクトファイナンスのシニア・ローンの返済に重大な悪影響を与えない場合であれば、シニア・レンダー、スポンサー（プロジェクト会社）双方が独立コンサルタントの意見に拘束されるような仕組みがプロジェクトファイナンスではとられるのである。その意味で、プロジェクトファイナンスにおけるADR（Alternative Dispute Resolution、裁判外紛争解決手続）の観点からも、独立コンサルタントの存在はきわめて重要である。

　また、技術に関するコンサルタント以外にも、案件によっては、税務・会計問題に関するコンサルタント、環境問題に関するコンサルタント、マーケット・リスクがある場合にはマーケット・コンサルタント、複雑な保険の付保が必要な案件では保険コンサルタント、たとえば石炭焚きIPP事業の場合で石炭供給が民間事業者の責任である場合の石炭コンサルタント等、さまざまなコンサルタントが必要となる。ただし、これらすべてのコンサルタントが常に「独立」として中立的な立場で助言を与えるか否かは、案件により異なるものと思われる。

3 契約関係

　次に、資源・インフラPPPプロジェクトおよびプロジェクトファイナンス

の関係当事者間がどのような関係にあるかを理解する必要がある。この観点から、関係当事者間でどのような契約が存在するのかを理解することが適切である。

関係当事者間で存在する契約は、大別してプロジェクト関連契約（Project Agreements（Documents））および融資関連契約（Financing Agreements（Documents））に分けられる。プロジェクト関連契約および融資関連契約はファイナンスの種類によってさまざまな意味を有するが、プロジェクトファイナンスにおける専門用語としてのプロジェクト関連契約および融資関連契約が何を意味するのかを理解しておく必要がある。プロジェクトファイナンスにおいては、プロジェクト関連契約は資源・インフラPPPプロジェクトを構成する契約であり、融資関連契約はプロジェクトファイナンスのための契約である。実務的には、基本的には、シニア・レンダー（またはシニア・ローンに関連する当事者）が契約当事者である契約が融資関連契約であり、シニア・レンダー（またはシニア・ローンに関連する当事者）が契約当事者でない契約がプロジェクト関連契約である。そこで、まずプロジェクト関連契約を説明し、その後で融資関連契約を説明する[5]。

(1) プロジェクト関連契約

（i） 事業契約（オフテイク契約）

事業契約とは、ホスト国・オフテイカーおよびプロジェクト会社の間で締結される契約であり、資源・インフラPPPプロジェクトの内容を規定する契約である。具体的なプロジェクトに関して、プロジェクト会社に対して要求水準に従ってプロジェクトを完工させ、要求水準に従ってプロジェクトを運営するというプロジェクト会社のホスト国・オフテイカーに対する義務が規定されることになる。なお、オフテイカーが事業契約の内容である物・サービスをプロジェクト会社から受け取る場合には、オフテイカーがその「対価」

るが、「独立」との文言がついていることからもわかるように、中立的な立場で助言を与える存在である。その意味で、その選定においてはシニア・レンダーおよびスポンサー（プロジェクト会社）双方が合意することが必要となる。また、プロジェクトファイナンスでは少なからず問題が発生し、スポンサー（プロジェクト会社）とシニア・レンダーの意見や利害が対立することもある。これらの問題が技術的な問題であり、またプロジェクトファイナンスのシニア・ローンの返済に重大な悪影響を与えない場合であれば、シニア・レンダー、スポンサー（プロジェクト会社）双方が独立コンサルタントの意見に拘束されるような仕組みがプロジェクトファイナンスではとられるのである。その意味で、プロジェクトファイナンスにおけるADR（Alternative Dispute Resolution、裁判外紛争解決手続）の観点からも、独立コンサルタントの存在はきわめて重要である。

　また、技術に関するコンサルタント以外にも、案件によっては、税務・会計問題に関するコンサルタント、環境問題に関するコンサルタント、マーケット・リスクがある場合にはマーケット・コンサルタント、複雑な保険の付保が必要な案件では保険コンサルタント、たとえば石炭焚きIPP事業の場合で石炭供給が民間事業者の責任である場合の石炭コンサルタント等、さまざまなコンサルタントが必要となる。ただし、これらすべてのコンサルタントが常に「独立」として中立的な立場で助言を与えるか否かは、案件により異なるものと思われる。

3　契約関係

　次に、資源・インフラPPPプロジェクトおよびプロジェクトファイナンス

の関係当事者間がどのような関係にあるかを理解する必要がある。この観点から、関係当事者間でどのような契約が存在するのかを理解することが適切である。

　関係当事者間で存在する契約は、大別してプロジェクト関連契約（Project Agreements（Documents））および融資関連契約（Financing Agreements（Documents））に分けられる。プロジェクト関連契約および融資関連契約はファイナンスの種類によってさまざまな意味を有するが、プロジェクトファイナンスにおける専門用語としてのプロジェクト関連契約および融資関連契約が何を意味するのかを理解しておく必要がある。プロジェクトファイナンスにおいては、プロジェクト関連契約は資源・インフラ PPP プロジェクトを構成する契約であり、融資関連契約はプロジェクトファイナンスのための契約である。実務的には、基本的には、シニア・レンダー（またはシニア・ローンに関連する当事者）が契約当事者である契約が融資関連契約であり、シニア・レンダー（またはシニア・ローンに関連する当事者）が契約当事者でない契約がプロジェクト関連契約である。そこで、まずプロジェクト関連契約を説明し、その後で融資関連契約を説明する[5]。

（1）　プロジェクト関連契約

（i）　事業契約（オフテイク契約）

　事業契約とは、ホスト国・オフテイカーおよびプロジェクト会社の間で締結される契約であり、資源・インフラ PPP プロジェクトの内容を規定する契約である。具体的なプロジェクトに関して、プロジェクト会社に対して要求水準に従ってプロジェクトを完工させ、要求水準に従ってプロジェクトを運営するというプロジェクト会社のホスト国・オフテイカーに対する義務が規定されることになる。なお、オフテイカーが事業契約の内容である物・サービスをプロジェクト会社から受け取る場合には、オフテイカーがその「対価」

をプロジェクト会社に対して支払う義務も規定されることになる。なお、この「対価」の意味は**第Ⅱ編5(1)(ii)②**で後述する。

なお、特に資源プロジェクトでは、ホスト国がプロジェクト会社に対して開発の許認可等（あるいは事業権）を付与するだけで、ホスト国・行政主体は

---

5 プロジェクト関連契約および融資関連契約双方に含まれる契約として、金利スワップ契約が存在する。このようにプロジェクト関連契約および融資関連契約双方に含まれる契約は珍しい契約であり、筆者の知る限り、金利スワップ契約のみである。この理由は、以下のとおりである。

すなわち、プロジェクトファイナンスのシニア・ローンの金利は通常は変動金利である。他方、オフテイク契約でオフテイカーから支払われる「対価」は固定金利を基本に決められることが多い。このことからプロジェクト会社は金利変動リスクを負うことになるが、このリスクを金利スワップを提供する金融機関（金利スワップ・プロバイダーという）に転嫁するために締結される契約が金利スワップ契約である。実務的には、当該金利の全額ではないにせよ多くの部分がこの金利スワップで固定金利となるのである（ちなみに金利全額が固定化されない理由は、金利スワップの手数料がかかるがキャッシュフローに余裕があればその範囲内でリスクをとることにより当該手数料を節約できること、および変動金利の利率が下がった場合のアップサイドを一部プロジェクト会社が享受することである）。

金利スワップ契約においては、変動金利が固定化された金利より高くなった場合には、プロジェクト会社は金利スワップ・プロバイダーに対して変動金利から固定金利を差し引いた分の金員を請求できる権利を有することになる。この権利はプロジェクト会社のキャッシュフローにおけるキャッシュ・インを構成することになる。したがって、シニア・レンダーからすれば、プロジェクト会社の金利スワップ・プロバイダーに対する当該権利を確保するために金利スワップ契約（上の権利）のうえに担保権を設定する必要があることになる（プロジェクトファイナンスにおいて担保権を設定する理由は、**第Ⅲ編5(4)**で後述する）。このことから、金利スワップ契約は、厳密な意味で資源・インフラPPPプロジェクトを構成する契約には該当しないともいうことができるが、プロジェクトファイナンスにおいて担保権を設定する対象となる契約として、プロジェクト関連契約に含まれることになる。

他方、金利スワップ契約においては、変動金利が固定化された金利より低くなった場合には、金利スワップ・プロバイダーはプロジェクト会社に対して固定金利から変動金利を差し引いた分の金員を請求できる権利を有することになる。この権利はプロジェクトファイナンスにおけるシニア・ローンに関連するものであり、シニア・レンダーがプロジェクト会社に対して有するシニア・ローンの支払を請求できる権利と基本的に同列に取り扱うことが妥当であることになる。したがって、金利スワップ・プロバイダーのプロジェクト会社に対する当該支払請求権は、シニア・レンダーのプロジェクト会社に対して有する当該支払請求権と同様に、プロジェクトファイナンスにおいて設定される担保権の被担保債権に含まれる必要があるのである。この観点から、金利スワップ契約は融資関連契約（融資関連契約上のプロジェクト会社に対する請求権がプロジェクトファイナンスにおける担保権の被担保債権となることに留意）に含まれることになる。

事業契約を締結しない場合もある。また、この場合、オフテイク契約をホスト国・行政主体でなく、民間事業者が締結する場合もある。たとえば、LNGプロジェクトではLNG、石油精製・石油化学プロジェクトでは石油製品を民間事業者がオフテイカーとなって長期的に買い取る義務を負うことになる[6]。

　このように特に資源プロジェクトによっては、ホスト国との関係で、プロジェクト会社に対して運営を行う権利を与えるのみで運営する義務を負わせない場合もあるのである。この資源プロジェクトは、本質的に、**第Ⅱ編4(9)**で後述するマーケット・リスク・テイク型である。したがって、プロジェクト会社は、物・サービスの提供を受けた者から対価を得ることとなる。公共サービスを実現する手段としてこのようなプロジェクトにより実現することをホスト国が選択することもありうるのかもしれない。しかしながら、これは本質的に、BtoBである資源プロジェクトに親和性のあるプロジェクトである。これを資源プロジェクトではなくBtoCのインフラPPPプロジェクトに導入した場合、対価を自由に設定することを認めるか否か（マーケット・リスク・テイク型のインフラPPPプロジェクトの場合における物・サービスの提供を受けた者から対価は、公共サービスであることから、受益者負担とはいえ税金に似た性格を有する場合が少なくないことに留意する必要がある）という点も含め、公共サービスのあり方として適切なものか、個別案件ごとに慎重な検討が必要となる[7]。この点は**第Ⅱ編5(1)(ii)①**で後述する。

(ii) O&M契約

　O&M契約とは、プロジェクト会社およびO&Mオペレーターの間で締結される契約である。**第Ⅱ編4(8)**で後述するとおり、事業契約における事業期間は、大別して、プロジェクトが完工するまでの設計・建設期間とプロジェ

---

[6] LNGプロジェクト、銅鉱山プロジェクトおよび石油精製・石油化学プロジェクトの説明については、前掲加賀『プロジェクトファイナンスの実務』104〜117頁参照。

[7] わが国でも2011年6月1日に改正されたPFI法が公布され、「公共施設等運営権」（いわゆるコンセッション）の制度が導入されたが、「公共施設等運営権」の制度に実質的な意味があるのかも含め、個別案件における制度設計には慎重な考慮が必要となる。

クトが完工した後のプロジェクトを運営する運営期間に分かれる。事業契約においてこの運営期間にプロジェクト会社が負っている義務はプロジェクトを運営する義務である。O&M 契約は、O&M オペレーターが、プロジェクト会社のために、この事業契約で規定されたこのプロジェクトを運営することを内容とする契約である。O&M 契約では、事業契約に規定された要求水準に従ってプロジェクトを運営するという O&M オペレーターのプロジェクト会社に対する義務が規定されることになる。

なお、O&M オペレーターが当該運営を行うことの「対価」をプロジェクト会社が O&M オペレーターに対して支払う義務も規定されることになる。この「対価」の意味は第Ⅱ編 5 (2)で後述する。

また、2 (4)で前述したスポンサーの現地子会社が O&M オペレーターとなり、スポンサーが当該 O&M オペレーターの O&M 契約上の義務を保証する場合には、O&M オペレーターが契約当事者となる O&M 契約とともに、スポンサーが契約当事者となる O&M 保証契約が存在することになる。

(iii) EPC 契約

EPC 契約とは、プロジェクト会社および EPC コントラクターの間で締結される契約である。事業契約において設計・建設期間にプロジェクト会社が負っている義務はプロジェクトを完工させる義務である。EPC 契約は、EPC コントラクターが、プロジェクト会社のために、この事業契約で規定されたこのプロジェクトを完工させる義務を負うものである。このプロジェクトを完工させることを内容とする契約である。EPC 契約では、事業契約に規定された要求水準に従ってプロジェクトを完工させるという EPC コントラクターのプロジェクト会社に対する義務が規定されることになる。これにより、EPC コントラクターは、プロジェクトの完工リスクを負うことになる。

事業契約に規定された要求水準に従ってプロジェクトを完工させることには、プロジェクトに係る施設の設計および建設ならびに機器納入を行うことが当然に含まれている。しかしながら、このプロジェクトを完工させる義務

は法的にはこのような個別の義務に細分化されるものではなく、一体としてプロジェクトを完工させる義務としてとらえられるのである。EPC契約ではEPC契約の文言の前に"date-certain, fixed price, lump-sum, full turn-key"との文言がつくことが多いが、これが意味するところは、一定の日までに完工させること、完工の対価はあらかじめ決められた固定金額でかつ一括払いであること、そして"full turn-key"という、いわば鍵を回せばそれだけで動き出す（操業を開始することができる）という意味でプロジェクトを完全に完工させること（逆にいえば、プロジェクト会社は操業を開始するためにはなんらの追加作業がいらないこと）である。これがEPC契約におけるEPCコントラクターの義務となるのである。

なお、EPCコントラクターが当該プロジェクトを完工させることの「対価」をプロジェクト会社がEPCコントラクターに対して支払う義務も規定されることになる。この「対価」の意味は**第Ⅱ編5(3)(i)**で後述する。

また、2(5)で前述したEPC業務に関して、現地からみた海外が関係する業務と関係しない業務とに分ける場合には、オフショアEPC契約、オンショアEPC契約およびコーディネーション契約が存在することになる。

(iv) スポンサー劣後貸付契約

スポンサー劣後貸付契約とは、プロジェクト会社およびスポンサーの間で締結される契約であり、スポンサーがプロジェクト会社に対して一定の金額の、2(2)で前述した劣後ローンの貸付に関することを規定する契約である。「貸付」契約であることから、スポンサー劣後貸付契約は融資関連契約に含まれるものと理解されがちであるが、プロジェクトファイナンスに関する契約ではないことから、融資関連契約には含まれない。スポンサー劣後貸付契約はプロジェクトを構成する契約であり、あくまでもプロジェクト関連契約である。なお、実際の契約のタイトルは、劣後貸付契約や株主ローン契約等、具体的な案件によってさまざまである。

⑸　プロジェクト・マネージメント・サービス契約

　プロジェクト・マネージメント・サービス契約（Project Management Services Agreement）とは、プロジェクト会社およびスポンサー（の一部）の間で締結される契約であり、日本の資源・インフラ PPP プロジェクトやプロジェクトファイナンスの教科書ではあまり説明されない契約である。2⑶で前述したとおり、プロジェクト会社は実質的にはペーパー・カンパニーであり、形式的には取締役等の役員はいるが実質的な意味でのプロジェクト会社の職員は存在しない。他方、プロジェクト会社は会社としての最低限の行為を行う必要がある。たとえば、決算書類の作成や株主総会・取締役会に関する一連の書類の作成をする必要がある。また、各種のプロジェクト関連契約や融資関連契約上のさまざまな行為を行う必要がある。スポンサー（の一部）がプロジェクト会社のためにこれらの行為を行うことになり、プロジェクト・マネージメント・サービス契約ではこれらの行為をプロジェクト会社のために行うというスポンサー（の一部）のプロジェクト会社に対する義務が規定されることになる。特に、**第Ⅱ編 4⑶**で後述するとおり、プロジェクト会社のオーナーであるスポンサーと EPC コントラクターとは本質的に利益が相反するのである。たとえば、EPC 契約においてプロジェクトが完工したか否かの認定は、プロジェクトの完工リスクを EPC コントラクターに負わせていることから、シニア・レンダーにとってはもちろん、プロジェクト会社のオーナーであるスポンサーにとってもきわめて重要な EPC コントラクターと利益が相反する事項となる。また、EPC 契約においても一定のコスト・オーバーランはプロジェクト会社が負担するが、このコスト・オーバーランの認定が甘いとプロジェクト会社のキャッシュフローに悪影響を及ぼすことになり、EPC コントラクターとスポンサーとの間では利益が相反するのである。これらのことから、スポンサーはプロジェクト会社のために EPC コントラクターに対して厳しい立場で臨む必要があるのである。なお、実際の契約のタイトルは、具体的な案件によってさまざまである。

(2) 融資関連契約

(i) 優先貸付契約

優先貸付契約（Senior Loan Agreement）とは、シニア・レンダーおよびプロジェクト会社の間で締結される契約であり、シニア・レンダーがプロジェクト会社に対して貸し付けるプロジェクトファイナンスのシニア・ローンに関することを規定する契約である。なお、実際の契約のタイトルは、具体的な案件によってさまざまである。

(ii) スポンサー・サポート契約

スポンサー・サポート契約（Sponsor Support Agreement）とは、シニア・レンダー、スポンサーおよび場合によりプロジェクト会社の間で締結される契約であり、スポンサーのプロジェクトに関する一定程度のサポートをするシニア・レンダーに対する義務を規定する契約である。資源・インフラPPPプロジェクトに関するプロジェクトファイナンスでは、厳密にはプロジェクトファイナンスの文言の前にリミテッド・リコース（Limited Recourse）との文言がつく。この「リコース」は日本語に翻訳することがむずかしいバンキングの専門用語である。あえて翻訳するのであれば、「債務者の一般財産に対して履行を強制する権利」となろうか。プロジェクトファイナンスでは、スポンサーがプロジェクト会社を通じて金員を借りることになる。したがって、実質的には借入人はスポンサーでありながら、法律上はプロジェクト会社が借入人でありスポンサーは借入人とはならない。したがって、このように法人格を異ならせることにより、スポンサーからみてノン・リコース（Non-recourse）、すなわち、「債権者であるシニア・レンダーは（実質的な意味での）債務者であるスポンサーの一般財産に対して履行を強制する権利」がないことになる。しかしながら、リミテッド・リコースであれば、一定の場合には「債権者であるシニア・レンダーは（実質的な意味での）債務者であ

るスポンサーの一般財産に対して履行を強制する権利」が存在することになる。まさに、この一定の場合にはスポンサーがシニア・ローンに関してなんらかの責任を負うことになるのである。時としてスポンサーは、プロジェクトファイナンスではスポンサーはシニア・ローンについてなんらの責任も負わないノン・リコースであると主張するが、これは資源・インフラPPPプロジェクトに関するプロジェクトファイナンスの実務をあまり適切に理解していないものである。この一定の場合がどのような場合かは具体的な資源・インフラPPPプロジェクトによっても異なるが、どのプロジェクトにも共通している事項としては、たとえばスポンサーによるプロジェクト会社に対する出資比率維持が存在する。これは、オーナーオペレーターの原則から求められるスポンサーのシニア・レンダーに対する義務である。このように、一定の場合にスポンサーがシニア・ローンに関してなんらかの責任を負わなければ資源・インフラPPPプロジェクトに関するプロジェクトファイナンスは成り立たないのであり、これが資源・インフラPPPプロジェクトに関するプロジェクトファイナンスの文言の前に厳密にはリミテッド・リコースとの文言がつく理由である。そして、この一定の場合のスポンサーのシニア・ローンに関する責任を規定する契約がスポンサー・サポート契約である[8]。このスポンサー・サポートについては、**第Ⅲ編5(2)**で後述する。

(iii) 担保関連契約

担保関連契約（Security Agreements（Documents））とは、担保権を設定するため（対抗要件の具備、あるいは英米法におけるperfectionを含む）の一連の契約、通知、承諾等の書類である。プロジェクトファイナンスにおいて担保権を設定する目的は、**第Ⅲ編5(4)**で後述する。担保権は、大別して、プロジェクト会社が有するプロジェクトを構成する資産（プロジェクト関連契約（上の権利）を含む）のうえに設定される担保権と、スポンサーが有するプロジェクト会社が発行する株式その他の出資持分および劣後ローン債権のうえに設定される担保権が存在する。前者に関しては、シニア・レンダーおよびプロ

ジェクト会社との間で担保関連契約が締結され、後者に関しては、シニア・レンダー、スポンサーおよびプロジェクト会社との間で担保関連契約が締結される[9]。

(iv) 直接協定

　直接協定（Direct Agreement）もプロジェクトファイナンスにおける専門用語である。プロジェクト関連契約のプロジェクト会社からみた相手方当事者（具体的には、ホスト国・オフテイカー、O&M オペレーター、EPC コントラクター等）ごとに、当該相手方当事者、シニア・レンダーおよび場合によりプ

---

[8] プロジェクトファイナンスにおいてシニア・レンダーのシニア・ローンおよびスポンサーの劣後ローンが存在することから、特に日本のプロジェクトファイナンスにおいて優先劣後貸付人（債権者）間契約が締結される場合もある。しかしながら、**第Ⅲ編4(3)(i)④**で後述するように、プロジェクトファイナンスにおける劣後ローンは、本質的には、出資の代替物であり、劣後ローンはスポンサーがその出資比率に応じて拠出するものである。また、劣後ローンの取扱いは本質的にスポンサーの出資に関する取扱いと同じにすべきである。したがって、劣後ローンの貸付人が借入人やその株主とは関係のない第三者である場合に締結される優先劣後貸付人（債権者）間契約をプロジェクトファイナンスで締結することは適切ではなく、その意味で、出資に関して規定するスポンサー・サポート契約と別に優先劣後貸付人（債権者）間契約を締結することは適切ではないことになる。現に、海外のプロジェクトファイナンスを熟知したプレーヤーの間ではスポンサー・サポート契約のみが締結される。そもそも優先劣後貸付人（債権者）間契約が締結される以上、スポンサーのシニア・レンダーに対する義務が規定されることになるが、これは本質的にはリミテッド・リコースの対象となり、スポンサー・サポート契約におけるスポンサーの義務と同様、厳格にどのような義務とするかが重要となるのである。なお、現実には、優先劣後貸付人（債権者）間契約が締結される場合、その内容はスポンサー・サポート契約で規定される内容と実質的に同じであり重複して規定されるだけとなっている。

[9] なお、プロジェクトファイナンスの契約では、担保関連契約は融資関連契約に含まれるかたちで定義される。現に、海外のプロジェクトファイナンスではこの定義の仕方がスタンダードである。この理由は、プロジェクトファイナンスの契約では、通常、担保関連契約と担保関連契約でない融資関連契約は並列的に規定されることが多いことから、融資関連契約に担保関連契約を含めないかたちで定義すると、融資関連契約と担保関連契約とを常に並列的に規定する必要があり、これは迂遠であるからである。また、これはドラフトミスの原因ともなるからである。逆に、担保関連契約を含まない融資関連契約のみを単独で規定する場面は仮にあってもごくわずかであることも理由である。なお、担保関連契約のみを単独で規定する場面はそれなりにあり、融資関連契約に含まれていても融資関連契約とは別個に定義する実務的な有用性はある。

ロジェクト会社との間で締結される契約である。直接協定が締結される主な目的は、①当該プロジェクト関連契約（上のプロジェクト会社の権利）のうえに設定された担保権に関する対抗要件の具備、および②シニア・レンダーのステップ・インの権利の確保である。ステップ・インの権利については、**第Ⅲ編5(5)(ii)**で後述する。なお、実際の契約のタイトルは、具体的な案件によってさまざまである。昔は、Acknowledgment and Consent Agreement（確認および同意書）等と呼ばれることがあったが、英国のPFIで直接協定との専門用語が使われるようになってから、この直接協定との用語が一般的になったのではないか。この直接協定については、**第Ⅲ編5(5)**で後述する。

　ちなみに、日本では、直接協定はシニア・レンダーがホスト国・行政主体（オフテイカー）と締結する契約と説明されるが、これは誤った説明である[10]。海外のプロジェクトファイナンスを実際に経験した者にとっては、O&MオペレーターやEPCコントラクターとの間の直接協定の契約交渉もきわめてハードなものであり、忘れたくても忘れられない存在である。

(v)　コンサルタント契約

　コンサルタント契約とは、独立コンサルタント、シニア・レンダーおよびプロジェクト会社の間で締結される契約であり、独立コンサルタントがシニア・レンダーのために2(7)で述べたコンサルティングサービスを提供するシニア・レンダーに対する義務を規定する契約である。当該コンサルティングサービスを提供することに関するフィーはプロジェクト会社が支払うものとなっている。なお、実際の契約のタイトルは、具体的な案件によってさまざまであり、また融資関連契約に必ずしも含まれるとは限らない。

10　たとえば、Jason Fox & Nicholas Tott "The PFI Handbook"（Jordans）33頁やGraham D. Vinter "Project Finance Third Edition"（Sweet & Maxwell）273頁でもシニア・レンダーが直接協定を締結する相手方をホスト国・行政主体に限定していない。

4　2つのケース

　資源・インフラ PPP プロジェクトの理論、プロジェクトファイナンスの理論を説明するにあたっては、具体的なケースを想定して説明することが有益である。資源・インフラ PPP プロジェクトは、第Ⅱ編4(9)で後述するとおり、大別して①プロジェクト会社がマーケット・リスクをとる場合と②とらない場合とがある。このことから、本書ではこの①および②双方のケースを想定することとする。

(1) プロジェクト会社がマーケット・リスクをとるケース（ケース①）

　プロジェクト会社がマーケット・リスクをとるケース（以下、「ケース①」という）として、海底油田開発プロジェクトをあげる。海底油田開発プロジェクトの内容は、次のとおりとする。
① ホスト国 A とプロジェクト会社 B との間で、B が海底油田の開発および当該油田から出てくる原油を販売する権利を取得することを内容とする事業契約を締結する。
② B のスポンサー兼 O&M オペレーターは石油開発販売会社 C である。
③ EPC コントラクターは、エンジニアリング・建設会社 D である。
④ 海底油田から出てくる原油は、スポット売りである（したがって、当該原油が売れるか否かおよびいくらで売れるかのマーケット・リスクをプロジェクト会社がとっていることになる）。
⑤ シニア・レンダーは、金融機関 E である。

図 I-1 ケース①

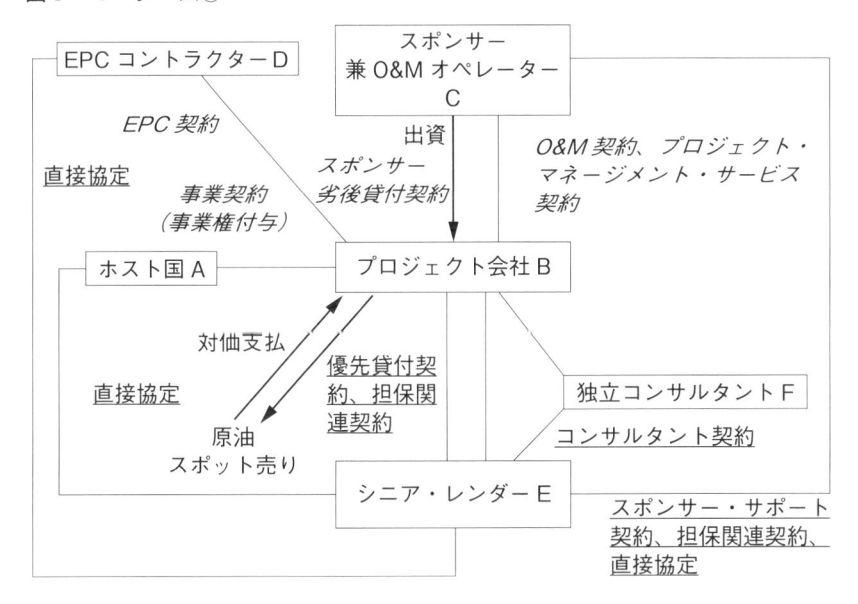

```
                              スポンサー
  ┌─────────────┐         兼O&Mオペレーター
  │EPCコントラクターD│              C
  └─────────────┘       ┌─────────────┐
         │              └─────────────┘
      EPC契約                  │  出資        O&M契約、プロジェクト・
    ─────────          スポンサー        マネージメント・サービス
    直接協定            劣後貸付契約              契約
                              │
         │     事業契約         │
         │   (事業権付与)       ▼
  ┌─────────┐              ┌─────────────┐
  │ホスト国A │──────────│プロジェクト会社B│
  └─────────┘              └─────────────┘
         │       対価支払  ↑  │
         │              │  │  優先貸付契
    ─────────          │  │  約、担保関    ┌─────────────┐
    直接協定            │  ▼  連契約       │独立コンサルタントF│
                        │  原油                └─────────────┘
                        │  スポット売り         コンサルタント契約
                        │                      ─────────────
                  ┌─────────────┐
                  │シニア・レンダーE│
                  └─────────────┘       スポンサー・サポート
                                        契約、担保関連契約、
                                        直接協定
                                        ─────────────
```

⑥ 独立コンサルタントは、コンサルタント会社Fである。

この関係当事者の契約関係を表すと、図I-1のとおりとなる。なお、斜体文字がプロジェクト関連契約、下線付文字が融資関連契約である。

(2) プロジェクト会社がマーケット・リスクをとらないケース（ケース②）

プロジェクト会社がマーケット・リスクをとらないケース（以下、「ケース②」という）として、IPPプロジェクトをあげる。IPPプロジェクトの内容は、次のとおりとする。

① ホスト国xの国営電力公社（オフテイカー）Xとプロジェクト会社Yとの間で、Yが1,000MWの天然ガス焚き発電所を完工させ、運営して、そこで発電された電力を15年間にわたってXに対して売却することを内容

とする電力売買契約（Power Purchase Agreement ; PPA）を締結する。Yは、当該発電所について電力売買契約で規定された性能を有していることを条件として、いわゆる take or pay（第Ⅱ編4(9)(ⅲ)で後述する）で X から対価を受領する（したがって、当該電力が売れるか否かのマーケット・リスクをプロジェクト会社はとっていないことになる）。なお、天然ガスの供給は、ホスト国 x が責任を負い、具体的には X が国営ガス公社を通じて Y に対して供給する。

② Y のスポンサー兼 O&M オペレーターは独立系発電事業者 Z である。
③ EPC コントラクターは、エンジニアリング・建設会社 W である。
④ シニア・レンダーは、金融機関 V である。
⑤ 独立コンサルタントは、コンサルタント会社 U である。

この関係当事者の契約関係を表すと、図Ⅰ-2のとおりとなる。なお、斜体文字がプロジェクト関連契約、下線付文字が融資関連契約である。

図Ⅰ-2　ケース②

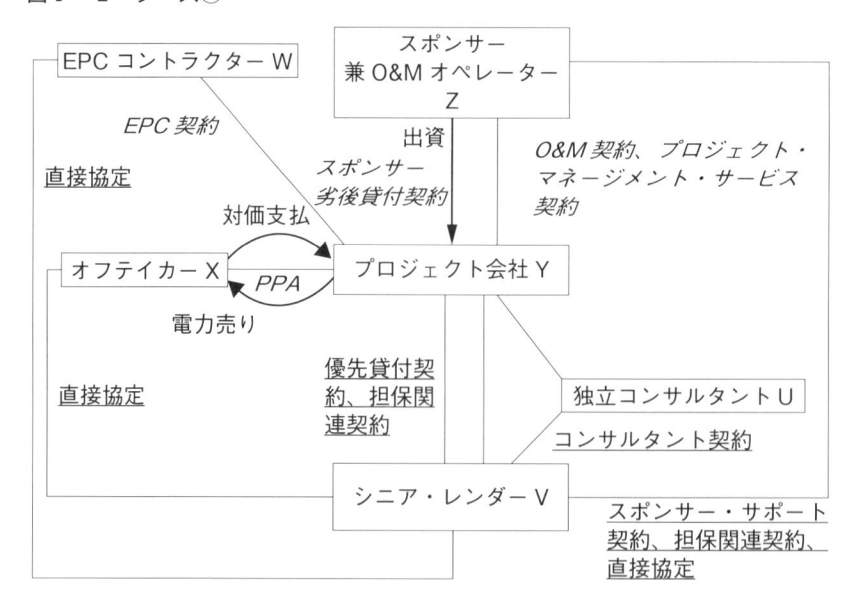

第 II 編

資源・インフラPPPプロジェクトの基礎理論

1 資源・インフラ PPP プロジェクトの内容

(1) BOT 形式のプロジェクト

　資源・インフラ PPP プロジェクトの理論を理解するにあたっては、特にプロジェクトファイナンスとの関係で、どのような「プロジェクト」がここで対象となる資源・インフラ PPP プロジェクトであるかをまず理解する必要がある。すなわち、世の中で○○プロジェクトと称されるものはあまた存在する。□□不動産開発プロジェクトとか△△応援プロジェクトといった具合である。そのすべてがプロジェクトファイナンスの対象となるプロジェクトではないことは明らかである。逆にいえば、どのようなプロジェクトがプロジェクトファイナンスの対象となるプロジェクトであるかをまず理解する必要があるのである。

　この観点からすれば、資源・インフラ PPP プロジェクトは、主としていわゆる BOT[1] 形式のプロジェクトを意味するということができる。BOT とは、資源・インフラ PPP プロジェクトおよびプロジェクトファイナンスにおける専門用語で、Build-Operate-Transfer の各頭文字をとってあわせた文言である。資源分野のみならず、電力、水、通信、鉄道、道路、空港、港湾といったインフラストラクチャーの分野においても各種のプロジェクトが存在する。このようなプロジェクトのなかには、施設の完工のみを目的とした EPC プロジェクトや日本でいわれているソフト部分を含むシステムの輸出[2] といったものもある。しかしながら、このような EPC プロジェクトやソフト部分を含むシステムの輸出は、プロジェクトファイナンスが対象とするプロジェクトではない。BOT 形式のプロジェクトとは、プロジェクトを完工させ

(Build)、プロジェクトを運営し（Operate）、終了時にプロジェクトを構成する施設をホスト国・オフテイカーに譲渡する（Transfer）形式のプロジェクトを意味する。なお、プロジェクト終了時にプロジェクトを構成する施設をホスト国・オフテイカーに譲渡する理由については、5⑴(ⅳ)で後述する。

BOT 形式のプロジェクトにおいては、プロジェクトの運営を行うことが本来の目的となっている。この運営は、ケース①では原油販売であり、ケース②では電力販売である。EPC プロジェクトは施設の完工のみを目的としており、プロジェクトの運営が存在しないところが BOT 形式のプロジェクトとのいちばんの違いである。システムの輸出も、運営段階での維持管理を含む場合もあるかもしれないが、いちばん重要な要素であるプロジェクトの運営が存在しないのである。

そこで、まず、2 で、なぜこのような BOT 形式の資源・インフラ PPP プロジェクトが用いられるかという「資源・インフラ PPP プロジェクトが用いられる理由」を説明する。また、3 で「資源・インフラ PPP プロジェクトの本質」を、および 4 で「資源・インフラ PPP プロジェクトの特徴」を、それぞれ説明する。そして、最後に 5 で「主要なプロジェクト関連契約の特

1　資源・インフラ PPP プロジェクトでは、BOT のほか、BOO や 1⑵で後述する BLT 等、アルファベットの頭文字を並べてその内容を示すプロジェクトの呼称がある。なお、BOO は、Build-Own-Operate を意味する。BOT との違いは、最後に施設の所有権がホスト国・オフテイカーに譲渡されない点である。案件の数からすれば BOT ほどないと思料されるが、BOO 形式のプロジェクトもプロジェクトファイナンスの対象となる資源・インフラ PPP プロジェクトである。

　　また、新設の場合には B（Build）であるが、改修の場合は Rehabilitate であることから B ではなく R を用いる場合もある。さらに、建設だけではなく設計も含まれることから B（Build）ではなく DB（Design-Build）が用いられることもある。筆者の個人的な感想でいえば、これらの用語はこの業界で厳密に統一された意味で用いられてはいないのではないか。たとえば、BOT の B は EPC 契約の対象になるのが通常であり、したがって、そのなかには D も当然に含まれているのである。その意味で B を DB という必要性がどのくらいあるのか疑問なしとしない。これらについてあまり検討もしないで列挙している専門書もあるが、いずれにせよ、これらの文言を用いる場合には、実質的な内容としてどのような意味で用いているのかを明確に意識することが重要である。なお、本書では、D も含めた意味で B を用いることとする。

2　そもそもシステムの輸出の意味は使う人によって異なる。しかしながら、「輸出」という以上、少なくとも運営が主体になるプロジェクトは含まれないであろう。

徴」を説明する。

(2) BLT 形式のプロジェクトとの相違

　なお、プロジェクトファイナンスが対象とする案件には、BOT 形式のプロジェクトのほかに、たとえば BLT 形式のプロジェクトが存在する。BLT も、インフラ PPP プロジェクトおよびプロジェクトファイナンスにおける専門用語で、Build-Lease-Transfer の各頭文字をとってあわせた文言である。BLT 形式のプロジェクトとは、プロジェクトを完工させ（Build）、プロジェクトをホスト国またはその他事業契約の公共側の契約当事者である行政主体に対してリースし（Lease）、終了時にプロジェクトを構成する施設を当該ホスト国またはその他の行政主体に譲渡する（Transfer）形式のプロジェクトを意味する。BOT との違いは、プロジェクトの運営を BOT ではプロジェクト会社が行うのに対して、BLT では当該ホスト国またはその他の行政主体が行い、プロジェクト会社はいわばリース業を行うにすぎない点にある。

　たとえば、1990年代にメキシコにおいて電力分野にインフラ PPP プロジェクトの手法を導入するに際して、最初にまず BLT 形式のプロジェクトを行い、その後 BOT 形式のプロジェクトを行うようになった。運営を行う企業の評価等を行う必要がないことから BLT 形式のプロジェクトのほうがホスト国からみて容易であること等が理由であると推察される。このようにインフラ PPP プロジェクトを導入する際の過渡期に BLT 形式のプロジェクトを行う積極的な意義はあるのかもしれない。しかしながら、3(2)(iii)で後述するように、資源・インフラ PPP プロジェクトの本質は運営を民間事業者に委ねる点にある。したがって、プロジェクトファイナンスが対象とする資源・インフラ PPP プロジェクトの本来あるべき姿は BOT 形式のプロジェクトである。現に、BLT 形式のプロジェクトで民間事業者が実質的な利益を得る源泉は税務上のメリット等に限定されるのではないか。その意味で形式的に VFM（2(2)(i)で後述する）が出ても（高くなっても）その分税収が減

(Build)、プロジェクトを運営し（Operate）、終了時にプロジェクトを構成する施設をホスト国・オフテイカーに譲渡する（Transfer）形式のプロジェクトを意味する。なお、プロジェクト終了時にプロジェクトを構成する施設をホスト国・オフテイカーに譲渡する理由については、5(1)(iv)で後述する。

BOT 形式のプロジェクトにおいては、プロジェクトの運営を行うことが本来の目的となっている。この運営は、ケース①では原油販売であり、ケース②では電力販売である。EPC プロジェクトは施設の完工のみを目的としており、プロジェクトの運営が存在しないところが BOT 形式のプロジェクトとのいちばんの違いである。システムの輸出も、運営段階での維持管理を含む場合もあるかもしれないが、いちばん重要な要素であるプロジェクトの運営が存在しないのである。

そこで、まず、2 で、なぜこのような BOT 形式の資源・インフラ PPP プロジェクトが用いられるかという「資源・インフラ PPP プロジェクトが用いられる理由」を説明する。また、3 で「資源・インフラ PPP プロジェクトの本質」を、および 4 で「資源・インフラ PPP プロジェクトの特徴」を、それぞれ説明する。そして、最後に 5 で「主要なプロジェクト関連契約の特

1 　資源・インフラ PPP プロジェクトでは、BOT のほか、BOO や 1(2)で後述する BLT 等、アルファベットの頭文字を並べてその内容を示すプロジェクトの呼称がある。なお、BOO は、Build-Own-Operate を意味する。BOT との違いは、最後に施設の所有権がホスト国・オフテイカーに譲渡されない点である。案件の数からすれば BOT ほどないと思料されるが、BOO 形式のプロジェクトもプロジェクトファイナンスの対象となる資源・インフラ PPP プロジェクトである。
　　また、新設の場合には B（Build）であるが、改修の場合は Rehabilitate であることから B ではなく R を用いる場合もある。さらに、建設だけではなく設計も含まれることから B（Build）ではなく DB（Design Build）が用いられることもある。筆者の個人的な感想でいえば、これらの用語はこの業界で厳密に統一された意味で用いられてはいないのではないか。たとえば、BOT の B は EPC 契約の対象になるのが通常であり、したがって、そのなかには D も当然に含まれているのである。その意味で B を DB という必要性がどのくらいあるのか疑問なしとしない。これらについてあまり検討もしないで列挙している専門書もあるが、いずれにせよ、これらの文言を用いる場合には、実質的な内容としてどのような意味で用いているのかを明確に意識することが重要である。なお、本書では、D も含めた意味で B を用いることとする。
2 　そもそもシステムの輸出の意味は使う人によって異なる。しかしながら、「輸出」という以上、少なくとも運営が主体になるプロジェクトは含まれないであろう。

徴」を説明する。

(2) BLT形式のプロジェクトとの相違

　なお、プロジェクトファイナンスが対象とする案件には、BOT形式のプロジェクトのほかに、たとえばBLT形式のプロジェクトが存在する。BLTも、インフラPPPプロジェクトおよびプロジェクトファイナンスにおける専門用語で、Build-Lease-Transferの各頭文字をとってあわせた文言である。BLT形式のプロジェクトとは、プロジェクトを完工させ（Build）、プロジェクトをホスト国またはその他事業契約の公共側の契約当事者である行政主体に対してリースし（Lease）、終了時にプロジェクトを構成する施設を当該ホスト国またはその他の行政主体に譲渡する（Transfer）形式のプロジェクトを意味する。BOTとの違いは、プロジェクトの運営をBOTではプロジェクト会社が行うのに対して、BLTでは当該ホスト国またはその他の行政主体が行い、プロジェクト会社はいわばリース業を行うにすぎない点にある。

　たとえば、1990年代にメキシコにおいて電力分野にインフラPPPプロジェクトの手法を導入するに際して、最初にまずBLT形式のプロジェクトを行い、その後BOT形式のプロジェクトを行うようになった。運営を行う企業の評価等を行う必要がないことからBLT形式のプロジェクトのほうがホスト国からみて容易であること等が理由であると推察される。このようにインフラPPPプロジェクトを導入する際の過渡期にBLT形式のプロジェクトを行う積極的な意義はあるのかもしれない。しかしながら、3(2)(iii)で後述するように、資源・インフラPPPプロジェクトの本質は運営を民間事業者に委ねる点にある。したがって、プロジェクトファイナンスが対象とする資源・インフラPPPプロジェクトの本来あるべき姿はBOT形式のプロジェクトである。現に、BLT形式のプロジェクトで民間事業者が実質的な利益を得る源泉は税務上のメリット等に限定されるのではないか。その意味で形式的にVFM（2(2)(i)で後述する）が出ても（高くなっても）その分税収が減

ればホスト国としてBLT形式のプロジェクトをやる意味がないことになる。この観点から、BLT形式のプロジェクトでどのくらいホスト国にとってメリットがあるのかは慎重に評価されなくてはならない。

(3) BOTとPFIおよびPPPとの関係

また、ここでBOTとPFIおよびPPPとの関係を説明しておく。世の中では、海外も含め、この両者の関係についてさまざまな解説がなされている。その意味で、両者の本質を理解することが重要である。まず、BOTは、1(1)で前述したとおり、Build-Operate-Transferを意味し、いわばプロジェクト会社が行う業務の内容の観点からのプロジェクトの形式の名称である。この点からは、1(2)で前述したとおり、BOTのほかにはBLT等が存在する。他方、PFIおよびPPPは、ホスト国・オフテイカーが存在することからもわかるように、通常は、公共側が行ってきた業務を民間事業者に委ねるという観点からのプロジェクトの形式の名称である。逆にいえば、BOTにおいてはホスト国・オフテイカーに相当する当事者は必ずしも公共である必要はなく、他の民間事業者がホスト国・オフテイカーの立場になることもあるのである（たとえば、日本における1990年代初頭の電力の自由化の時代のIPP、あるいは日本において2012年7月1日に開始した電気事業者による再生可能エネルギー電気の調達に関する特別措置法に基づく再生可能エネルギーの固定価格買取制度（いわゆるFIT（Feed-in Tariff）制度）のもとでの風力発電、メガソーラーでは、電力会社という民間事業者がオフテイカーである）。そういう意味で、BOTとPFIおよびPPPとは相反する概念ではなく、両立するものであり、場合により同じものを違う視点からとらえているにすぎないのである。

(4) PFIとPPPとの関係

さらに、ここでPFIとPPPとの関係についても触れておく。PFIやPPP

の文言についても、いろいろな意味で用いられており、統一した定義があるわけではない。その文言が出てきた経緯は、**第Ⅰ編1**で前述したとおり、英国で1992年に保守党のもとでPFIが誕生し、その後労働党のもとでPPPとなった。個人的には、PFIが競争原理を強調しすぎていることからそれをイメージとして緩和するために政治的にPPPという名称が使われるようになったにすぎず、本質的には両者は同じものであるとの感想をもっている。なお、PFIやPPPは1990年代に英国で誕生したものとのイメージがまだあると思われる。しかしながら、現在、世界では、英国でPFIが誕生する前から存在したいわゆる民間資本による社会資本運営型プロジェクトもPPPに含まれるものと認識されており、その意味で、PPPは英国でPFIが誕生する前から存在している制度と認識されている。

　ただし、PPPについては、その定義としては、IMF Working Paper (WP/09/144) "The Effects of the Financial Crisis on Public-Private Partnerships" (Philippe Burger, Justin Tyson, Izabela Karpowicz and Maria Delgado Coelho)[3]の4頁にある "A PPP is an arrangement in which the private sector participates in the supply of assets and services traditionally provided by the government." というものがいちばん適切なものであると思われる。そこにおいては、「公共側がこれまで提供してきた物・サービスを民間事業者が提供する」ことが謳われている。そこで想定されている中心的な事業は、これまでホスト国・オフテイカーが行っていた運営事業を民間事業者が運営する形態の事業なのである。その意味で、本質的には民営化と軌を一にするものである。しかしながら、この定義においては、PFIにおけるPFである民間資本（Private Finance）のことには言及されていない。その意味で、施設の設計・建設（これらが民間資本で調達した金員の資金使途である。3(2)(iii)で後述する）を含まない単なる物・サービスの提供もPPPの定義には含まれることになる。日本における市場化テストのような民間への業務委託

3　http://www.imf.org/external/pubs/ft/wp/2009/wp09144.pdf

のような事業もこの定義の文言上は PPP に含まれることになる。この観点からは、PPP は PFI より広い内容のものである。しかしながら、同ペーパーの 4 頁では、"The private partner(s) is usually responsible for both the construction and operational phases of the project" といっており、やはり PPP の本質は施設の設計・建設を含み、それに対して民間資本が使われるところにあるということができる。

また、IMF の Staff Team Led by Richard Hemming "Public-Private Partnerships, Government Guarantees, and Fiscal Risk" 4 頁は、"A PPP has been defined as "the transfer to the private sector of investment projects that traditionally have been executed or financed by the public sector" (European Comission, 2003, p 96)." といい、続けて PPP のほかの 2 つの特徴として、"first, there is an emphasis on service provision and investment by the private sector; and, second, significant risk is transferred from the government to the private sector." といって、PPP の典型的な形式を DBFO（Design-Build-Finance-Operate）と説明している。これからも、PPP の本質は施設の設計・建設を含み、それに対して民間資本が使われるところにあり、したがって、PFI と本質的には同じものであるということができる。

なお、日本では、前述した意味では PFI ではない PPP を PFI と呼ぶ場合もある。また、前述した意味では PFI や PPP でないプロジェクトを PFI や PPP と呼ぶ場合もある。さらに、前述した意味では PFI や PPP ではないプロジェクトも PFI 法に基づくプロジェクトとして行われている。

(5) 施設の設計・建設を含まない単なる物・サービスの提供の PPP

(4)で前述したとおり、施設の設計・建設を含まない単なる物・サービスの提供のプロジェクトも、定義上は PPP に入るが、それは PPP における脇役にすぎない。ただし、脇役であるからやるべきではないということにはなら

ない。留意すべきは、同じ PPP でも、それがよって立つ理論が異なるということである。民間資本による施設の設計・建設を含む PPP（PFI）では、3(2) で後述するとおり、民間事業者の「投資」が用いられるが、施設の設計・建設を含まない単なる物・サービスの提供の PPP では、資本的支出（Capital Expenditures、土地や建物等の固定資産に対する支出）は原則として存在しないことから、民間事業者の「投資」は用いられないのである。これは、SPC を用いるのか否か、プロジェクトファイナンスの対象となるのか否か、民間事業者の利益をどう計るのか等、施設の設計・建設を含まない単なる物・サービスの提供の事業におけるさまざまな事項が、民間資本による施設の設計・建設を含む PPP（PFI）の場合と異なることを意味する。筆者が知る限り、このようなよって立つ理論が異なることを理解して、民間資本による施設の設計・建設を含む PPP（PFI）と施設の設計・建設を含まない PPP を区別して論じている日本の文献は皆無に等しい。その意味で、どのような理論のもと施設の設計・建設を含まない単なる物・サービスの提供の PPP を行うのか、慎重な議論が必要となる。

(6) DBO プロジェクト

なお、日本において、特に廃棄物処理事業で、民間事業者が施設の設計・建設を行い、完工した時点で施設の所有権を地方公共団体に移転させ、その完工の対価を当該所有権移転時に一括して支払い、その後民間事業者が地方公共団体から委託を受けて当該施設の運営・維持管理を行うプロジェクトが存在する。日本ではこれを DBO（Design-Build-Operate）プロジェクトと呼んでいる。この DBO プロジェクトも民間事業者の「投資」は用いられないのであり、同じく SPC を用いるのか否か、プロジェクトファイナンスの対象となるのか否か、民間事業者の利益をどう計るのか等、DBO プロジェクトにおけるさまざまな事項が、民間資本による施設の設計・建設を含む PPP（PFI）の場合と異なるのである。また、民間事業者の「投資」という手法が用いら

れないことから、DBO プロジェクトで VFM がある（高い）のか否かは、慎重に検討する必要があるであろう[4]。

(7) ハコ物 PFI

日本の PFI ではいわゆるハコ物 PFI が主流である。そこでは施設の設計・建設および施設の維持管理のみが PFI の対象となっており、施設の運営は対象となっていない。この点で、施設の維持管理は、施設の運営ではない

---

[4] 日本において PFI ではなく DBO の形式がとられる実質的な理由は、地方公共団体の公債による資金調達コストのほうが PFI の場合の資金調達コストより低いことにあると思われる。しかしながら、日本の地方公共団体の公債は事実上日本国の保証がついているからその利率が低いのであり、その意味で日本の特殊性に由来する。なお、4(7)(ii)で後述するとおり、資源・インフラ PPP プロジェクトの成否で重要なのはスポンサー兼 O&M オペレーターの事業遂行能力である。このことから、ホスト国・オフテイカーは、事業契約において、プロジェクトを一体のものとして、スポンサー兼 O&M オペレーターが出資者であるプロジェクト会社に対して、プロジェクトを行わせるのである。他方、日本の DBO では、地方公共団体は、設計や建設に関しては、設計業者、建設業者との間で、直接、設計業務委託契約や建設請負契約を締結し、運営に関してのみ、プロジェクト会社との間で運営業務委託契約を締結する。これでは、スポンサー兼 O&M オペレーターの事業遂行能力に依拠してプロジェクトを一体のものとして民間事業者に委ねる契約関係とはなっていないのである。日本の DBO では、地方公共団体がスポンサーやプロジェクト会社からの各業務の受託者との間で、直接、基本契約が締結されるが、この基本契約によりプロジェクトを一体のものとして民間事業者に行わせているとの反論もあるかもしれない。しかしながら、当該基本契約では、通常、民間事業者の各構成企業が設計、建設、運営、維持管理に分けて契約を締結することが「役割分担」として規定されている。この役割分担は、このように並列的に各役割を行うことを意味しており、これはとりもなおさず、4(7)(i)で後述するとおり、DBO がスポンサー兼 O&M オペレーターの事業遂行能力に依拠していることおよびスポンサー兼オペレーターがプロジェクト全体を統括することと矛盾することに留意する必要がある。なお、PFI でもプロジェクト会社は EPC コントラクターと EPC 契約および O&M オペレーターと O&M 契約をそれぞれ締結するのであり、両者は並列的に並んでいるとの反論もあるかもしれない。しかしながら、O&M 契約が締結される理由は、O&M 業務に係る費用をまかなうためである。5(2)で後述するとおり、O&M 業務に関する利益は O&M 業務手数料には含まれない。あくまでも当該利益はプロジェクト会社の株主に対する配当等の形式で支払われるのである。したがって、O&M 契約と EPC 契約を並列的に論じることは適切でない。EPC コントラクターは、プロジェクト全体を統括する事業遂行能力を有するスポンサー兼 O&M オペレーターの下請けの立場に立つようにする必要があるのである。

ことに留意する必要がある。このハコ物PFIはBTO（Build-Transfer-Operate）形式ともいわれるが、一方でBTOのOは運営を意味するところ、他方でハコ物PFIでは運営がない以上、ハコ物PFIはBTOでもなくBTでしかないのである。また、日本では一時期、運営重視型PFIなるものが提唱されたこともあったが、運営重視型PFIでも運営が主体となっておらず、単にとってつけたような運営がPFIに加えられただけであった。これもまた、日本においてPFIが正確に理解されていないことの証左である。その意味で、日本のほとんどのPFIは、実質的には、PFIやPPPではないのである。逆に、中途半端に運営がPFIに加わっても、その分4(4)で後述するPFIにおける事業の単一性の原則に反し、PFIとしてより不適切な事業となるだけである。

　なお、英国でもハコ物PFIがあるとの反論があるかもしれないが、英国のPFIに対する評価については、2(2)(iii)で後述する。

2 資源・インフラPPPプロジェクトが用いられる理由

(1) 資源・インフラPPPプロジェクトにおける「富」の源泉

　資源・インフラPPPプロジェクトが用いられる理由は、当然のことながら、ホスト国・オフテイカーおよび民間事業者双方にとってメリットがあるからである。一方にしかメリットがない制度であれば、そのような制度には合理性はないのであり、制度として実務的に成り立ちえないことになる。そこで、このメリット（「富」）を生み出す源泉は何かが問題となる。

　この「富」の源泉については、通常次の2つの理由があげられる。

①　あるリスクにつき、当該リスクにいちばん精通し、コントロールできる者が、当該リスクをいちばん安価でとることができる
②　「市場メカニズム」により、民間事業者のほうが公共より効率的に（安価で）サービスを提供することができる

　上記の２つの理由は見方によっては同じことを意味しているのかもしれない。要は、民間事業者がコントロールできるリスクについては民間事業者にリスクをとらせたほうが、平たくいえば、安くできる、ということである。この「富」が十分に存在し、かつこの「富」をホスト国・オフテイカーおよび民間事業者との間で適切に分けあうことができるか否かが、具体的な個々の資源・インフラPPPプロジェクトが成立するか否かにかかっているのである。そこで、この「富」が十分に存在し、かつこれらの適切な配分がなされているかを判断する指標として、(2)で「ホスト国・オフテイカーにとってのメリットを計る指標」、および(3)で「スポンサーにとってのメリットを計る指標」を説明する。

　なお、上記の２つの理由が本当に正しいのかは、経済学の一大論点であろうし、統計的にも立証されなくてはならない課題である。その意味で、一介の弁護士でしかない筆者が論じるには能力の限界をはるかに超えている問題である。前掲の "Public-Private Partnerships, Government Guarantees, and Fiscal Risk" ５頁も、従来型の公共事業とPPPとの違いについて、"a belief that giving the private sector responsibility for designing, building, financing, and operating an asset leads to increased efficiency in service delivery" と述べており、PPPが採用される理由がDBFOを民間事業者に委ねたほうが公共サービスを効率的に提供できることであることをあげているのと同時にそれが "belief" であるともいっているのである。ただし、経験則的にはこの理由が正しいと多くの者が考えるのではなかろうか。

　なお、この「富」の源泉の観点からすれば、スポンサー（の一部）が公的な法主体である場合には、その業務遂行能力に疑義が生じることになる。他方、4(7)(ii)で後述するように、資源・インフラPPPプロジェクトではスポン

サー兼 O&M オペレーターの業務遂行能力が審査されることから、一般論としては、ホスト国・オフテイカーはこのようなスポンサーに高い評価を与えることはできないことに留意する必要がある。また、プロジェクトファイナンスのシニア・レンダーも、一般論としては、このようなスポンサーにプロジェクトファイナンスを供与することはできないことにも留意する必要がある。

(2) ホスト国・オフテイカーにとってのメリットを計る指標

(i) バリュー・フォー・マネー

ホスト国・オフテイカーにとってのメリットは、特に先進国のPPPではVFMがあること（高まること）である。平たくいえば、従来型の公共事業で行う場合より安くなることである。安くなることの理由は、当然のことながら2(1)で前述した「富」によるものである。バリュー・フォー・マネー（Value For Money；VFM）については、従来型の公共事業で行う場合の事業期間を通じて必要な財政負担額の現在価値（Public Sector Comparator；PSC）とPPPで行う場合の事業期間を通じて必要な財政負担額の現在価値（Life Cycle Cost；LCC）とを算出することになる。日本の2001年7月27日付「VFM（Value For Money）に関するガイドライン」（2008年7月15日改訂）[5] 2頁では、「PFI事業のLCCがPSCを下回ればPFI事業の側にVFMがあり、上回ればVFMがないということになる」と説明されている[6]。なお、これらの価値の具体的な算出方法等については、本書では立ち入らない。

ただし、VFMを計るにあたっては、かなり裁量の幅がある。したがって、

---

[5] http://www8.cao.go.jp/pfi/guideline3_v.pdf
[6] VFMは文言上は1単位通貨当りの「価値」を意味する。「価値」とは通常ある物に対する絶対的な（比較でない）価値を意味し、比較する場合にはそのような価値と価値とを比較するものである。「価値」という文言に相対的な価値の比較差の意味を含めるのであれば、それを示す「比較」等の文言がついてしかるべきである。筆者の個人的な感覚からすれば、LCCとPSCとの「差額」をVFMということには若干抵抗がある。

とある PPP をやることが先に決まっており、それを正当化するためにその裁量を恣意的に働かせるリスクがある。これは結果的にホスト国・オフテイカーに過大な財政負担が残るだけであり、それは国民が税金のかたちで最終的に負担することから、国民からすればあってはならないことである。(iii)で後述するとおり、英国では VFM はあまり出ていないとの報道もある。その意味で、この VFM をどう計るのかが実務的には重要となるのである。特に、定量的な判断が実務的に本当にできるのか、それとも定性的な判断しかできないのか、議論が深まることを期待する。

なお、厳密にいえば、1単位通貨当りの価値が高くなることが VFM が高まることであり、安くならなくても付加価値がついて価値が上がれば VFM が高まることになる。しかしながら、問題は、その付加価値の部分が本当にホスト国・オフテイカーにとって必要なものであるか否かである。ホスト国・オフテイカーにとって最低限必要なものはプロジェクトの入札書類において要求水準として定められる。したがって、当該要求水準を超えるものが本当にホスト国・オフテイカー、すなわち最終的にはホスト国の国民にとって必要かは別途慎重に検討する必要がある[7]。

(ii) アディショナリティ

さらに、発展途上国の資源・インフラ PPP プロジェクトではそもそも VFM の議論はあまりされてはいないのではないか。これは対象となるプロジェクトが運営されれば、広くその国の経済発展に寄与するのであり、VFM だけでは計ることのできないメリットがホスト国にあるからなのかもしれない。ただし、この VFM だけでは計ることのできないメリットは客観的に数値化することがなかなかできないものである。無責任にこのような要素を資源・インフラ PPP プロジェクトに導入することは、一部の民間事業者の利益にしかならず、結果として国民に価値のない負担を強いるだけになるのであり、特に先進国では厳に慎まなくてはならないことである。

これに関連して、資源・インフラ PPP プロジェクトを用いる発展途上国に

おけるホスト国・オフテイカーにとってのメリットとして、アディショナリティ（Additionality）というものがいわれている[8]。資源・インフラPPPプロジェクトにおいては、施設の設計・建設段階で多額の費用がかかり（キャッシュ・アウトがなされ）、その後長期の運営段階で少しずつ売上げが立

---

[7] なお、日本のPFIでは、価格以外の要素をよりウェイトを高くして評価することがいいことであると一般的にはいわれている。一律に付加価値部分は不要ということをいうつもりはない。しかしながら、その付加価値の部分は本当に必要なものであるかをだれがどのような基準に従って客観的に判断するのかも含め、具体的な案件ではなかなか明確に判断することができないのである。日本がこれまで成功してきたビジネスモデルの1つは、「付加価値を高めてその分高く売る」というものであると思われる。しかしながら、特にホスト国・オフテイカーの財政上大きな負担を負うことのできない発展途上国の資源・インフラPPPプロジェクトで「価格以外の要素をよりウェイトを高くして評価することがいいこと」が本当に当てはまるのか、慎重に検討する必要がある。当該付加価値部分はホスト国・オフテイカーにとっては実は単なる「ぜいたくなもの」にすぎないのかもしれないのである。なお、英国の少なくとも初期のPFIでは、入札において、基本的には価格だけの競争で、価格にあまり差がない場合にはじめて価格以外の要素も審査されていたものと思われる。

そもそも4(1)で後述するとおり、資源・インフラPPPプロジェクトの本質は運営であり、しかも当該運営から提供される物・サービスの内容は要求水準で決まっているのである。したがって、当該要求水準を満たしている限り、本質的にVFMが出る（高くなる）ためには、プロジェクト会社がホスト国・オフテイカーに提供する物・サービスの価格がいかに安くなるかが重要となるのである。施設にどのような付加価値があろうとも、それはスポンサーが運営を行う観点から価値があるか否かが決まるのであり、それは最終的にはプロジェクト会社がホスト国・オフテイカーに提供する物・サービスの価格に反映されるべきものなのである。安全性等も評価すべきとの反論もあるかもしれないが、そのような価格以外の問題は本質的にはホスト国・オフテイカーが入札において設定する要求水準の問題であり、要求水準をいかに適切に設定するかで対応すべき問題である。

これに関連して、日本ではPFIは性能発注・アウトプット仕様であることがよくいわれるが、5(1)(ii)②で後述するとおり、性能発注・アウトプット仕様は本当のPFIが運営を目的とするものであることからきているものである。ハコ物PFIで性能発注・アウトプット仕様とすると、一方で要求水準が漠然としたものとなり客観的に審査できるとは限らないものとなり、他方で当該PFIの対象施設を使って運営を行う公共側の意向にそぐわないものができるリスクが出てくるのである。したがって、最終的には運営で提供される物・サービスがどのような水準のものであるかがいちばん重要な審査項目であるが、いわゆるアウトプット仕様であれば、まさにアウトプット（運営で提供される物・サービスの内容）が要求水準を満たしているか否かが重要であり、逆にアウトプットが要求水準を満たしていたらそれ以上の付加価値がホスト国・オフテイカーにとって必要か、だれがその必要性を客観的に判断するのか、慎重に検討すべき事項である。いちばんわかりやすい例は、ケース②である。一定の内容の電力を供給する能力があれば、それ以上の付加価値というものはあまり想定されないのである。

つ（キャッシュ・インがなされる）ことになる。したがって、その両者を資金的につなぐ必要があるのである。他方、発展途上国の場合、政府が公的投資を目的とした資金調達を行う際に、将来の税収等に依拠した公的債券を発行することができない（流動性制約がある）ことから、その資金をホスト国・オフテイカーが調達できないことが想定されるプロジェクトも存在する。このことから、資源・インフラPPPプロジェクトを採用して、間接的に民間事業者にその資金を調達してもらうメリットがあるというものである。公的投資の資金調達能力に制約がある場合にその制約を超えて付加的な調達能力をもたらすという意味でアディショナリティといわれるのである。このアディショナリティ自体は正当なものであると思料される。問題は、ホスト国・オフテイカーとして、本当に将来当該資金調達の弁済（民間事業者や金融機関の利益分も含まれる）の原資を確保できるかである。たとえば、ケース②の場合、オフテイカーXは買い取った電力をその国の企業・国民に売却することになる。当該弁済の原資を確保できる価格で売却することが必要となるのであるが、はたしてそのような価格で売却できるかが問題となるのである。もしそのような価格で売却できないのであれば、最終的にはオフテイカーXないしホスト国xが有する資金でまかなわなくてはならないのである。その意味で、単にホスト国に十分な資金がないこととアディショナリティとは異なるのであり、この実質的な弁済の原資の確保なくして資源・インフラPPPプロジェクトを行うことはできないことに留意する必要がある[9]。

(iii) 財政にかわる景気刺激および公共のバランスシートにおけるオフバランス

なお、これに関連して、インフラPPPプロジェクトを用いるホスト国・オフテイカーにとってのメリットとして、インフラPPPプロジェクトが財政に

---

8 たとえば、ACCA（英国公認会計士協会）ワークショップのGraham M. Winch, Masamitsu Onishi & Sandra Schmidt "Taking Stock of PPP and PFI Around the World" 12頁（http://www.meng-pm.org/wsq/Paper/ACCA-PPP-FinalReport.pdf）。

かわる景気刺激策となるかが時として議論される。この点は、筆者も参加したアジア欧州会議（Asia Europe Meeting；ASEM）の枠組みのもとで2009年10月に韓国ソウルで開催された官民連携（PPP）を利用した公共インフラ整備に関しての国際会議でも議論となった。そこでの結論は、景気刺激を主たる目的としてPPPを実施するのは不適当であるということであった。

さらに、これに関連して、インフラPPPプロジェクトはホスト国・オフテイカーのバランスシートのオフバラの観点から導入すべきで、公共側ももっと民間の経営手法を取り入れるべきであるとの主張もなされることがある。公共側ももっと民間の経営手法を取り入れるべきか否かはともかく、上記のASEMの国際会議では、ホスト国・オフテイカーはPPPに係る将来の支払負担を実質的にはオンバランス扱いにして債務管理を行うべきであるとの結論であった。会計基準から形式的にオフバラになるか否かはともかく、実質的にはホスト国・オフテイカーは将来PPP債務を支払う義務がある以上、ホスト国・オフテイカーの債務を当該ホスト国・オフテイカーのバランスシートからオフバラする目的でPPPが使われることは、結果として国民に価値のない負担を強いるだけになるリスクがあるのである[10]。

9　新興国・発展途上国のインフラ投資の場合、実務上当該投資は米国ドルで行われる。したがって、当該投資のリターンも米国ドルで支払われる必要がある。このことから、当該新興国・発展途上国において当該リターンの弁済分の米国ドルが十分確保されていることが重要となる。他方、新興国・発展途上国には海外に支払うことができる米国ドルの量には限界がある。したがって、新興国・発展途上国は、無尽蔵にインフラ投資の対象となる資源・インフラPPPプロジェクトをやることはできないのである。数年前、ベトナムにおいて新規インフラプロジェクトにおけるオフテイカーの支払における米国ドルの割合を一定割合とする政策が打ち出されたが、その途端新規プロジェクトの検討が遅くなったのは、まさにこれが理由である。近時、アフリカ諸国のインフラ投資が話題となっているが、本当に米国ドルでの資金の回収ができるのかも含め、慎重に検討すべきである。逆にいえば、新興国・発展途上国のインフラを発展させるためには当該新興国・発展途上国には米国ドルが必要であり、そのために輸出をして米国ドルを稼ぐ必要があるのである。そして、新興国・発展途上国は、この限られた米国ドルの支払能力の範囲内で、その国にとって必要なインフラについて優先順位をつけて行っていくことになるのである。なお、この米国ドルによるリターンの支払は、単にインフラ投資に限らず、新興国・発展途上国に対して純粋な民間ベースで投資する際には（法律上の規制のみならず実務上の規制も含めて）常に念頭に入れておかなくてはならないリスク（いわゆる外為取引リスク）である。

PFI および PPP という言葉の誕生の地である英国においても、PFI および PPP においてハコ物 PFI が少なからず存在する。英国の PFI では多くの案件で VFM がない（低い）との報道もある[11]。それにもかかわらず、景気刺激の観点かつ公共側のオフバラの観点から使われていた感がある。近時、英国ではこの点が問題となっており[12]、PFI および PPP の熱が急速に冷めてきているのではないか。内容を正しく理解して使えば国民にとってきわめて有益な PFI および PPP が、その本質が解されないまま使われたことは本当に残念なことである。

(iv) 「国・地方公共団体にお金がないことから民間のお金を使う」は本質的に誤り

　前述の(iii)に関連して、インフラ PPP プロジェクトについて、国・地方公共団体にお金がないことから民間のお金を使うことがよくいわれる。しかしながら、これは財政と金融との相違を理解していない考え方である。国・地方公共団体のお金は、財政のお金であり、いわば支払えばそれで終わりのお金である。他方、民間のお金は支払えばそれで終わりではない。民間のお金は、投資であり、金融なのである。民間がお金を支払えば、利益も含めて、民間にそのお金を返さなくてはならないのである。その弁済の原資は、4(9)(i)および4(9)(ii)で後述するとおり、マーケット・リスク・テイク型（4(9)(i)で後述する。以下、同じ）のインフラ PPP プロジェクトの場合であれば、原則として物・サービスの提供を受けた者から対価の支払であり、利用可能状態に対

10　なお、この ASEM の国際会議で議論された内容は、安間匡明・筆者「金融危機下のインフラ官民連携　ASEM インフラ PPP 会合に参加して」（『国際金融』1207号14頁以下）を参照されたい。
11　たとえば、http://www.telegraph.co.uk/finance/newsbysector/constructionandproperty/9196524/UK-taxpayers-rarely-benefit-from-public-private-partnerships-claims-study.html、http://www.guardian.co.uk/public-leaders-network/blog/2012/apr/11/public-private-partnerships-the-record-isnt-great参照。
12　たとえば、英国の House of Commons2011年8月10日付報告書（Treasury-Seventeenth Report Private Finance Initiative）（http://www.publications.parliament.uk/pa/cm201012/cmselect/cmtreasy/1146/114602.htm）参照。

する支払型（4(9)(ii)で後述する。以下、同じ）のインフラ PPP プロジェクトの場合であれば、オフテイカーからの対価の支払である。オフテイカーからの対価の支払の原資は、最終的には国・地方公共団体のお金である。この意味で「国・地方公共団体にお金がないことから民間のお金を使うこと」は、特に利用可能状態に対する支払型の場合には本質的に誤りであることに留意しなくてはならない。利用可能状態に対する支払型のインフラ PPP プロジェクトの場合、100かかる国・地方公共団体の負担を90にすることができる可能性はあるが、これを 0 にすることはできないのである。

　また、マーケット・リスク・テイク型のインフラ PPP プロジェクトの支払原資は、物・サービスの提供を受けた者からの対価の支払である。この場合には、100かかる国・地方公共団体の負担を 0 にすることができる可能性はある。しかしながら、5(1)(i)③で後述するとおり、マーケット・リスク・テイク型のインフラ PPP プロジェクトは一般的にむずかしいということが常識である。その意味で、マーケット・リスク・テイク型のインフラ PPP プロジェクトを行うにあたっては、ホスト国、民間事業者、シニア・レンダーは慎重に判断することが求められるのである。「国・地方公共団体にお金がないこと」からインフラ PPP プロジェクトを始めても、リスク分担等さまざまなところで「国・地方公共団体にお金がないこと」からくるゆがみが生じるのであり、あまりいい成果はあがらないのである。

(3)　スポンサーにとってのメリットを計る指標

　スポンサーにとってのメリットを計る指標は、Internal Rate of Return on Equity（Equity-IRR；EIRR）である。この Equity-IRR は、内部収益率（Internal Rate of Return on Project/Investment（Project-IRR；PIRR）または単に Internal Rate of Return；IRR）とともに、プロジェクトファイナンスのレバレッジ効果との関係で説明するほうがより適切であることから、**第Ⅲ編2(2)**で後述する。

Equity-IRR がスポンサーのビジネスの観点から適切なレベルとなっているか否かが重要となる。いくらホスト国・オフテイカーにとって VFM があっても（高くても）、Equity-IRR が低いのであれば、営利企業であるスポンサーからすればそのプロジェクトを行うメリットはないことになるのである。まさに 2 (1)で前述した「富」が十分にあることがスポンサーにとっても重要なのである。

　ここで留意すべきは、Equity-IRR とは「投資」効率を計る指標であるということである。そして、Equity-IRR においては、スポンサーがプロジェクト会社に対して行う投資、すなわち出資の単位当りのパーセンテージで当該投資効率が示されることである。このことからもわかるように、資源・インフラ PPP プロジェクトにおける民間事業者側のメリットとは、直接的にはスポンサーの出資に対する利益により現れるということである。逆にいえば、EPC コントラクターが受け取る EPC 代金に含まれる EPC コントラクターの利益は、資源・インフラ PPP プロジェクトにおける民間事業者側の直接のメリットではないのである。この点は、4で後述する。

　また、「Equity-IRR がスポンサーのビジネスの観点から適切なレベル」である必要がある点であるが、この点も、特にホスト国・オフテイカーの側ではあまり理解されていないので、ここで説明を加える。スポンサーからすれば、少しでも利益を得ていればいいという話ではない。まず、**第Ⅲ編 2 (2)(ⅰ)**③で後述するとおり、スポンサーの最終的な利益の指標は、Equity-IRR から当該スポンサーの投資に係る資金調達コストの利率を差し引いた利率である。たとえば、Equity-IRR が10％で当該スポンサーの投資に係る資金調達コストの利率が 4 ％であるとすると、当該スポンサーの最終的な利益の利率は 6 ％である。したがって、少なくとも Equity-IRR は当該スポンサーの投資に係る資金調達コストの利率より高い利率である必要がある。さらに、Equity-IRR が当該スポンサーの投資に係る資金調達コストの利率より高い利率であっても、Equity-IRR が絶対的に低いと当該スポンサーはその分資金を効率的に利用していないことになり、当該スポンサーが利益を得ていた

としても当該スポンサーの会社の価値をその分毀損することになる。逆にいえば、スポンサーの株主としてはその資産について現金化して受け取り、より高いリターンを生み出す事業に投資したほうが得なのである。したがって、マーケットから適切に儲けていると評価される利率で当該投資をしなくてはならないのである。この観点から、スポンサーは、当該スポンサーにとって受け入れることのできる Equity-IRR の投資となるか否かにより、資源・インフラ PPP プロジェクトに参加するか否かを決めるのである。なお、スポンサーの投資における Equity-IRR がこのような本質を有することは、5(1)(i)①で後述する不可抗力事由等におけるリスク分担や4(10)で後述する資源・インフラ PPP プロジェクトにおける事業契約上の事業内容の変更の意味を理解するうえでもきわめて重要となる。

　日本の PFI および PPP では、民間事業者を用いる理由として「民間事業者のノウハウの活用、民間の活力導入」といった説明がなされる。しかしながら、これらは PFI および PPP の本質を理解していない、意味のない美辞麗句にすぎない。資源・インフラ PPP プロジェクトの本質は、「海外インフラ投資」という言葉があるように、民間事業者の「投資」という手法を使うものである。そこでは運営事業者がスポンサーとなってプロジェクト会社に出資を行い、運営で利益を得る事業が当然の前提となっているのである。運営に必要な施設は、運営を行うために設計・建設されるのであり、施設の設計・建設は手段であっても目的ではないのである。そこで、次に、3で、「資源・インフラ PPP プロジェクトの本質」を、この「投資」と絡めて説明する。

3 資源・インフラ PPP プロジェクトの本質

(1) 資源・インフラ PPP プロジェクトで SPC が用いられる理由

　資源・インフラ PPP プロジェクトでは、ホスト国・オフテイカーと事業契約を締結する契約当事者は、スポンサーではなく SPC であるプロジェクト会社である。なぜ、直接スポンサーが事業契約の契約当事者とならずに、SPC であるプロジェクト会社が用いられるのであろうか。

(ⅰ) 複数のスポンサーの存在が理由か

　これについては、資源・インフラ PPP プロジェクトでは通常複数のスポンサーが存在することから、事業契約で対象となっている事業を行うためにはスポンサー間で合弁会社を設立し、当該合弁会社が SPC として当該事業を行うことが理由として考えられる。しかしながら、これが理由とすると、ホスト国・オフテイカーからすれば、一般論としてスポンサーより信用力が低い合弁会社と事業契約を締結しなくてはならないことになる。特に、4(7)(ⅳ)で後述するように、そもそも SPC であるプロジェクト会社はスポンサーの格付より高い格付になることはないのである。したがって、これのみが理由であれば、プロジェクト会社がホスト国・オフテイカーに対して事業契約上負っている債務をスポンサーやプロジェクト会社からの各業務の受託者が保証しないとホスト国・オフテイカーの利益を害することになる。他方、資源・インフラ PPP プロジェクトではそのような保証はなされないし、そのような保証はすべきではないと説明されている。たとえば、英国の Standardisation of

PFI Contracts Version 4-General, Section 4.4.1では、"In traditional procurement, the Authority may expect to obtain parent company guarantees from the parent companies to the Contractor and/or the Sub-Contractors (in particular, the Construction Sub-Contractor) to support the obligation to deliver the Service on time. This is not, however, normally appropriate in PFI Contracts and should not be a pre-condition to acceptance of a tenderer's bid."と説明されている。したがって、複数のスポンサーの存在は、SPCであるプロジェクト会社が用いられる理由とはならない。

(ii) **プロジェクトファイナンスが理由か**

また、プロジェクトファイナンスの観点から、借入人がSPCであるプロジェクト会社とならなくてはいけないことが資源・インフラPPPプロジェクトでSPCが用いられる理由としてあげられることもある。しかしながら、**第Ⅲ編2(2)および(4)**で後述するように、プロジェクトファイナンスにはスポンサーからみてメリットもあればデメリットもあるのである。したがって、スポンサーが常にプロジェクトファイナンスによる資金調達を選択するものではない。また、**第Ⅲ編2(4)(ii)**で後述するように、どのようなスポンサーでもプロジェクトファイナンスによる資金調達ができるというものでもない。その意味で、プロジェクトファイナンスが用いられることもSPCであるプロジェクト会社が用いられる理由とはならない。

(iii) **スポンサーからの倒産隔離が理由か**

プロジェクトがスポンサーに属しているとスポンサーが倒産したときにプロジェクトを継続させることができなくなる。このスポンサーからの倒産隔離が資源・インフラPPPプロジェクトでSPCが用いられる理由としてあげられることもある。たしかに、特に公共性の高いインフラPPPプロジェクトが、当該プロジェクトとは関係のない事業の採算性が悪化して、それにより

遂行できなくなる事態は可能な限り避けるべきである。その観点から、インフラ PPP プロジェクトをスポンサーの事業と法人格として切り離す意味はあるのかもしれない。しかしながら、ホスト国・オフテイカーからすれば、事業契約の相手方当事者が倒産した場合の本質的な対応策は、**第Ⅲ編 5 (5)(ii)⑦**で後述するとおり、当該事業契約を解約して新たな民間事業者と事業契約を締結することである。**第Ⅲ編 5 (5)(ii)**で後述するシニア・レンダーのステップ・インの権利は、実務的には重要な対応策であるが、ホスト国・オフテイカーからすれば、シニア・レンダーの判断・行為に依拠しているという意味で受動的な対応策でしかない。したがって、スポンサーからの倒産隔離は SPC であるプロジェクト会社を用いる理由にはならない。また、4 (2)で後述するように、オーナーオペレーターの原則からすれば、スポンサーが倒産すれば、資源・インフラ PPP プロジェクトの運営も行われなくなるのであり、そのままでは SPC であるプロジェクト会社の事業も破綻するのである。さらに、4 (7)で後述するように、そもそも SPC であるプロジェクト会社はスポンサーの格付より高い格付になることはないのである。スポンサーの倒産をおそれて、スポンサーより格付の低い、その意味で倒産する確率がスポンサーより高い SPC であるプロジェクト会社を事業契約の相手方当事者にすることはありえないのである。仮に運営に係る費用が予定より増加した場合、事業契約の契約当事者がスポンサーであり、かつ当該スポンサーの信用力が高ければ、事業契約上の運営に係る義務を履行するために増加した当該運営費用をスポンサーは負担することができる。しかしながら、4 (11)で後述するとおり、SPC にはそのような増加した費用を支払うだけの支払の原資はないのである。もしこれが理由であれば、(i)で前述したとおり、プロジェクト会社がホスト国・オフテイカーに対して事業契約上負っている債務をスポンサーが保証しないと、ホスト国・オフテイカーの利益を害することになるのである。

スポンサーからの倒産隔離は証券化で問題となるが、資源・インフラ PPP プロジェクトにおいては、証券化の場合と異なり、SPC であるプロジェクト

会社は実際に事業を行う会社であり本質的に倒産する可能性のある存在なのである。資源・インフラPPPプロジェクトを証券化と類似したものとして議論することは、両者の本質的な違いを理解していない主張であることに留意する必要がある。

　すなわち、証券化の対象は事業ではなく資産である。証券化では当該資産自体の生み出すキャッシュフローが問題となり、かつ当該キャッシュフローの下ぶれリスクが低いこと（キャッシュフローのボラティリティ（volatility）が低いこと）（逆にいえば、少なくともこのキャッシュフローの下ぶれリスクが低くない限り、証券化として成り立たないこと）からSPCは倒産しないことが前提であり、このことからSPCが倒産しないようにするための各種の手当がなされる。また、このことからオリジネーターの倒産からSPCを隔離する必要も出てくる。さらに、証券化では、資産はオリジネーターからSPCに譲渡されるので、当該譲渡が真正であることも要求されることになる。また、証券化では、資産管理会社のパフォーマンスの出来不出来により資産自体の生み出すキャッシュフローが変わることがあっても、全体として当該キャッシュフローの下ぶれリスクの範囲内に収まっているべきものである。他方、資源・インフラPPPプロジェクトでは事業の生み出すキャッシュフローはスポンサーの事業遂行能力に依拠するのであり、スポンサーの個性を除いた事業自体の生み出すキャッシュフローが問題となるのではない。そして本質的にスポンサーの事業遂行能力により、当該キャッシュフローの下ぶれリスクがあり（キャッシュフローのボラティリティが高いこと）、プロジェクト会社は倒産する可能性のある存在なのである。また、スポンサーが倒産すれば事業も遂行されないのである。したがって、資源・インフラPPPプロジェクトでは、証券化の場合の倒産隔離を講じるのではなく、プロジェクト会社が倒産する可能性があることを前提に、プロジェクト会社が倒産した場合の対応策を講じておくのである。なお、当該対応策については、**第Ⅲ編5(5)(ii)⑥**で後述する。また、この事業と資産の相違は、**第Ⅲ編1(4)**で後述する。

　なお、事業の証券化というものが存在するが、事業自体の生み出すキャッ

シュフローの下ぶれリスクが低い事業であるのかも含め、どれだけ一般的なスキームにすることができるのか、慎重な検討が必要となる。

(iv) 資源・インフラ PPP プロジェクトに対するモニタリングが理由か

　資源・インフラ PPP プロジェクトをモニタリングする観点（あるいは、資源・インフラ PPP プロジェクトの透明性）から、スポンサーとは別法人の SPC であるプロジェクト会社を用いることが主張されることもある。しかしながら、技術面からのモニタリングであれば必ずしも SPC であるプロジェクト会社を事業契約の契約当事者とする必要はないのではないか。また、財務面からのモニタリングであれば意味があるかもしれない。しかしながら、たとえば、日本の PFI におけるプロジェクトファイナンス（実質的には担保付コーポレートファイナンスである）では、SPC であるプロジェクト会社のリスクをすべてプロジェクト会社からの各業務の受託者に負わせるので、財務上の問題が SPC であるプロジェクト会社の財務諸表に現れることもない。また、これが理由であれば、(i)で前述したとおり、プロジェクト会社がホスト国・オフテイカーに対して事業契約上負っている債務をスポンサーが保証しないと、ホスト国・オフテイカーの利益を害することになるのである。その意味で、資源・インフラ PPP プロジェクトをモニタリングする観点（あるいは、資源・インフラ PPP プロジェクトの透明性）も、資源・インフラ PPP プロジェクトで SPC であるプロジェクト会社が用いられる付随的な理由にはなるかもしれないが、本質的な理由とはならないのである。

(2) 資源・インフラ PPP プロジェクトで SPC であるプロジェクト会社が用いられる真の理由――資源・インフラ PPP プロジェクトにおける民間事業者の「投資」

　資源・インフラ PPP プロジェクトで SPC であるプロジェクト会社が用い

られる理由は、民間事業者の「投資」という手法が用いられるからである。一般的に「投資」といった場合、その意味は多義的であり、たとえば株式投資とか自己への投資といった具合に用いられる場合もある。しかしながら、資源・インフラPPPプロジェクトでいう「投資」とはもう少し専門的な意味を有する。そこで、以下、この「投資」というものがどういうものであるかを説明する。

(i) スポンサーによる金員の拠出

「投資」であることから、「金員の拠出」があることが本質となる。この金員を拠出する者は、当然のことながら、スポンサーである。そして、スポンサーがプロジェクト会社に対して出資する形式で、この金員の拠出がなされるのである。

(ii) スポンサーへの利益のための事業が行われること

スポンサーにより拠出された金員は最終的に利益を生み出す必要がある。一般的な投資の場合、投資した対象物の価格上昇によるキャピタル・ゲインにより利益を得る場合も含まれる。しかしながら、資源・インフラPPPプロジェクトにおける「投資」は、このような利益を得る手法ではない。スポンサーが拠出した金員で事業が行われ、当該事業がキャッシュを生み出し、それによりスポンサーは利益を得ること、すなわち、インカム・ゲインにより利益を得ることが本質となる。したがって、資源・インフラPPPプロジェクトにおける民間事業者の利益は最終的にスポンサーへの利益の形式で実現することになる。そして、この利益は出資に対する配当等の形式[13]をとることになる。

---

[13] 厳密にいえば、キャッシュフローの観点からは、スポンサーに支払われる金員には、利益の配当のみならず出資の払戻しも含まれる。その意味で、特に税務の観点からは、スポンサーの利益と実際に支払われる金員の性質が利益なのか出資の払戻しなのかは区別して認識しなくてはならない。また、劣後ローンが用いられる場合には、劣後ローンの利息および元本の支払も含まれる。これらについては、第Ⅲ編4(3)で後述する。

(iii) スポンサーにより拠出された金員の資金使途——事業は運営が対象

　スポンサーが拠出した金員で事業が行われ、当該事業がキャッシュを生み出し、それにより利益が得られることが本質である以上、当該事業はある程度長期間にわたり利益を生み出す事業でなくてはならない。したがって、当該事業は運営ということになる。そして、スポンサーにより拠出された金員は、この運営を行うために必要となる施設の設計・建設の費用（資本的支出）およびその他関連費用のために利用されることになる。運営自体に係る費用は、運営を行うことから生み出されるキャッシュでまかなわれることになる。
　なお、当該施設は通常は大規模なものであり、リースでその全部を調達することは想定されないが、小規模な施設であるとリースで調達することも考えられる。しかしながら、施設をリースで調達すると、設計・建設の費用が初期コストとして計上されなくなる。そうすると、そもそも投資という手法が用いられなくなる。また、事業契約が終了した時に当該施設の所有権をホスト国・オフテイカーに譲渡できないとすると、BOT形式のプロジェクトともならない。これらの点から、施設の重要な部分についてリースを用いると本質的な資源・インフラPPPプロジェクトとはならない可能性があることに留意する必要がある。

(iv) 「投資」における有限責任

　資源・インフラPPPプロジェクトやプロジェクトファイナンスの教科書ではあまり説明されていないが、「投資」における民間事業者は、一定の金額を投資してそれが戻ってこないリスクをとることができるが、それ以上に（無制限に）責任を負うリスクをとることはできないというところに本質がある。もし無制限に責任を負うリスクをとることになると、合理的なスポンサーであればそのようなリスクをとることはできず、また、そもそも投資額を基準として算定されるEquity-IRRも正当化できなくなるのかもしれな

い。そういう意味で、そもそも投資におけるスポンサーの責任は、プロジェクトファイナンスを用いるか否かにかかわらず、有限責任である。この有限責任を法的に担保することが、このSPCであるプロジェクト会社を用いる真の理由である。その意味で、SPCであるプロジェクト会社が用いられるのは本質的にはスポンサーのためであり、ホスト国・オフテイカーのためではない。なお、この「スポンサーの責任」の具体的な内容は、(vi)で後述する。

このプロジェクト会社は、通常では株式会社が用いられる。しかしながら、このプロジェクト会社の保有者の有限責任が実現できるのであれば、プロジェクト会社の形態は株式会社に限定される必要はない。プロジェクト会社における課税を避ける観点等[14]から、海外ではリミテッド・ライアビリティ・カンパニー（Limited Liability Company ; LLC）が用いられることもある。また、リミテッド・ライアビリティ・カンパニー制度が導入される前は、リミテッド・パートナーシップ（Limited Partnership）が用いられていたこともあった。リミテッド・パートナーシップの場合、スポンサーは有限責任であるリミテッド・パートナー（Limited Partner）となり、無限責任を負うジェネラル・パートナー（General Partner）はスポンサーが保有するペーパー・カンパニーである株式会社がなり、これにより実質的な有限責任を実現していた。

なお、本書では、説明の便宜上、スポンサーによる出資は株式によることを前提とするが、これはプロジェクト会社の形態は株式会社に限定されることを意味するものではないことにご留意願いたい。

---

14 その他、株式会社の場合には、配当可能額（日本法では、分配可能額）がないと株式に対する利益の配当（日本法では、剰余金の配当）ができない。しかしながら、プロジェクトファイナンスの観点からすれば、キャッシュフロー・ストラクチャーでは、ウォーターフォール規定に従って株主に対して支払うことができる金員が存在すれば、たとえ貸借対照表において配当可能額がなくても、その金員は株主であるスポンサーに対して支払をしても問題ないことになる。そこでこの金員の支払がこの配当可能額の制限がかからないようにするために、プロジェクト会社について株式会社以外の法人格が用いられることもある。この点については、後述の**第Ⅲ編4(3)**をご参照願いたい。

(v) ホスト国・オフテイカーがスポンサーやプロジェクト会社からの各業務の受託者と基本契約を締結することの妥当性

　資源・インフラPPPプロジェクトにおいて、ホスト国・オフテイカーが、プロジェクト会社と事業契約を締結するに先立って、スポンサーやプロジェクト会社からの各業務の受託者と基本契約を締結することがある。入札の手続の適法性の観点から必要になる場合もあるかもしれない。しかしながら、この基本契約でスポンサーやプロジェクト会社からの各業務の受託者が事業契約上のプロジェクト会社の債務を事実上保証するような義務を負うことになると、それはこの資源・インフラPPPプロジェクトの本質に反することになることに留意すべきである。3(1)(i)で前述したとおり、資源・インフラPPPプロジェクトにおいては、スポンサーやプロジェクト会社からの各業務の受託者から保証（事実上の保証も当然含まれる）をとることは否定されているのである[15]。

(vi) 事業契約におけるリスクが民間事業者に移転することの意味

　資源・インフラPPPプロジェクトでは、事業契約において各種リスクが民間事業者に移転しているか否かが問題となる。ここで留意すべきは、とあるリスクについて民間事業者に移転していたとしても、民間事業者は(iv)で前述した有限責任の範囲内でしか責任を負わない以上、金額的に無制限にリスクが民間事業者に移転しているのではないことである。その意味で、民間事業者、特にスポンサーが倒産するまで当該リスクをとるということではないのである。ホスト国・オフテイカーは、あくまでもホスト国・オフテイカーが

15　日本のPFIでは、地方公共団体がスポンサーやプロジェクト会社からの各業務の受託者との間で、直接、基本契約が締結され、通常、民間事業者の各構成企業が設計、建設、運営、維持管理に分けて契約を締結することが「役割分担」として規定されている。しかしながら、これは、37頁脚注4で前述したとおり、PFIがスポンサー兼O&Mオペレーターの事業遂行能力に依拠していることおよびスポンサー兼オペレーターがプロジェクト全体を統括することと矛盾することに留意する必要がある。

契約当事者である事業契約の範囲内（すなわち、SPC であるプロジェクト会社の信用力の範囲内。これが民間事業者の当該有限責任の範囲内である）でしか法的には権利を有していないのである。逆にいえば、当該有限責任の範囲を超えた場合のリスクはホスト国・オフテイカーが負うのである。この点についてもう少し具体的に説明する。

　まず、リスクの具体的な内容の詳細は 5(1)(i)②で後述するが、資源・インフラ PPP プロジェクトにおけるリスクは、大別して、(A)プロジェクトの内容に関するリスクと(B)事業契約上プロジェクト会社が履行すべき義務に関して、プロジェクト会社による当該義務の履行を妨げるリスクまたは当該義務の履行に関してプロジェクト会社に増加費用が発生するリスク、の 2 つに分けることができる。(A)は、そのリスクを民間事業者がとることができないのであれば、そもそも資源・インフラ PPP プロジェクトとしてできない等が問題となるものであり、(B)は、(A)においてとある業務に関して民間事業者がリスクをとることが可能であることを前提として、当該業務に関して具体的に問題となる事象について、ホスト国・オフテイカーと民間事業者どちらがそのリスクを負うかが問題となるのである。たとえば、運営リスクを民間事業者がとることができるか否かは(A)の問題であり、民間事業者が運営リスクをとることを前提として、不可抗力事由等により民間事業者が運営を行うことができない場合のリスクが(B)の問題である。そして、この「事業契約におけるリスクが民間事業者に移転すること」が問題となるのは、この(A)で民間事業者がリスクをとることが可能である場合の問題である。

　この、リスクの問題は、利用可能状態に対する支払型の資源・インフラ PPP プロジェクトの場合における運営リスクを例にとれば、大別して、①民間事業者のホスト国・オフテイカーに対する金銭的な関係および②民間事業者の会社内部での費用の負担の 2 つに分けることができる。そこで、以下この 2 つについて説明する。

① **民間事業者のホスト国・オフテイカーに対する金銭的な関係**

　詳細は 5(1)(iii)で後述するが、運営期間中にプロジェクト会社がその帰責事

由により事業契約で規定された要求水準で規定された一定の利用可能状態が達成・維持されないこと（事業契約で規定された物・サービスを提供できる状態にないこと）は、プロジェクト会社による事業契約上の債務不履行を意味する。民事法の一般原則からすれば、プロジェクト会社は、当該債務不履行によりホスト国・オフテイカーが被った損害をホスト国・オフテイカーに対して賠償する義務を負うことになる。

　しかしながら、プロジェクト会社に法的に損害賠償責任を負わせても、基本的には、当該損害を賠償する原資はプロジェクト会社には存在しないのである。その意味で、プロジェクト会社は、4(11)で後述するとおり、いわばお金のない会社で、いくらプロジェクト会社に対して損害賠償を支払う義務を事業契約で規定しても、実効性はないのである。したがって、民間事業者が運営リスクをとるといっても、民間事業者が具体的に追加的に金員をホスト国・オフテイカーに対して支払って運営リスクをとるものではない。たとえば、利用可能状態に対する支払型におけるプロジェクト会社の運営リスクの負い方は、基本的にはあくまでもアベイラビリティ・フィー（4(9)(ii)で後述する）の減額（すなわち、民間事業者が本来ホスト国・オフテイカーから受け取ることのできた金員を受け取ることができなくなること）というかたちでしかないのである。

　このことは、利用可能状態に対する支払型の資源・インフラPPPプロジェクトがプロジェクト会社の帰責事由その他プロジェクト会社側の問題で事業契約が終了した場合にも当てはまる。すなわち、運営期間中にプロジェクト会社側の帰責事由その他プロジェクト会社側の問題で事業契約が終了した場合、通常の契約では、当該終了によりホスト国・オフテイカーが被った損害をプロジェクト会社が賠償することになる。しかしながら、利用可能状態に対する支払型の資源・インフラPPPプロジェクトでは、プロジェクト会社はそのような損害賠償責任は負わない。実際にプロジェクト会社が負う責任の内容は、事業契約の終了時にホスト国・オフテイカーがプロジェクト会社に支払うプロジェクトに係る施設の買取価格（通常であれば、未払いのアベイラ

ビリティ・フィー（の現在価値化したもの））について一定の割合（たとえば30％）を控除するだけである。これもまた、あくまでもアベイラビリティ・フィーの減額（すなわち、民間事業者が本来ホスト国・オフテイカーから受け取ることのできた金員を受け取ることができなくなること）というかたちでしかないのである。

　これまで説明したことは運営期間の運営リスクに関するものであるが、設計・建設期間のプロジェクトの完工リスクにも当てはまる。設計・建設期間中にプロジェクト会社がその帰責事由により事業契約で規定されたプロジェクトの完工ができない場合に、プロジェクト会社に対して損害賠償を支払う義務を事業契約で規定しても、実効性はないのである。したがって、この場合、通常の資源・インフラPPPプロジェクトにおいては、このような場合にホスト国・オフテイカーに事業契約を解約する権利を付与し、かつプロジェクト会社の帰責事由その他プロジェクト会社側の問題で事業契約が終了した場合には、プロジェクト会社に特定の金額の損害賠償義務を負わせ、さらに当該特定の金額の損害賠償義務の信用補完措置として、standby L/Cやbondのような銀行による支払保証を事業契約締結時にプロジェクト会社からホスト国・オフテイカーに対して差し入れさせるのである。これにより、スポンサーは出資の金額に当該銀行による支払保証の金額を加算した金額が責任の上限となるのである[16]。

　なお、O&M契約やEPC契約でO&MオペレーターやEPCコントラクターに責任を負わせて、プロジェクト会社に当該有限責任以上の責任を負わせることも可能との反論があるかもしれない。しかしながら、少なくともホスト国・オフテイカーはO&M契約やEPC契約の契約当事者ではなく、またO&M契約やEPC契約の内容に関してコントロールを及ぼすことはでき

16　なお、プロジェクトによっては、スポンサーの信用力を使わずにプロジェクトファイナンスのシニア・レンダーに当該支払保証を提供させる場合もある。問題の本質は、どれだけスポンサーにリスクを負わせるかというデット・エクイティ・レシオの問題である。

ないのであり、及ぼすべきでもない。資源・インフラPPPプロジェクトにおいては、時としてホスト国・オフテイカーがO&M契約やEPC契約の内容に関与しようとする場合がある。これは、問題が発生した場合に議会において議員から行政が資源・インフラPPPプロジェクト全体を監視し、コントロールしていなくてはいけないと主張される可能性があることがその理由の1つであるからかもしれない。しかしながら、これは事業の遂行を民間に委ねるという資源・インフラPPPプロジェクトの本質に反すること（したがって、議員がそのようなことを主張することは資源・インフラPPPプロジェクトの本質に反すること）に留意すべきである。逆に、もしO&M契約やEPC契約においてホスト国・オフテイカーに不利になる内容が規定されていた場合、ホスト国・オフテイカーがその内容の開示を受けたことにより、その不利になる内容を甘受すべきと裁判所が判断するリスクがあるのである。その意味で、ホスト国・オフテイカーがO&M契約やEPC契約の内容に関与することは百害あって一利なしなのである。

　この点に関連して、英国のStandardisation of PFI Contracts Version 4-General, Section 4.4.2では、"Rather, the necessary comfort and protection for the Authority can be provided through the Project Documents, the use of collateral warranties and or direct agreements between the Sub-Contractors and the Authority (see Sections 24.5 (Financiers' Security) and 29 (Authority Step-In)). Further discussion of this issue takes place in Section 24 (Indemnities, Guarantees and Contractual Claims)."と説明されている。しかしながら、前述のとおり、ホスト国・オフテイカーがプロジェクト関連契約の内容に関与することはできない。また、シニア・レンダーがプロジェクトファイナンスの観点からプロジェクト関連契約の内容に関与するが、**第Ⅲ編3(3)(iii)**で後述するとおり、プロジェクトファイナンスにおいては、シニア・レンダーは一定のスポンサーの運営リスクをとるのが本質であることから、O&M契約やEPC契約でO&MオペレーターやEPCコントラクターがO&M契約やEPC契約において無制限に責任を負うことを主張する

こともない。また、3(1)(ii)で前述したとおり、プロジェクトファイナンスによる資金調達がなされない可能性もある。その意味で、ホスト国・オフテイカーがプロジェクト関連契約によりホスト国・オフテイカーの利益が守られるといっても無制限に守られるものではないし、そもそも常に守られるとは限らないことに留意すべきである。逆にいえば、無制限にホスト国・オフテイカーの利益を守ることは必要な保護ではないのである。

なお、アベイラビリティ・フィーの減額がされた場合には、その分プロジェクト会社がスポンサーに対して支払う予定の配当等が減額されることになる。そして、4(2)で後述するように、オーナーオペレーターの原則から、スポンサーとO&Mオペレーターは基本的には同一法人である。したがって、運営リスクのうち、この①の「民間事業者のホスト国・オフテイカーに対する金銭的な関係」のリスクは、プロジェクト会社がスポンサーに対して支払う予定の配当等が減額されるという意味で、最終的にはスポンサー兼O&Mオペレーターがそのリスクをとっていることになる。すなわち、この①の「民間事業者のホスト国・オフテイカーに対する金銭的な関係」のリスクについては、最終的にはスポンサー兼O&Mオペレーターの出資が戻ってこないというかたちで民間事業者が負うだけであり、したがって民間事業者の責任は有限責任なのである。

② 民間事業者の会社内部での費用の負担

運営リスクとの関係で問題となるもう1つのリスクの問題は、資源・インフラPPPプロジェクトを運営していくうえで、当初予定していたO&M業務に係る費用より多額のO&M業務に係る費用がかかるリスクである。このリスクは、まず、プロジェクト会社がその帰責事由により事業契約で規定された要求水準で規定された一定の利用可能状態が達成・維持されない場合に発生する。さらに、プロジェクト会社は事業契約で規定された要求水準で規定された一定の利用可能状態が達成・維持されており（事業契約で規定された物・サービスを提供できる状態にあり）、したがって、プロジェクト会社の帰責事由によるプロジェクト会社の事業契約上の債務不履行は発生しておら

ず、民間事業者のホスト国・オフテイカーに対する金銭的な関係は問題とはならないが、資源・インフラ PPP プロジェクトを運営していくうえで、当初予定していた O&M 業務に係る費用より多額の O&M 業務に係る費用がかかる場合もある。すなわち、このリスクは、プロジェクト会社がプロジェクト会社の帰責事由により事業契約で規定された要求水準で規定された一定の利用可能状態が達成・維持されるか否かにかかわらず発生する可能性のあるリスクである。そして、事業契約上の運営に係る業務は実際には O&M 契約に基づき O&M オペレーターが行うことになる。したがって、当該増加分は直接はプロジェクト会社ではなく O&M オペレーターに発生することになる。そこで O&M オペレーターに発生した当該増加分をだれがどのように負担するかが問題となる。

まず、不可抗力事由等、プロジェクト会社（実際には O&M オペレーター）に問題がない場合は、前述の(B)のリスクの問題であり、これは事業契約上当該増加分はホスト国・オフテイカーが負担すべきであり、O&M オペレーターは、プロジェクト会社を経由して、当該ホスト国・オフテイカーが負担した金員を受け取ることができる。

前述の(A)で民間事業者がリスクをとることが可能である場合にこのリスクが問題となるのは、プロジェクト会社（実際には O&M オペレーター）に問題がある場合である。この場合は、当然のことながら、事業契約上当該増加分はホスト国・オフテイカーは負担しない。そうすると、後は選択肢としては、(x) O&M オペレーターがその増加分を負担して、プロジェクト会社には請求しない、および(y) O&M オペレーターがその増加分をプロジェクト会社に請求できるようにする、の2つしかないことになる。

なお、これが運営業務ではなく EPC 業務の問題であれば、**第Ⅰ編 3 (1)(iii)** で前述したとおり、EPC 代金が固定金額であることから、EPC コントラクターがその増加分を負担して、プロジェクト会社には請求しないことになる。これにより、プロジェクトの完工リスクのうち民間事業者の会社内部での費用の負担のリスクを EPC コントラクターに負わせているのである。こ

の点は、5(3)(i)で後述する。

　日本のPFIでは、時として、O&M業務に係る費用もO&Mオペレーターがコントロールできるものであることから、EPC代金と同様に、O&M業務委託料も固定金額にして、(x)を選択すべきであると主張されることがある。また、O&Mオペレーター自身も自分でコントロールすることのできるリスクであるとの理由で(x)を受け入れる場合もある。しかしながら、O&M業務はEPC業務と異なり10年超の長い期間を対象とするものであり、その期間のO&M業務に係る費用がどのくらいかかるかをO&Mオペレーター自身も完全コントロールすることは本質的にはできないのである。その意味で、O&Mオペレーターが10年超の期間、損を出しながらO&M業務を行うことはありえないのである。

　ただし、この場合は、前述したとおり、ホスト国・オフテイカーは当該増加分を負担せず、ほかに当該増加分を負担する者も存在しない。すなわち、プロジェクト会社の収入はその分増加しないのである。そうであるならば、プロジェクト会社によるO&Mオペレーターに対する当該増加分の支払の原資は、本来スポンサーに対して支払う予定の配当等となるのである。その意味で(y)が選択されることになる。

　しかしながら、そもそも、4(2)で後述するように、オーナーオペレーターの原則から、スポンサーとO&Mオペレーターは基本的には同一法人である。したがって、選択肢の(y)は、当該スポンサー兼O&Mオペレーターに対する支払の名目が配当等からO&M業務に係る費用増加分に変わるだけである。

　そして、スポンサーに対する配当等には上限があることから、O&M業務に係る費用増加分の金額がスポンサーに対する配当等（のうちの利益部分）の金額を超えた場合には、当該スポンサー兼O&Mオペレーターが当該O&M業務を継続することはそれだけ損を出し続けることを意味することになる。もし、スポンサー兼O&Mオペレーターが事業契約の契約当事者であれば、スポンサー兼O&Mオペレーターは、O&M業務に係る費用増加分を

負担してO&M業務を行う義務を事業契約上ホスト国・オフテイカーに対して負うのかもしれない[17]。しかしながら、事業契約の契約当事者はあくまでもプロジェクト会社であり、スポンサー兼O&Mオペレーターではない。そして、O&M契約においても、スポンサー兼O&Mオペレーターは無制限にO&M業務に係る費用増加分を負担してO&M業務を行う義務は負わない[18]（なお、①で前述したとおり、少なくともホスト国・オフテイカーはO&M契約の内容に関してコントロールを及ぼすことはできないのであり、また及ぼすべきでもない）。これらのことをあわせ考慮すれば、スポンサー兼O&Mオペレーターやプロジェクト会社が実質的に無制限にO&M業務に係る費用増加分を負担してO&M業務を行うことはないのである。すなわち、この②の「民間事業者の会社内部での費用の負担」のリスクについても、スポンサー兼O&Mオペレーターの出資が戻ってこないというかたちで民間事業者が負うのであり、したがって民間事業者の責任は有限責任なのである。

　逆にいえば、一定の期間（たとえば3年間）プロジェクト会社が損を出し続けた場合には、プロジェクトをスムーズに終わらせるためには、プロジェクト会社が破綻して倒産手続が開始したり、あるいは事業契約上のプロジェクト会社の義務が履行されないまま放置されたりという状態は避けるべきである。この観点から、特にマーケット・リスク・テイク型の資源・インフラPPPプロジェクトでは、プロジェクト会社の側からの事業契約の解約権を認めるほうがより合理的であることに留意すべきである。なお、この場合のプロジェクト会社が負担する責任は、当然のことながら、基本的には、プロジェ

17　ただし、通常の民間事業者同士の契約では、債務不履行の場合の損害賠償責任には上限金額があることから、当該増加分が当該損害賠償責任の上限金額を超える場合には、O&M業務を継続するインセンティブはないことになる。その意味で、スポンサー兼O&Mオペレーターが事業契約の契約当事者となっても、そのO&M業務に係る費用増加分の負担には上限金額があるとも評価することができることに留意する必要がある。

18　上記と同じく、O&M契約上O&Mオペレーターの債務不履行の場合の損害賠償責任に上限金額を規定すれば、当該増加分が当該損害賠償責任の上限金額を超える場合には、O&MオペレーターにはO&M業務を継続するインセンティブはないことになり、その意味でO&MオペレーターのO&M業務に係る費用増加分の負担には上限金額があるのである。

クト会社の帰責事由でホスト国・オフテイカーが事業契約を解約する場合と同じである。

　なお、ホスト国・オフテイカーからすれば民間事業者の責任の金額に上限があるのは不適切との意見が出るかもしれない。しかしながら、資源・インフラPPPプロジェクトで用いられる民間資本とは本質的に有限責任であり、それによりVFMが出る（高まる）のである。もし民間事業者の責任の金額に上限があるのが不適切であれば、そもそも長期の価格固定を前提とする資源・インフラPPPプロジェクトという手法を用いることはできないのである。また、資源・インフラPPPプロジェクトに限らず、一般的に民間事業者間の契約では、責任の上限金額が規定されることはごく普通のことである。資源・インフラPPPプロジェクトとはこのような民間の取引手法を公的サービスの提供に導入するものである以上、ホスト国・オフテイカーも民間の取引における責任上限を決めることも一緒に受け入れる必要があるのである[19、20]。

　また、前述①および②のいずれの場合でも、仮にスポンサーが無制限に責任をとったとしてもスポンサーが倒産すればリスクはホスト国・オフテイカーに戻ってくるのである。ダウンサイドリスクのない、その意味で信用力の低い、倒産する可能性の高いスポンサーしかそのような無制限のリスクはとらないのである。いくら倒産する可能性の高いスポンサーが事業契約上リスクをとっても、実質的にはリスクはスポンサーには移転したことにはならないのである。この問題は、現にわが国の福岡市のタラソ福岡のPFI事業で発生した問題である。「スポンサーがすべての責任を負う」ということがホスト国・オフテイカーの国民に対する説明として必要だとの主張もあるのか

---

[19]　日本のPFIでは、契約主義がとられるとの説明がなされる。そもそもPFI以外では、契約で当事者間の合意事項を決めないこと自体、この自由主義国家においてはきわめて異常なことであるが、そのことを差し置いても、PFIにおいて契約主義が本来意味すべきことは、当事者間の契約自由の原則のもと、PFIの理論にあった合意を行うことである。日本のPFIでは、民法の原則に従う等の主張が少なからず存在するが、これはPFIの本質を理解していない主張である。強行法規はともかく、損害賠償の範囲等任意規定の事項については、このようなPFIの理論にあったように契約当事者間で合意すべきものなのであり、これがPFIにおける契約主義が本来意味すべきものである。

もしれないが、それは本質的には国民のためにはなっていないのである。信用力のないスポンサーに無制限の責任を負わせるより、4(7)(ii)で後述するとおり、信用力があり事業遂行能力の高いスポンサーを選任するほうが、ホスト国・オフテイカーそして国民の利益になることをホスト国・オフテイカーは理解すべきである。

　なお、プロジェクト会社によるO&Mオペレーターに対するO&M業務に係る費用増加分の支払はプロジェクトファイナンスのシニア・レンダーの利害にも関係するが、これについては、**第Ⅲ編4(3)(iii)①**で後述する。

4　資源・インフラPPPプロジェクトの特徴

　3で前述したとおり、資源・インフラPPPプロジェクトとは、スポンサーがプロジェクト会社に対して出資を行い、プロジェクト会社は当該出資金およびプロジェクトファイナンスで調達した金員を用いてプロジェクトを完工

20　なお、この有限責任は、第三者に損害を与えた場合については、別途の考慮が必要となることは当然である。通常の民間事業者間の取引でも、当該取引を行う当事者間で不法行為責任について第三者との関係で責任上限額を決めることはなく、また仮に決めても第三者との間ではなんらの効力もないことは明らかである。ただし、SPCが用いられることからスポンサーが第三者に対して不法行為責任を負わないのではないかが問題となる。しかしながら、民間事業会社が子会社等を通じて事業を行うことはこの世にいくらでも存在するのであり、少なくともこの問題は資源・インフラPPPプロジェクト特有の問題ではない。なお、日本法においては、日本の国または地方公共団体に係るPPP・PFIについて第三者が被った損害に対して民間事業者が直接不法行為責任を負うか否かが問題となる。国・地方公共団体から業務委託を受けた民間企業が当該業務に関して第三者に与えた損害について、国・地方公共団体が当該第三者に対して国家賠償法1条1項に基づく損害賠償責任を負う場合には、当該民間企業は当該第三者に対して民法上の不法行為責任は負わないと判断した最高裁判決（最判平成19年1月25日民集61巻1号1頁）の観点から検討すべき課題である。

させ、当該完工後プロジェクトの運営を行い、スポンサーがプロジェクト会社から当該運営からの利益を受けるプロジェクトを意味することになる。ここでは、その資源・インフラ PPP プロジェクトの特徴を説明する。

(1) 資源・インフラ PPP プロジェクトは、運営が主体であること

　3(2)(iii)で前述したとおり、資源・インフラ PPP プロジェクトは運営が主体であることになる。また、資源・インフラ PPP プロジェクトでは、設計・建設に係る費用（プロジェクト完工に係る費用）ならびに運営（および運営に付随する維持管理）に係る費用の総和であるライフサイクルコストの低減が問題となるが、そもそもライフサイクルコストのうちいちばんの利益部分は運営に関する利益であることが通常である。この利益部分をめぐって民間事業者はホスト国・オフテイカーによるプロジェクトの入札においてしのぎを削るのである。従来、特にわが国ではインフラ事業というと設計・建設事業と同視されてきたと思われるが、たとえば、電力事業であれば電力の供給、鉄道事業であれば鉄道による移動という物・サービスの提供が本質なのであり、設計・建設はその物・サービスの提供の前提でしかないのである。インフラ事業の本質は、物・サービスの提供という運営であること、したがって資源・インフラ PPP プロジェクトではその運営を民間事業者が行うものであることをもっと認識しなくてはならない。

　なお、日本の PFI では、施設等を完工させ、その一部は国・地方自治体が利用し、余剰部分を民間事業者が利用するプロジェクトが存在する。また、2011年6月1日に改正された PFI 法では、賃貸住宅、船舶、航空機、人工衛星等も PFI の対象となった。これは、余剰部分を民間事業者が有効利用することにより利益を得て、その分ホスト国・オフテイカーが利用する施設等の費用を安くすることが目的となっている場合も存在する。ホスト国・オフテイカーが有する資産の余剰部分を有効利用すること自体は問題ない（した

がって、やるべきではないという問題ではない)。しかしながら、ここで問題なのは、そのようなプロジェクトは PFI や PPP ではないということである。そもそもこのようなプロジェクトは、2(1)で前述した「あるリスクにつき、当該リスクにいちばん精通し、コントロールできるものが、当該リスクをいちばん安価でとることができる」を用いてはいないのである。その意味で、資源・インフラ PPP プロジェクトがよって立つ理論は当てはまらないのであり、このようなプロジェクトでは、SPC を用いるのか否か、プロジェクトファイナンスの対象となるのか否か、民間事業者の利益をどう計るのか等が異なることになるのである。そのことを理解しないでこのようなプロジェクトを構築すると、適切なプロジェクトにはならないことをもっと理解すべきである。そもそも余剰部分を民間事業者が有効利用することにより民間事業者が満足する利益を得て、かつホスト国・オフテイカーが利用する施設等の費用を安くするだけの利益も得られるプロジェクトは例外的なプロジェクトであると思料される。さらに、ホスト国・オフテイカーが利用する施設等に係るプロジェクトと余剰部分を民間事業者が有効利用するプロジェクトを1つのプロジェクトとして1つの SPC を利用した場合には、余剰部分を民間事業者が有効利用するプロジェクトが破綻することにより、本来公共性の高い、ホスト国・オフテイカーが利用する施設等に係るプロジェクトも破綻するリスクも存在するのである。このようなストラクチャーが妥当でないことは明らかである。

(2) オーナーオペレーターの原則

　資源・インフラ PPP プロジェクトにおける利益は最終的にスポンサーへの利益の形式で実現することになる。この利益は出資に対する配当等の形式をとることになる。したがって、運営に係る利益を受け取るべき O&M オペレーターが当該運営に係る利益を得るべくプロジェクト会社の株主となるのである。このように SPC であるプロジェクト会社の株主は O&M オペレー

ターでなくてはならないことを、資源・インフラPPPプロジェクト、プロジェクトファイナンスの専門用語では、オーナーオペレーター（Owner-Operator）の原則という。プロジェクト会社の株式を有するのがO&Mオペレーターであることは、前述2⑴のとおり、「富」の源泉の観点からすれば、あるリスクにつき、当該リスクにいちばん精通し、コントロールできる者が、当該リスクをいちばん安価でとることができることの論理的な帰結でもある。

　なお、O&Mオペレーターは、配当等を受け取るほかに、O&M契約に従って維持管理も含めた運営を行うことの「対価」であるO&M業務委託料もプロジェクト会社から受け取る。この「対価」に運営に係る利益が含まれるのではないかが問題となるが、少なくともプロジェクトファイナンスの観点からは、この「対価」は維持管理も含めた運営に係る実費のみが含まれ、利益は含まれない。この点は、5⑵で後述する。

⑶　スポンサーとEPCコントラクターとの利益相反

　逆に、スポンサーの観点からすれば、スポンサーとEPCコントラクターとは利益が相反することになる。まず、ホスト国・オフテイカーによるプロジェクトの入札においては、いかにライフサイクルコストを安く抑えるかがプロジェクトを落札できるか否かにおいて重要となる。したがって、EPCコントラクターの利益をいかに低く抑えるかが重要になる。もちろん、EPCコントラクターとしても、十分な利益を得ずにEPC業務を行うことはできないのであり、そこで競争原理が働き、スポンサーとEPCコントラクター双方が納得する価格が形成されるのである。

　また、EPC契約においてプロジェクトが完工したか否かの認定は、プロジェクトの完工リスクをEPCコントラクターに負わせていることから、シニア・レンダーにとってはもちろん、スポンサーにとってもきわめて重要な事項となり、スポンサーとEPCコントラクターとの間の利益が相反する事項である。また、EPC契約においても一定のコスト・オーバーランはプロジェ

クト会社が負担するが、このコスト・オーバーランの認定が甘いとプロジェクト会社のキャッシュフローに悪影響を及ぼすことになる。この点でもスポンサーとEPCコントラクターとの間では利益が相反するのである[21]。

なお、資源・インフラPPPプロジェクトは運営が主体のプロジェクトであり、この観点からすれば、EPCコントラクターは脇役のような位置づけとなる。しかしながら、資源・インフラPPPプロジェクトにおいてEPCコントラクターは儲けてはいけない、ということを意味するものではない。前述のとおり競争原理が適切に働けば、EPCコントラクターも適切な利益を得ることができるのである。もし資源・インフラPPPプロジェクトにおいてEPCコントラクターが儲けることができないとすれば、それはプロジェクトにおける位置づけが理由なのではなく、過当競争等、競争原理が適切に働かない要因が存在するからである。この問題は、本質的に、プロジェクトを従来型でやるか資源・インフラPPPプロジェクトの形式でやるかで解決できる問題ではないのである。

逆に、EPCコントラクターが儲けるために別の民間事業者に資源・インフラPPPプロジェクトの運営を行わせることが主張されることがある。しかしながら、O&MオペレーターはEPCコントラクターを儲けさせるために運営を行うものではない。これもまた本末転倒の主張であることに留意すべきである。

なお、EPCコントラクターがSPCであるプロジェクト会社の株主になれば資源・インフラPPPプロジェクトにもよい影響を及ぼすとの考え方が、一部のホスト国・オフテイカーや民間事業者にある（たとえば、日本のPFIではこの考え方がむしろ主流である）が、これは幻想にすぎない。そもそも、EPCコントラクターがSPCであるプロジェクト会社の株主となるということは、EPCコントラクターが運営リスクをとるということである。これでは運営リスクに精通していないEPCコントラクターが運営リスクをとること

---

[21] この点に関しては、真殿達「インフラ事業の海外展開と本邦企業の課題」（『運輸と経済』71巻6号16頁）参照。

になり、ライフサイクルコストの低減には寄与しない（むしろ増加する）ことになる[22]。なお、EPCコントラクターがSPCであるプロジェクト会社の株主になり、EPC業務の利益を配当で実現することも考えられるとの反論もあるかもしれない。しかしながら、同時にO&MオペレーターもSPCであるプロジェクト会社の株主であることからO&MオペレーターにもEPC業務の利益が配当されることになり、妥当ではない。また、トラッキング・ストック（tracking stock）や種類株式を使うことも理論的には考えられるかもしれないが、それを正当化できる実務上の理由は存在しないと思料される。

さらに、実際の案件でも資源・インフラPPPプロジェクトによっては悪影響を受けているのではないか。たとえば、日本のPFIでは、通常、建設業者と運営業者からプロジェクト会社の取締役が派遣されるが、両者の利益が相反することから、プロジェクト会社におけるプロジェクト完工の認定において、適切な判断をすることができないリスクがあることに留意すべきである。これはスポンサーやEPCコントラクターのみならず、ホスト国・オフテイカーにとっても決して望ましい姿ではないことに留意すべきである。

(4) 事業の単一性の原則およびプロジェクト会社は特別目的会社であること

(i) 事業の単一性の原則

事業の単一性の原則とは、1つの資源・インフラPPPプロジェクトは1つの事業に限定すべきとの原則である。資源・インフラPPPプロジェクトにおける利益は最終的にスポンサーへの配当等の形式で実現される。もし事業契約で複数の事業が対象となり、かつそれぞれの事業が別々のO&Mオペ

---

[22] 日本のハコ物PFIでは、EPCコントラクターが出資をする場合がほとんどであるが、その出資金は「捨て金」であり、その分資金を効率的に使っていないことになるのである。

レーターにより運営が行われるとどうなるか。それぞれ別の事業であれば、その利益の率も異なるし、また、利益が実現するタイミングも異なるかもしれない。しかしながら、当該利益は、O&M オペレーターのプロジェクト会社への出資に対する配当等の形式で実現されることから、この利益の率が異なることや利益が実現するタイミングが異なることを反映させることはできないのである。なお、O&M オペレーターごとにプロジェクト会社と別々のO&M 契約を締結し、O&M 業務委託料の形式で利益を実現すればいいとの反論があるかもしれない。しかしながら、前述(2)のとおり、少なくともプロジェクト・ファイナンスの観点からは、この O&M 業務委託料には利益は含まれない。また、いわゆるトラッキング・ストックを用いることも考えられるかもしれない。しかしながら、トラッキング・ストックといえどもプロジェクト会社が倒産した場合まで利益を分けることはできない。一方の事業がうまくいかなかったことによりプロジェクト会社が倒産した場合、うまくいっている事業の O&M オペレーターとしては、他の事業がうまくいかなかったことによるリスクをとることになり、これは前述 2(1)の「あるリスクにつき、当該リスクにいちばん精通し、コントロールできるものが、当該リスクをいちばん安価でとることができる」にも反することになる。また、前もってO&M オペレーターの間で、とある O&M オペレーターの 1 つの事業がうまくいかなかった場合に他の O&M オペレーターに発生する損害を賠償する義務を相互に負わせることも考えられるかもしれない。しかしながら、このことはスポンサーの有限責任の原則に反し、また通常であればリスク・リターンの関係でそのような義務を負うことはビジネスの観点から合理性はないのではないか。

　日本の PFI では、「事業の単一性の原則」は PFI を 1 つの SPC であるプロジェクト会社が受けていることを意味すると解釈し、1 つの PFI に複数の事業を組み入れ、それぞれ別々のプロジェクト会社からの業務の受託者が当該事業を行っている例が少なからず見受けられる。しかしながら、これはこの本来の意味である「事業の単一性の原則」に反することに留意すべきで

ある。

(ii) プロジェクト会社は特別目的会社であること

　前述の(i)と同様の理由により、プロジェクト会社は対象となる資源・インフラPPPプロジェクトのみを事業として行う特別目的会社でなくてはならない。もしプロジェクト会社が資源・インフラPPPプロジェクト以外の事業を行うと、当該事業の採算が悪化することにより、資源・インフラPPPプロジェクトの採算が悪化していなくてもプロジェクト会社が倒産する可能性が出てくることになる。これは、資源・インフラPPPプロジェクトとは関係のない事業が原因となって本来公共性の高い資源・インフラPPPプロジェクトによる公共サービスが提供されなくなることを意味するのであり、ホスト国・オフテイカーにとって受け入れることができるものではない。また、プロジェクトファイナンスのシニア・レンダーもスポンサーの資源・インフラPPPプロジェクトの事業遂行能力を判断して事業リスクをとるのである。したがって、シニア・レンダーが事業リスクをとるか否かの判断の対象となったスポンサーの資源・インフラPPPプロジェクト以外の事業によりプロジェクト会社が倒産することは、シニア・レンダーにとっても受け入れることができるものではないのである。

(5) バック・トゥ・バックの規定およびリスクのパス・スルーならびにプロジェクト会社のペーパー・カンパニー化

(i) バック・トゥ・バックの規定およびリスクのパス・スルー

　事業契約においてプロジェクト会社の責任とされた各業務に関して、プロジェクト会社は、当該業務ごとに当該業務を第三者に行わせることになり、プロジェクト会社自らが行う業務は存在しないことになる。この理由は、たとえばEPC業務に関しては、プロジェクトの完工リスクをEPCコントラク

ターに負わせる必要があるからである。事業契約ではプロジェクト会社のプロジェクトの完工義務が規定されるが、EPC契約では、プロジェクト会社が事業契約上のプロジェクトの完工義務を履行できるようにEPCコントラクターのプロジェクトの完工義務が規定されることになる。このように事業契約上のプロジェクト会社の義務を履行できるようにEPC契約その他プロジェクト会社が各業務の受託者と締結する契約で規定することを、バック・トゥ・バック（back-to-back）で規定するという。同じことは、基本的にはO&M業務に係るO&M契約に関しても当てはまる。

　ただし、EPC契約の規定をバック・トゥ・バックの規定にすることに関しては、プロジェクトファイナンスのシニア・レンダーも要求するが、そもそもスポンサーもプロジェクトの完工リスクをEPCコントラクターに一括して負わせる観点から、プロジェクトファイナンスの有無にかかわらず、資源・インフラPPPプロジェクトのスポンサーの利益の観点から要求されるものである。他方、O&M契約の規定をバック・トゥ・バックの規定にすることに関しては、スポンサーからすれば、O&Mオペレーターを兼ねるのであり、したがって、バック・トゥ・バックの規定になっていないリスクは自己のリスクとなる。オーナーオペレーターの原則からすれば、スポンサーの観点からは、O&M契約の規定をバック・トゥ・バックの規定にする必要は必ずしもないのである。しかしながら、プロジェクトファイナンスのシニア・レンダーの観点からは、事業契約上のO&M業務に関する責任をO&Mオペレーターに問うことができないリスクをとることができない。その意味で、O&M契約の規定をバック・トゥ・バックの規定にすることは本質的にプロジェクトファイナンスのシニア・レンダーの利益の観点から要求されるものである。

　バック・トゥ・バックの規定と類似した概念として、リスクのパス・スルーという概念がある。リスクのパス・スルーとは、プロジェクトに関するリスクがプロジェクト会社を通じてとあるプロジェクト関連契約の相手方当事者から他のプロジェクト関連契約の相手方当事者に対して転嫁されること

を意味する。事業契約においてプロジェクト会社が負っているリスクがEPC契約やO&M契約によりEPCコントラクターやO&Mオペレーターに転嫁されることが、いちばんわかりやすい例かもしれない。ただし、実務的には、むしろプロジェクト会社がプロジェクトを遂行していくうえで負っているリスクが事業契約で適切にホスト国・オフテイカーに転嫁されているか否かの文脈で使われることが多いのではないか。たとえば、ケース②では、天然ガスのプロジェクト会社Yに対する供給義務はオフテイカーXが負っている。この供給義務をオフテイカーXではなく国営ガス公社が負い、そのガス代のリスクをオフテイカーXが負っていたとする。この場合、プロジェクト会社Yは国営ガス公社との間でガス供給契約を締結し、国営ガス公社にガス代を支払うことになる。そして、ガス代に係るリスクとしては、単価が変更されるリスク、プロジェクト会社Yが国営ガス公社にガス代を実際に支払うまでにその原資となる金員をオフテイカーXから受領していなくてはならないというタイミング・リスク、あるいはプロジェクト会社Yの国営ガス公社に対する支払の通貨とオフテイカーXのプロジェクト会社Yに対する支払の通貨が異なる場合には、為替リスクが存在することになる。オフテイカーXがこれらのリスクを事業契約で適切に負担しているか否かが、これらのリスクがパス・スルーしているか否かの問題となるのである。

(ii) プロジェクト会社のペーパー・カンパニー化

事業契約においてプロジェクト会社の責任とされた各業務に関して、プロジェクト会社は、当該業務ごとに当該業務を第三者に行わせることになり、プロジェクト会社自らが行う業務は存在しないことになる。これは、EPC業務のみならず、(i)で前述したとおり、プロジェクトファイナンスのシニア・レンダーの観点からは、事業契約上のO&M業務に関する責任をO&Mオペレーターに問うことができるようにしなくてはならないのである(ただし、O&Mオペレーターの責任の内容については、前述3(2)(vi)参照)。したがって、プロジェクト会社であるSPCは自ら業務を行ってはならないのであり、取締役

等、会社法上要求されている事項以外は、第三者と業務委託契約を締結するだけの存在となる。この意味で、特にプロジェクトファイナンスの観点から、プロジェクト会社のペーパー・カンパニー化が要求されるのである。

なお、プロジェクト会社がペーパー・カンパニーとなっても、決算書類の作成や株主総会・取締役会に関する一連の書類の作成、各種のプロジェクト関連契約や融資関連契約上のさまざまな行為を行う必要がある。このために、**第Ⅰ編3(1)(v)**で前述したプロジェクト・マネージメント・サービス契約が締結され、スポンサー（の一部）がプロジェクト会社のためにこれらの行為を行うことになる。

(6) シングル・ポイント・レスポンシビリティの原則

(i) O&M業務におけるシングル・ポイント・レスポンシビリティの原則

事業の単一性の原則に関連する原則として、資源・インフラPPPプロジェクトおよびプロジェクトファイナンスの観点から、シングル・ポイント・レスポンシビリティ（Single Point Responsibility、またはSingle Responsibility）の原則というものが存在する。たとえば、(8)(ii)で後述する運営期間におけるプロジェクトの運営において、当該運営に問題があった場合、それが運営自体に問題があるのか、それともプロジェクトに係る施設の維持管理に問題があったから運営に問題が生じたのか明確でない場合がある。この場合、プロジェクト会社が運営と維持管理に関してそれぞれ運営業者と維持管理業者との間で別々に業務委託契約を締結すると、運営業者、維持管理業者どちらにも責任を問うことができないリスクがあるのである。これでは維持管理も含めた運営リスクを適切に民間事業者に負わせたことにならない。この観点から、運営および維持管理をまとめて1社のO&Mオペレーター（または相互に連帯責任を負う複数のO&Mオペレーター）に業務委託し、運営、維持管理どち

らに問題があるかにかかわらず、運営および維持管理のリスクをO&Mオペレーターに負わせるのである。まさに、プロジェクトの運営に関する責任（Responsibility）の所在を1点（Single Point）に集中させる原則が、このシングル・ポイント・レスポンシビリティの原則である。資源・インフラPPPプロジェクトでは、このシングル・ポイント・レスポンシビリティの原則の観点から、通常の事業ではあまり用いられることのない「O&M」という技法が用いられるのである。

なお、O&MオペレーターがO&M契約上運営および維持管理双方について義務を負っていたとしても、O&Mオペレーターに当該義務違反の責任を負わせる場合、プロジェクト会社のほうで、具体的に運営および維持管理のどこに違反があったのかを立証しなくてはならないとしたら、運営または維持管理のどちらに問題があったか明確でない場合にはO&Mオペレーターに当該義務違反の責任を負わせることができないことになる。この観点から、O&M契約の準拠法によっては、プロジェクト会社においては運営に関する要求水準に違反したことを立証すれば、それ以上に具体的に運営および維持管理のどこに違反があったのかを立証する必要はないことをO&M契約で規定する必要があることに留意すべきである。

また、事業の単一性の原則もあわせ考慮するのであれば、1つの資源・インフラPPPプロジェクトにおいて運営に関して存在する契約は1本のO&M契約のみとなる。ただし、**第Ⅰ編3(1)(ii)**で前述したスポンサーの現地子会社がO&Mオペレーターとなり、スポンサーが当該O&MオペレーターのO&M契約上の義務を保証する場合には、O&Mオペレーターが契約当事者となるO&M契約とともに、スポンサーが契約当事者となるO&M保証契約が存在することになる。

(ii) EPC業務におけるシングル・ポイント・レスポンシビリティの原則

シングル・ポイント・レスポンシビリティの原則は、運営期間における

O&M業務のみならず、(8)(i)で後述する設計・建設期間におけるEPC業務にも当てはまる。すなわち、たとえば、プロジェクトが完工しない場合、それが設計に問題があったのかそれとも建設に問題があったのか明確でない場合がある。プロジェクト会社が設計と建設に関してそれぞれ設計業者と建設業者との間で別々に業務委託契約または請負契約を締結すると、設計業者、建設業者どちらにも責任を問うことができないリスクがあるのである。これでは設計も含めたプロジェクトの完工リスクを適切に民間事業者に負わせたことにならない。この観点から、設計および建設等をまとめてEPCコントラクターに請け負わせ、設計、建設どちらに問題があるかにかかわらず、プロジェクトの完工リスクをEPCコントラクターに負わせるのである。資源・インフラPPPプロジェクトでは、このシングル・ポイント・レスポンシビリティの原則の観点から、これもまた通常の事業ではあまり用いられることのない「EPC」という技法が用いられるのである。また、事業の単一性の原則もあわせ考慮するのであれば、1つの資源・インフラPPPプロジェクトにおいてEPC業務に関して存在する契約は1本のEPC契約のみとなる。ただし、**第Ⅰ編3(1)(ⅲ)で前述したEPC業務に関して現地からみた海外が関係する業務**と関係しない業務とに分ける場合には、オフショアEPC契約、オンショアEPC契約およびコーディネーション契約が存在することになる。EPC業務をオフショアEPC契約およびオンショアEPC契約の2つに分けた場合、EPC業務で問題が発生した場合、どちらのEPC契約の対象となるか不明確になるリスクがあり、シングル・ポイント・レスポンシビリティの原則に反することになる。このリスクを極小化するために締結されるのが、このコーディネーション契約となる。

なお、(i)で前述したO&M契約と同様、EPCコントラクターがEPC契約上設計および建設双方について義務を負っていたとしても、EPCコントラクターに当該義務違反の責任を負わせる場合、プロジェクト会社のほうで、具体的に設計および建設のどこに違反があったのかを立証しなくてはならないとしたら、設計または建設のどちらに問題があったか明確でない場合には

EPC コントラクターに当該義務違反の責任を負わせることができないことになる。この観点から、EPC 契約の準拠法によっては、プロジェクト会社においてはプロジェクトの設計および建設に関する要求水準に違反したことを立証すれば、それ以上に具体的に設計および建設のどこに違反があったのかを立証する必要はないことを EPC 契約で規定する必要があることに留意すべきである。

　また、日本の PFI では、一方で設計業者と建設業者がそれぞれ別々に SPC であるプロジェクト会社との間で業務委託契約等を締結し、他方で EPC 業務に問題が生じた場合において、公共側との関係を考慮し、特に建設業者がその契約上の責任の有無にかかわらず当該問題の処理に対応することが想定される。建設業者が設計業者に対して責任を追及しないのであれば問題はそれ以上発生しない。しかしながら、もし建設業者が設計業者に対して責任を追及しようとした場合、建設業者と設計業者の間には契約関係が存在しないことから、建設業者は設計業者に対して契約上の責任を追及することができないことになる。設計業者はプロジェクト会社との間で設計業務委託契約を締結していることから、プロジェクト会社が設計業者に対して責任を追及することが考えられるが、建設業者がプロジェクト会社の主要な株主でない限り、プロジェクト会社がそのような責任追及をすることは考えられない。建設業者が契約上責任があるか否かにかかわらず責任を負うのであれば、最初から EPC コントラクターとなって責任を負い、設計業者を下請けとして EPC コントラクターとの間で設計業務委託契約を締結し、EPC コントラクターとして設計業者に対して直接契約上の責任を追及できるようにし、かつ EPC コントラクターとしてより利益が得られるようにすべきである。逆にいえば、建設業者が契約上の責任を負わないとして問題の処理の対応をしなければ、前述のとおり、設計業者、建設業者どちらにも責任を問うことができないリスクがあり、O&M オペレーターやシニア・レンダーにとって、さらにはホスト国・オフテイカーにとって、望ましい姿ではないことになるのである。

(iii) O&M 業務と EPC 業務においてシングル・ポイント・レスポンシビリティの原則が求められる根拠の相違

　厳密な意味でいえば、EPC 業務のシングル・ポイント・レスポンシビリティに関しては、プロジェクトファイナンスのシニア・レンダーも要求するが、そもそもスポンサーもプロジェクトの完工リスクを EPC コントラクターに一括して負わせる観点から、プロジェクトファイナンスの有無にかかわらず、資源・インフラ PPP プロジェクトのスポンサーの利益の観点から要求されるものである。他方、O&M 業務のシングル・ポイント・レスポンシビリティに関しては、スポンサーからすれば、O&M オペレーターを兼ねるのであり、維持管理を第三者に委託する場合には、O&M オペレーターが当該第三者と維持管理業務委託契約を締結することになる。その意味で、プロジェクトの運営に問題があった場合の、それが運営自体に問題があるのか、それともプロジェクトに係る施設の維持管理に問題があったから運営に問題が生じたのか明確でないリスクは、O&M オペレーターがとっていることになる。したがって、SPC であるプロジェクト会社の株主が O&M オペレーターであることを考慮するならば、スポンサーの観点からは、SPC であるプロジェクト会社が第三者と維持管理業務委託契約を締結することも不合理ではないことになる。ただし、プロジェクトファイナンスのシニア・レンダーの観点からは、運営業者、維持管理業者どちらにも責任を問うことができないリスクをとることができない。その意味で、O&M 業務のシングル・ポイント・レスポンシビリティは本質的にプロジェクトファイナンスのシニア・レンダーの利益の観点から要求されるものである。この説明は、(5)(i)で前述したバック・トゥ・バックの場合と同様である。

(iv) シングル・ポイント・レスポンシビリティの原則が求められるその他の業務

　シングル・ポイント・レスポンシビリティの原則が求められる業務として

は、O&M 業務および EPC 業務のほかに、たとえば石炭焚き IPP における石炭の供給がある。石炭の供給は、単にプロジェクト会社に対して石炭を供給する義務のみならず、石炭の山元から、石炭を輸送（通常は海上輸送）して、プロジェクトのサイトで石炭を引き渡す義務を負う必要がある。この観点から、石炭供給業者は、燃料供給輸送契約（Fuel Supply and Transportation Agreement ; FSTA）を締結し、供給と輸送双方の責任を負うことになる。

(7) スポンサー兼 O&M オペレーターが資源・インフラ PPP プロジェクトの主役

(i) スポンサー兼 O&M オペレーターによる資源・インフラ PPP プロジェクト全体の統括

上記の事項、特にオーナーオペレーターの原則およびシングル・ポイント・レスポンシビリティの原則から、資源・インフラ PPP プロジェクトの主役は、スポンサー兼 O&M オペレーターであることが帰結される。施設の設計・建設も、事業契約の要求水準の範囲内で、スポンサー兼 O&M オペレーターが資源・インフラ PPP プロジェクトを効率的に運営する観点からなされる。たとえば、プールの運営事業で考えるならば、プールの運営事業が純粋の民間事業であった場合、いかに先進的な施設を設計・建設しても、それがプールの運営の観点から、たとえば集客力が弱くなるリスクがあるのであれば、当該先進的な施設の設計・建設は採用されないのである。また、いかに先進的な施設の設計・建設でもそれがプールの利用者に危害を及ぼした場合、レピュテーションを直接低下させるのはプールの運営業者である。したがって、プールの利用者に危害を及ぼすリスクがあるのであれば、当該先進的な施設の設計・建設は採用されないのである。このように、スポンサー兼 O&M オペレーターは単に運営や維持管理だけではなく、設計や建設も含め、プロジェクト全体を統括するのである。運営業者は、プロジェクトの運営の

観点からどのように施設を設計し、建設するかを検討するのであり、設計業者や建設業者の設計能力や建設能力と価格等を総合考慮してどの設計業者や建設業者に頼むのかを決めるのである[23]。このような民間の運営業者の運営能力をホスト国・オフテイカーが行っている運営プロジェクトに導入するのが資源・インフラPPPプロジェクトなのであり、まさに、このプロジェクト全体を統括するスポンサー兼O&Mオペレーターの事業遂行能力を公共サービスの提供に導入するのが資源・インフラPPPプロジェクトなのである。

　日本のPFIでは、設計業者、建設業者、運営業者、維持管理業者が別々にSPCであるプロジェクト会社との間で業務委託契約等を並列的に締結し、自己の業務の範囲内のことだけ責任を負うという体制となっている例がほとんどである。しかしながら、これではだれも全体を統括してプロジェクトとして適切に運営されることに責任を負っていないことになる。たとえば、施設の設計や建設で問題が生じると、それは設計業者や建設業者の問題として、運営業者や維持管理業者はなんら積極的に問題解決のため努力することをしない傾向があると思料されるが、これでは民間の事業遂行能力を公共サービスの提供に導入していることにならないのである。全体をマネージメントする企業がいちばん重要な役割を果たすのであり、その分利益も得るのである。日本のPFIの現状は、よくいえば役割分担を決め、専門分野に特化しているのかもしれないが、部分的な下請けをやっているにすぎず、それでは得ることのできる利益も限られているのであり、また全体を総括して責任をとる企業が存在しないことから無責任なプロジェクトとなるリスクがあるのである。

(ii) スポンサー兼O&Mオペレーターの事業遂行能力の重要性

　O&Mオペレーターが資源・インフラPPPプロジェクトの主役ということは、資源・インフラPPPプロジェクトの成否は、まさにスポンサー兼

---

[23] この点は、安間匡明「海外との比較で見るわが国PFIの課題」(『国際金融』1195号90頁以下) でより具体的に説明されている。

O&Mオペレーターの事業遂行能力に係っているといっても決して過言ではない。事業遂行能力の高い優秀なスポンサー兼O&Mオペレーターであれば、まずそもそも経済性の高くない資源・インフラPPPプロジェクトあるいは官民のリスク分担が適切でない資源・インフラPPPプロジェクトには参加しない。また、事業遂行能力の高い優秀なスポンサー兼O&Mオペレーターであれば、資源・インフラPPPプロジェクトを遂行していくうえで適切なEPCコントラクターを選任する。事業遂行能力の高い優秀なスポンサー兼O&Mオペレーターであれば、資源・インフラPPPプロジェクトが抱えるリスクを適切に把握し、かつ可能な限り適切なリスク対応策を講じるのである。逆にいえば、スポンサー兼O&Mオペレーターは、資源・インフラPPPプロジェクトが失敗すれば、投資が回収できないのみならず、市場でのレピュテーションを低下させるのである。このことから、事業遂行能力の高い優秀なO&Mオペレーターであれば、資源・インフラPPPプロジェクトが失敗することを避けるのであり、これが資源・インフラPPPプロジェクトの選別に寄与し、かつ資源・インフラPPPプロジェクトが予定している公共側の目的を達成することに寄与するのである。

　逆にいえば、世の中に入札にかかっているすべての資源・インフラPPPプロジェクトが経済性が高く、かつ官民のリスク分担が適切とは限らないのである。資源・インフラPPPプロジェクトで成功するためには、まさに、スポンサーにはこのプロジェクトをみる眼が要求されるのである。

　また、スポンサー兼O&Mオペレーターの事業遂行能力が重要であることは、事業期間中スポンサー兼O&Mオペレーターが存続している必要があることを意味する。したがって、きわめて高い信用力は要求されないが、ある程度高い信用力もスポンサー兼O&Mオペレーターには求められるのである。

　資源・インフラPPPプロジェクトでは、多くの場合プロジェクトファイナンスによる資金調達がなされる。プロジェクトファイナンスを供与する金融機関においては、専門家を配置して案件に対応している。金融機関によっては、たとえば発電事業に対するプロジェクトファイナンスを得意とすると

いったように、分野ごとに専門家が異なっている。これが意味するところは、資源・インフラPPPプロジェクトといっても特に対象とする分野によって異なるさまざまな知識・経験・ノウハウが必要になってくるということである。資源・インフラPPPプロジェクトに関して、金融機関がとるリスクも民間事業者がとるリスクも基本的には同じリスクなのである。そういう意味で、金融機関のプロジェクトファイナンス部隊という専門家集団が行うリスク分析と同じリスク分析を行う能力が民間事業者にも要求されるのである。これは単に事業自体に関するリスクのみならず、たとえばホスト国におけるマクロ経済運営体制リスクについても当てはまることなのである。

　まさに民間事業者も金融機関も「発展途上国のマクロ経済運営体制に多大の関心を払う必要があ」り、「実需の確認、関連インフラ等の受入れ体制が整っているかをはじめ、当該プロジェクトの経済性、経済開発上の正当性、政治的な背景・環境問題等に十分注意を払い、契約上見えないリスクを審査する必要がある」[24]のである。まさに、(12)で後述するように、資源・インフラPPPプロジェクトは、対価の妥当性も含め、ホスト国の国民から支持されるような、サスティナビリティ（sustainability）の高いプロジェクトである必要があるが、これを見極める能力を備えた民間事業者が資源・インフラPPPプロジェクトで成功を収めることができ、その成功が信頼となって、その後の資源・インフラPPPプロジェクトにおいてもホスト国・オフテイカーからも金融機関からも高い評価を得ることができるようになるのである。

(iii) プルーブン・テクノロジーの原則

　これに関連して、資源・インフラPPPプロジェクトで用いられる技術はプルーブン・テクノロジー（proven technology）、すなわち確立した技術でなくてはならないとの原則が存在する。要は、スポンサー兼O&Mオペレーターがプロジェクトを成功させる能力があることを第三者に対して説得するため

---

[24] 安間匡明「プロジェクトファイナンスの仕組みとリスク」（『国際資源』1998年12月号30頁）。

には、当該プロジェクトで用いられる技術はすでに他のプロジェクトで成功していることを示す必要があるのである。したがって、資源・インフラPPPプロジェクトで用いられる技術は、新規の技術ではなく確立した技術でなくてはならないのである。逆にいえば、確立した技術で運営することのできないプロジェクトは、基本的には資源・インフラPPPプロジェクトには適さないのである。なお、この技術には、運営および維持管理に関する技術のみならず、EPCにおける技術も含まれる。

そして、ここでいう第三者は、スポンサーを選定するホスト国・オフテイカーであり、またプロジェクトファイナンスを供与するシニア・レンダーなのである。

(iv) 資源・インフラPPPプロジェクトの格付

また、資源・インフラPPPプロジェクトの成否がスポンサー兼O&Mオペレーターの事業遂行能力に係っているということは、スポンサー兼O&Mオペレーターが倒産すれば資源・インフラPPPプロジェクトも遂行されなくなるのである。その意味で、資源・インフラPPPプロジェクトの格付は、スポンサー兼O&Mオペレーターの格付より高くなることはないのである。(ii)で前述したとおり、スポンサー兼O&MオペレーターはAAAといった高い格付が要求されるということはないが、事業契約の事業期間中はそれなりに倒産しないことが期待できる程度の信用力は必要となるのである。

なお、時としてコーポレートファイナンスでは借入人（スポンサー）の信用力リスクをとることができず貸付を行うことができないから、それにかわってプロジェクトファイナンスで貸付を行うことがいわれることがある。しかしながら、借入人（スポンサー）の信用力リスクをとることができないのであれば、前述のとおり、そもそもプロジェクトファイナンスで貸付を行うこともできない可能性が高いのである。その意味で、プロジェクトファイナンスがコーポレートファイナンスのかわりになるとの主張は、資源・インフラPPPプロジェクトやプロジェクトファイナンスの本質を理解していないも

のであることに留意する必要がある。

(v) 資源・インフラ PPP プロジェクトの事業期間

　資源・インフラ PPP プロジェクトの事業契約が締結された日から資源・インフラ PPP プロジェクトの運営が終了する日までの期間を事業期間という。そして、この事業期間は、後述(8)のとおり、設計・建設期間および運営期間から構成される。問題は、事業期間の長さである。資源・インフラ PPP プロジェクトによっては30年超の事業期間が設定されることがある。この理由は、そのくらい長期の期間にしないと VFM が出ない（高くならない）からかもしれない。また、「事業権」を付与するプロジェクトでは、当該付与時にホスト国が受け取ることのできる対価を可能な限り高くするために長期の期間にするのかもしれない。しかしながら、資源・インフラ PPP プロジェクトの成否は、スポンサー兼 O&M オペレーターの事業遂行能力に係っているのである。他方、スポンサー兼 O&M オペレーターが30年超の期間、信用力や事業遂行能力を維持して存続するとだれが保証できるのであろうか。国債の期間も通常は20年である。20年超先の民間事業者の信用力や事業遂行能力はだれにも適切に予測できないのではないか。その意味で、資源・インフラ PPP プロジェクトにおいては、事業期間にはおのずと限界があるのである。逆にいえば、その限界を超えるような事業期間が設定される資源・インフラ PPP プロジェクトについては、ホスト国・オフテイカーや民間事業者はその実現可能性について慎重な検討が必要となる。

(vi) ホスト国・オフテイカーが資源・インフラ PPP プロジェクトの入札段階で審査すべき項目

　(i)および(ii)で前述したとおり、資源・インフラ PPP プロジェクトでいちばん重要なことは、スポンサー兼 O&M オペレーターの事業遂行能力および信用力である。資源・インフラ PPP プロジェクトの入札段階でさまざまな事項を審査するが、この審査においていちばん重要な事項は、このスポンサー

兼O&Mオペレーターの事業遂行能力および信用力であるといっても決して過言ではない。そして、この民間事業者であるスポンサー兼O&Mオペレーターの事業遂行能力は、最終的には同種または類似プロジェクトの過去の成功・失敗の事例（トラック・レコード）にいちばん表れるのではないか。また、当該資源・インフラPPPプロジェクトで用いられる技術がプルーブン・テクノロジーである必要があるが、これを検証する観点からも、最終的には同種または類似プロジェクトの過去の成功・失敗の事例を審査することが重要であることになる。

　なお、エドワード・イェスコム『プロジェクトファイナンスの理論と実務』（佐々木仁訳、金融財政事情研究会）71頁において、公共による事前資格審査（Pre-qualification、日本では実務的にPQ（ピー・キュー）といわれる）の事項として、次に掲げる事項が述べられている。
・指定された技術への対応能力
・事業を実施するための能力
・担当者の経験
・類似事業の経験と実績
・事業を実施する資金力[25]

　まさに、同種または類似プロジェクトの過去の成功・失敗の事例からプルーブン・テクノロジーであるか否かも含め、スポンサー兼O&Mオペレーターの事業遂行能力が事前資格審査において審査されるのである。ここで留意すべきは、スポンサー兼O&Mオペレーターの事業遂行能力は事前「資格」審査項目である。この段階で、優秀なスポンサー兼O&Mオペレーターが選別されるように審査水準を高めに設定し、当該事前資格審査で選ばれたスポンサー兼O&Mオペレーターの間で、主に価格について競争させることが資源・インフラPPPプロジェクトを成功させる観点からは重要なのである。逆に、優秀なスポンサー兼O&Mオペレーターが応札しないような資源・インフラPPPプロジェクトは経済性やリスク分担で合理性がないプロジェクトである。そのような資源・インフラPPPプロジェクトをホスト

国・オフテイカーの都合だけで続けることは、最終的には国民のためにならないことに留意すべきである。ホスト国・オフテイカーの観点から、そもそも一か八かの投資をするスポンサーに公共性の高い資源・インフラ PPP プロジェクトを委ねてはならないのである。

なお、**第Ⅲ編 3**(3)(i)で後述するように、プロジェクトファイナンスのレンダーもプロジェクトファイナンスを供与できるか否かの審査において、スポンサー兼 O&M オペレーターの事業遂行能力および信用力をいちばん重視して検討すべきである。

(8) 設計・建設期間および運営期間

資源・インフラ PPP プロジェクトの内容を時間軸からみると、事業期間は、設計・建設期間および運営期間に大別される。

---

25 当然のことながら事業の実現可能性の観点から、この資金力もホスト国・オフテイカーが資源・インフラ PPP プロジェクトの入札段階で審査すべき項目である。100％自己資金でやる場合はともかく、金融機関から資金調達する場合には、当該金融機関から融資の意向があることを証明する書面を求め、資金が実際に調達される可能性があることを確認することが重要である。

貸付一般について金融機関が実際に貸付契約を締結する前には、当該金融機関内部の審査・決済手続を経る必要がある。この事前資格審査の段階で当該審査・決済手続を終了させることは実務的に不可能である。したがって、融資意向証明書といっても当該審査・決済手続を終了させることが貸付契約を締結する前提条件の1つであり、当該審査・決済手続で否決されることもあることから、金融機関によっては実質的にはなんら証明していないリスクもあるのである。したがって、どんな金融機関の融資意向証明書でもいいということにはならない。

さらに、これがプロジェクトファイナンスの場合であれば、**第Ⅲ編 2**(5)で後述するとおり、どの金融機関でもどの分野の資源・インフラ PPP プロジェクトでもプロジェクトファイナンスを供与できるのではないのである。対象となる資源・インフラ PPP プロジェクトにおいて、豊富なプロジェクトファイナンスの経験があり、真にプロジェクトファイナンスを理解した金融機関であることが必要なのである。その意味で、単に融資意向証明書という書面がそろっていればいいという形式的な審査ではないのである。ホスト国・オフテイカーもこのことを十分に理解する必要がある。

(i) 設計・建設期間

　資源・インフラ PPP プロジェクトとは運営を行うプロジェクトであるが、その運営を行うための施設の設計・建設等を行う期間が、設計・建設期間である。設計・建設期間は、通常では、長くても数年である。厳密にいえば、プロジェクトについて今日からでも運営を行うことができる状態にすることを、資源・インフラ PPP プロジェクト、プロジェクトファイナンスの専門用語で、「プロジェクト完工（Project Completion）」という。このプロジェクト完工のための期間を設計・建設期間という。プロジェクト完工がスクラッチの状態からプロジェクトについて今日からでも運営を行うことができる状態（**第Ⅰ編 3**(1)(iii)で前述したとおり、いわば鍵を回せばそれだけで動き出す（操業を開始することができる）状態）にすることであることから、このプロジェクト完工には、まず、設計・建設の前段階である土地等の事前調査等も含まれる。また、建物の建設のみならず、機器の納入・備付け等、施設として機能するための業務も含まれる。さらに単に施設を物理的・機械的に完工させること（これを物理的・機械的完工（Physical/Mechanical Completion）という）のみならず、各種のテストを実施して当該施設が予定している性能を有していることを確認することや施設の操業を行う者の訓練がなされていること、スペアパーツが整っていること等も含まれる。これを操業完工（Operational Completion）ともいう。これらのことからもわかるように、設計・建設期間にプロジェクト会社が行うことは単なる施設の設計・建設だけではないことになる。

　そして、プロジェクト会社は、このプロジェクトの操業完工を一括してEPC コントラクターに請け負わせ、それにより EPC コントラクターに完工リスクを負わせることになるのである。この点は、後述 **5**(3)(i)で詳述する。

　なお、この物理的・機械的完工や操業完工のほかに、プロジェクトファイナンスの観点から、シニア・レンダーとの関係でもプロジェクト完工というものが存在する。この完工には、物理的・機械的完工や操業完工で要求され

ている要件のほかに、操業のための保険が付保されていることやプロジェクトによっては一定の期間運営を行わせて予定どおりのキャッシュフローが出ることが要求される。これを財務的完工（Financial Completion）という。これについては、**第Ⅲ編5(1)**で後述する。

この設計・建設期間に、プロジェクト完工のためにプロジェクト会社に発生する費用をプロジェクトコストという。プロジェクトコストの大部分は、EPC契約上のEPCコントラクターに対するEPC代金である。そのほかには、プロジェクト会社の設立費用や各種コンサルタントに対する委託料等が存在する。そして、スポンサーからの出資および劣後ローンに係る金員、ならびにプロジェクトファイナンスのシニア・ローンに係る金員は、このプロジェクトコストの支払のために用いられることになる。

(ⅱ) 運営期間

資源・インフラPPPプロジェクトの運営（およびそれに付随した維持管理）を行う期間である。プロジェクト会社が運営により得た収入から、公租公課等やO&M業務委託料等、運営に係る費用（オペレーションコスト）を差し引き、さらにプロジェクトファイナンスのシニア・ローンの元利金の弁済を差し引いた残りが運営による利益となる。まさに、プロジェクト会社は運営によって利益を得るのである。

(ⅲ) 時系列の観点からのキャッシュフロー

このような設計・建設期間と運営期間におけるプロジェクト会社へのキャッシュ・インとプロジェクト会社からのキャッシュ・アウトの概略は、図Ⅱ-1のとおりとなる。なお、便宜的に、オペレーションコストは、公租公課等およびO&M業務委託料のみであることを前提とする。

これからもわかるように、EPCコントラクターはプロジェクト完工時という比較的早い段階でEPC代金の支払を受け、利益を得るのである。他方、スポンサーはプロジェクト完工後、しかも運営期間という十数年にわたって

図Ⅱ－1　プロジェクト会社のキャッシュフロー

〈キャッシュ・イン〉
- 出資金・劣後ローン
- プロジェクトファイナンスのシニア・ローン
- 利用者からの対価（ケース①の場合）
- オフテイカーからの対価（ケース②の場合）

→ プロジェクト会社

〈キャッシュ・アウト〉
- EPC代金
- その他プロジェクトコスト
- 公租公課等
- O&M業務委託料
- プロジェクトファイナンスのシニア・ローンの元利金
- 株式・劣後ローンに係る配当等

設計・建設期間（通常は1年から数年） ── プロジェクト完工 ── 運営期間（通常は十数年）

事業期間

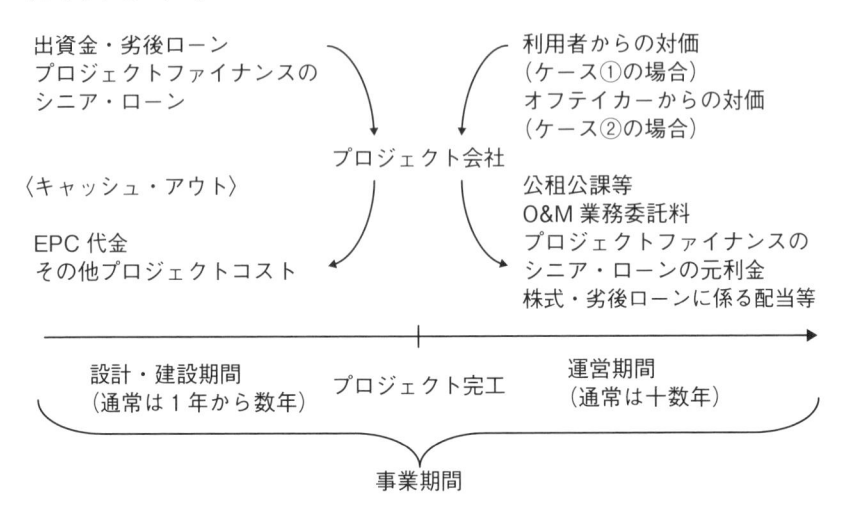

利益を得るのである。ここに利益を得るタイミングの相違からくるプロジェクトのリスクに関する見方の違いがあることに留意する必要がある。さらに、ホスト国・オフテイカーが資源・インフラPPPプロジェクトのメリットを享受するのも運営期間であり、EPCコントラクターとの間でもリスクに関する見方の違いがあることに留意する必要がある[26]。

なお、資源・インフラPPPプロジェクトは、キャッシュフロー・ストラクチャーを前提としたプロジェクトであることについては、**第Ⅲ編4(3)**で後述する。

---

[26]　さらに、ホスト国・オフテイカーにつくアドバイザーもプロジェクトファイナンスにおけるフィナンシャル・アドバイザーも、事業契約やプロジェクトファイナンスの契約が締結されればその利益を得ることになり、その後のプロジェクト完工や運営のリスクはとらないことになる。この点に関しては、前掲真殿「インフラ事業の海外展開と本邦企業の課題」15頁参照。

(9) 2種類の資源・インフラPPPプロジェクト

資源・インフラPPPプロジェクトは、プロジェクト会社がマーケット（需要）・リスクをとるか否かで、次に掲げる「マーケット・リスク・テイク型」および「利用可能状態に対する支払型」の2種類のプロジェクトに大別される[27]。

(i) マーケット・リスク・テイク型

実際に物・サービスを提供することにより、プロジェクト会社が原則として物・サービスの提供を受けた者から対価を得る内容のプロジェクトである。ケース①がこれに当たる。すなわち、プロジェクト会社Bは原油が売れるか否か（そもそも原油が存在するか、原油を掘削して取り出すことができるかおよび原油を想定されている価格で売ることができるかのリスクを含む）のリスクをとっているのであり、また、プロジェクト会社Bの収入は、原油をスポットで売ったことによる代金収入となるのである。

(ii) 利用可能状態に対する支払型

要求水準で規定された一定の利用可能状態が達成・維持されるとオフテイカーがプロジェクト会社に対して「満額」支払い、当該利用可能状態が達成・維持できないときは、できない割合に応じてプロジェクト会社に対する支払が減額される内容のプロジェクトである。ケース②がこれに当たる。

---

[27] 日本のPFIでは、「独立採算型」と「サービス購入型」という分け方がなされている。この分け方は、「マーケット・リスク・テイク型」および「利用可能状態に対する支払型」と類似している。しかしながら、日本のPFIにおける分け方はその内容が不明確であり、場合により主に公共側が予算措置を講じる必要があるか否かの観点から分けられている。たとえば、東京都金町浄水場PFI案件においては、プロジェクト会社が電力を東京都に売ることができるか否かについてのリスクをとっている（したがって、プロジェクト会社がマーケット・リスクをとっている）が、これを公共側は「サービス購入型」と呼び、民間事業者は「独立採算型」と呼んでいた。その意味で、「独立採算型」や「サービス購入型」を無批判に使うことは資源・インフラPPPプロジェクトの本質をあまり理解していないことになることに留意する必要がある。

利用可能状態に対する支払型では、オフテイカーからプロジェクト会社への支払は、大別して(A)アベイラビリティ・フィー（Availability Fee）（キャパシティ・フィー（Capacity Fee））と(B)ユーセージ・フィー（Usage Fee）からなる。アベイラビリティ・フィーは、プロジェクトが利用可能状態であるか否かにより支払われる対価である。他方、ユーセージ・フィーはプロジェクトに係る物・サービスの提供を実際に受けた量に応じて支払われる対価である。ケース②でいえば、プロジェクト会社Yが電力売買契約で規定された量の電力を発電できる状態であれば、オフテイカーXはアベイラビリティ・フィーを満額プロジェクト会社Yに対して支払い、もしプロジェクト会社Yの帰責事由により電力売買契約で規定された量の電力を発電できる状態でなければ、足りない分に応じて電力売買契約で規定された割合に応じてアベイラビリティ・フィーが減額されることになる。そして、ユーセージ・フィーは、実際に発電されてオフテイカーXがプロジェクト会社Yから購入した電力の量に応じて支払われることになる。

　アベイラビリティ・フィーは実際に売却した電力の量にかかわらず支払われることから、基本的には固定費（通常であれば、プロジェクトコストおよび運営に係る固定費）をカバーするものである。他方、ユーセージ・フィーは実際に売却した電力の直接の発電に係る変動費（実費）をカバーするものである。これらにより、ケース②でいえば、オフテイカーXが電力をプロジェクト会社Yから買わなくてもアベイラビリティ・フィーが満額支払われる限り、利益が出ることはあっても固定費をまかなうことができないことにはならないのである。この意味でプロジェクト会社Yは、オフテイカーXが電力を購入するか否かのリスク、すなわち、マーケット・リスクをとっていないことになる。なお、プロジェクトファイナンスのシニア・ローンの返済原資は、基本的にはアベイラビリティ・フィーとなる。

(iii)　テイク・オア・ペイ

　なお、オフテイカーが具体的な物・サービスの提供を受けていないにもか

かわらず、アベイラビリティ・フィーを支払う義務を負うのは適切ではないのではないかとの疑問を抱く方もいるかもしれない。しかしながら、われわれの日常でも電話の通話料における基本料金のように具体的な物・サービスの提供を受けていなくても支払われる対価は存在するのであり、それ自体決して不合理なものではない。

　そもそも、資源・インフラ PPP プロジェクトの専門用語として、テイク・オア・ペイ（Take or Pay）というものが存在する。これは、一定の期間ごとに購入業者の最低購入数量を決め、購入業者のほうで「購入するか支払をするか」の選択権があることを意味する。当該期間に購入する場合には購入業者はその代金を支払うが、当該購入業者は当該期間に購入しないことも選択でき、ただしその場合でも最低購入数量の代金相当額を支払うというものである。逆にいえば、購入業者には、購入するか否かにかかわらず最低購入数量の代金を支払う義務があるということである。なお、購入業者には当該期間に購入しなくても、その後の一定期間に購入できる選択権を有する場合もある。

　購入しなくても代金を支払うことに違和感を抱く方もいるかもしれない。通常の売買契約ではそのとおりである。しかしながら、この売買は特殊な売買で、販売業者は特定の購入業者のために特定の販売物を生産する設備を完工させて、そのうえで販売するのである。この手法は、資源・インフラ PPP プロジェクト、特に LNG プロジェクトで発達した手法である。LNG プロジェクトでは、巨大な液化天然ガス生産設備が必要となり、それには巨額の設備投資が必要となる。液化天然ガスの販売業者としては、巨額な設備投資が確実に回収できる程度に液化天然ガスを販売できない限り、液化天然ガスプロジェクトを行うことはできない。他方、液化天然ガスがマーケットで巨額な設備投資が確実に回収できる程度の量・価格で販売することが可能であれば、液化天然ガスの販売業者としては液化天然ガスが売れるか否かのリスクをとることができるのかもしれない。しかしながら、少なくとも天然ガスについてはこれまではそのようなマーケットは存在しなかったのである。他

方、購入業者が巨額な設備投資が確実に回収できる程度の量・価格で液化天然ガスを購入することが可能であれば（もちろん、それが可能であるということは、液化天然ガスを購入業者がそれだけの量・価格の液化天然ガスを用いてガス供給や発電等の事業を行うことが可能であるということである）、購入業者は、販売業者に対して、巨額な設備投資が確実に回収できる程度の量・価格で液化天然ガスを購入することを約束することにより、販売業者に液化天然ガスプロジェクトを行わせて、販売業者から液化天然ガスを購入することが可能になるのである。

　テイク・オア・ペイは、まさに購入業者が販売業者に対して巨額な設備投資が確実に回収できる程度の量・価格で液化天然ガスを購入する約束を意味するのであり、これをファイナンスの観点からストラクチャリングしたものなのである。すなわち、液化天然ガスの購入業者としては、一度に当該量の液化天然ガスが必要となるということはなく、通常はある程度長期間にわたって当該量の液化天然ガスを購入することになる。他方、巨額な設備投資の回収に関しては、巨額な設備費用の大部分はローンでまかない、したがって当該長期間にわたって当該ローンの返済を行うことになるのである。ローンの返済時期および金額のスケジュールは当初から決まっていることから、これにあわせるように液化天然ガスの販売業者は液化天然ガスの販売代金を受け取ることができるようにしなくてはいけないのである。他方、液化天然ガスの購入業者としては個別の期間によっては必要とする液化天然ガスの量に差が出てくる可能性がある。しかしながらその差をそのまま販売代金に反映させるとその期間のローンの返済に必要な金額の販売代金を払わないことになる可能性が出てくるのである。したがって、このローンの返済を念頭に置いて（ファイナンスの要素を加味して）、液化天然ガスの購入業者が支払う販売代金に関して、最低購入数量を決めて、実際の購入量にかかわらず、当該最低購入数量に係る販売代金を平準化したものがテイク・オア・ペイなのである[28]。

(iv) テイク・オア・ペイとアベイラビリティ・フィーとの相違点

なお、単純なテイク・オア・ペイでは、物・サービスを提供する業者の当該提供能力のいかんにかかわらず、平準化された最低購入数量に係る販売代金を支払う義務を負うことになる。しかしながら、たとえば、ケース②では、アベイラビリティ・フィー（これが平準化された最低購入数量に係る販売代金に相当するものである。実際の購入量に応じた販売代金はユーセージ・フィーに含まれる）は、プロジェクトが利用可能状態でない場合には満額支払われない。したがって、特にインフラPPPプロジェクトにおいては、その意味で単純なテイク・オア・ペイではないことに留意する必要がある。

(10) 事業期間における事業の固定化

民間事業者がとある資源・インフラPPPプロジェクトに参画するか否かを判断する際には、当然のことながら、最終的には当該資源・インフラPPPプロジェクトに含まれるリスクをとって利益を得ることができるか否かを判断するのである。したがって、(7)(v)で前述したとおり、この観点からもあまりにも長期の事業期間を設けることはできない。さらに、事業期間の途中で事業の内容が変更されるとするとどうなるのか。民間事業者としては当該変更後の事業についてリスクをとって利益を得ることができるか否かを再度検討する必要があるのである。しかもここでいう利益とは、当該民間事業者のEquity-IRRを正当化できる利益水準である必要がある。2(3)で前述したとおり、スポンサーにとってのメリットを計る指標はEquity IRRであり、この利率がスポンサーの価値に影響を与えるのである。そうすると、スポンサーとしてはスポンサーに問題があったことによりEquity-IRRが低下するリス

---

28 なお、資源・インフラPPPプロジェクトにおいて、テイク・アンド・ペイ（Take and Pay）という形態の売買契約も存在する。これは、物・サービスの提供と対価の支払が同時履行の関係にあるものである。

クをとることはできるかもしれないが、特に資源・インフラPPPプロジェクトのような長期の事業である場合、スポンサーに問題がないのにEquity-IRRが低下するリスクをとることはスポンサーにはできないのである。

　したがって、少なくとも、プロジェクト会社（スポンサー）の合意なくして、事業期間の途中で事業の内容が変更できるような資源・インフラPPPプロジェクトは、合理的な民間事業者であれば参画しないプロジェクトであることに留意する必要がある。すなわち、プロジェクト会社（スポンサー）の自由な裁量による承諾なくして事業契約は変更できないようにする（その旨を事業契約で規定する）必要があるのである。さらに、**第Ⅲ編3(3)**で後述するとおり、プロジェクトファイナンスのシニア・レンダーは、具体的な資源・インフラPPPプロジェクトの内容を前提として、スポンサーが当該プロジェクトに係る事業を適切に遂行することができるか否かを検討し、当該事業を適切に遂行することができると判断してはじめてプロジェクトファイナンスの供与を決めるのである。すなわち、事業期間の途中で事業の内容が変更されることはプロジェクトファイナンスの供与を可能ならしめる前提条件に反するものである。したがって、プロジェクトファイナンスの観点からも、少なくとも、シニア・レンダーの承諾なくして、事業期間の途中で事業の内容を変更することはできないのである。このことから、シニア・レンダーの自由な裁量による承諾なくして事業契約は変更できないようにする必要があるのである。

　なお、実務的にも、事業期間の途中で事業の内容が変更された場合、事業契約上の対価を適切に決めることは決して容易なことではない。このことは、5(1)(ii)③で後述する。

(11)　プロジェクト会社はお金のない会社

　そもそもプロジェクト会社は、通常の事業会社とは異なり、予定外の金銭支払債務を負担しても、基本的にはその債務を支払う資力を有していない会

社である。すなわち、設計・建設期間にプロジェクト会社に入ってくる金員は出資金やプロジェクトファイナンスで資金調達した金員であるが、これらの金員はプロジェクトコストの支払に充てられるのであり、現金としてプロジェクト会社に残ることは、リザーブ資金以外には存在しない。また、プロジェクトコストの支払の対価として得た資産には、プロジェクトファイナンスにより資金調達した場合には、シニア・レンダーのために担保権が設定されているのである。また、運営期間にプロジェクト会社に入ってくる金員は、原則としてホスト国・オフテイカー等からの支払のみである。これも、スポンサーへの利益部分以外はプロジェクトの運営のために必要な資金の支払のために使われるものである。そういう意味で、プロジェクト会社に法的に予定外の金銭支払債務を負わせても、基本的には、スポンサーへの利益部分以外は当該予定外の金銭支払債務を支払う原資は存在しないのである。その意味で、プロジェクト会社は、いわばお金のない会社で、たとえば、いくらプロジェクト会社に対して損害賠償を支払えと事業契約で規定しても、実効性はないのである。その意味で、通常の取引における損害賠償という形式でのリスク分担が資源・インフラPPPプロジェクトにはあわないのである。また、通常の取引であれば民間事業者が負うリスクをプロジェクト会社に負わせても、そのリスクを負担する資力もないのである。たとえば、日本のPFIでは、当該PFI施設の設計業務、建設業務、運営・維持管理業務その他当該PFI事業に関する事項を直接に規制することを目的とした法令変更によりプロジェクト会社に発生した増加費用はホスト国・オフテイカーが負担するが、それ以外の法令変更によりプロジェクト会社に発生した増加費用はプロジェクト会社が負担すると規定する案件が少なからず存在する。しかしながら、法令変更がどのようなものでも、当該PFI事業に関する事項を直接に規制することを目的とした法令変更か否かにかかわらず、当初に想定されていない増加費用をプロジェクト会社が負担するといってもその原資は存在しないのである。逆にいえば、通常の取引では、このような増加費用が発生するリスクがあることから、長期間価格を固定することはありえないのである。

その意味で、このような法令変更リスクを原則として民間事業者に負担させているPFIは、資源・インフラPPPプロジェクトの本質を理解していないものであることに留意する必要がある。

⑿　資源・インフラPPPプロジェクトの困難性およびサスティナビリティ

　近時、日本において、さまざまなところで、資源・インフラPPPプロジェクト、特にインフラPPPプロジェクトが話題にのぼり、多くの企業がインフラPPPプロジェクトへの参画に前向きの姿勢を示し、また、たとえばインフラファンドの創設等が新聞紙上を賑わせている。このような話においては、インフラPPPプロジェクトは比較的だれでもが参画できる容易なプロジェクトであるとの印象を与えるものも少なくない。

　しかしながら、資源・インフラPPPプロジェクトの本質は、運営を行うことである。しかも、そのスポンサーの業務遂行能力により、資源・インフラPPPプロジェクトの成否が決まるのである。もしプロジェクトが失敗に終われば、投資した金員は戻ってこないのである。また、プロジェクトファイナンスのシニア・ローンも回収できないことになるのである。その意味で、スポンサーもシニア・レンダーも、プロとしてプロジェクトの経済性を見極める力が要求されるのである。

　さらに、特にインフラPPPプロジェクトの投資の弁済原資は、⑼⒤⒤⒤で前述したとおり、マーケット・リスク・テイク型のインフラPPPプロジェクトの場合であれば、物・サービスの提供を受けた者から対価の支払であり、利用可能状態に対する支払型のインフラPPPプロジェクトの場合であれば、オフテイカーからの対価の支払である。オフテイカーからの対価の支払の原資は、最終的には国・地方公共団体のお金、すなわち税金等である。また、インフラPPPプロジェクトにおいて提供される物・サービスは公共性が高いことから、マーケット・リスク・テイク型のインフラPPPプロジェクトの場

合における物・サービスの提供を受けた者から対価も税金に似た性格を有する場合が少なくない。その意味で、インフラ PPP プロジェクトはポリティカル・リスクが高いプロジェクトである。したがって、5(1)(i)⑥で後述するとおり、プロジェクトの経済性の判断においては、民間事業者もインフラ PPP プロジェクトに含まれるポリティカル・リスクを判断する必要があり、そのためには、対価の金額も含め、対象となるインフラ PPP プロジェクトが本当にホスト国の国民の利益になり、国民から支持されるプロジェクトであるか否か、すなわちサスティナビリティが高いか否かを判断する必要があるのである。そして、このためには、(7)(ii)で前述したとおり、民間事業者はホスト国におけるマクロ経済運営体制リスクも含め、リスク分析をする必要があるのである。

　たとえば、特に一部の先進国で再生可能エネルギー発電事業に関して FIT 制度が採用された。再生可能エネルギーを用いて地球温暖化を防止する制度であり、国民が広く薄くそのコストを負担するという趣旨は多くの先進国の国民の支持を得るものであろう。しかしながら、問題は、FIT 制度は「国民が広く薄くそのコストを負担する」制度であるか否かである。「国民が広く薄くそのコストを負担する」の具体的な内容は、各国民がその資力に応じて累進的にコストを負担するというものであろう。そうであるならば、電力の使用量に応じて国民がコストを負担する FIT 制度が本当に国民に支持される制度であるか否かは十分検討すべきであろう。もし FIT 制度に客観的な合理性がないと判断されるのであれば、FIT 制度のプロジェクトに投資した民間事業者をどれだけ（国民の負担により）保護する必要があるかは、十分議論の対象となるであろう。

　これに関連して、民間事業者のクロスボーダーの投資を保護するために、国際間の投資保護協定が存在する。そこにおいて保護されるべき民間の投資は、合理性のある制度に対する投資のみであるべきであろう。

　さらに、スポンサーは、資源・インフラ PPP プロジェクトのさまざまな事項を審査・検討して当該資源・インフラ PPP プロジェクトに投資をするか

否かを判断するのである。その意味で、本質的にボトム・アップで資源・インフラ PPP プロジェクトに投資をするか否かが決まるのである。逆にいえば、はじめに資源・インフラ PPP プロジェクトに投資することありきで資源・インフラ PPP プロジェクトに投資をすると失敗するのであり、現にそのような事例は少なからず存在する。

5 主要なプロジェクト関連契約の特徴

(1) 事業契約（オフテイク契約）の特徴

第Ⅰ編3(1)(i)で前述したとおり、事業契約とは、資源・インフラ PPP プロジェクトの内容を規定する契約であり、プロジェクト会社に対して要求水準に従ってプロジェクトを完工させ、要求水準に従ってプロジェクトを運営するというプロジェクト会社のホスト国・オフテイカーに対する義務が規定される契約である。ここでは、事業契約に関連する事項のうち、「リスク分担」「事業契約上の対価」「利用可能状態に対する支払型におけるプロジェクト会社のリスクの負い方」および「プロジェクト終了時にプロジェクトに係る施設をホスト国・オフテイカーに譲渡する理由」について説明する。

(i) リスク分担

① リスク分担の基本的な考え方

資源・インフラ PPP プロジェクトでは、そのプロジェクトに含まれる各種リスクに関して、そのリスクをホスト国・オフテイカーが負担するのか、それともプロジェクト会社が負担するのかが問題となる。これらのリスクの具

体例としては、資金調達リスク、マーケット・リスク、土地取得リスク、完工リスク、運営リスク、法令変更リスク、不可抗力事由リスク[29]、ポリティカル・リスク[30]といったものがある。このリスク分担については、各種リスクに関して、個別の具体的な案件の特性に応じて、ホスト国・オフテイカーまたはプロジェクト会社のどちらが負担するのかを決めるとの説明がなされることがある。しかしながらこの説明はミスリーディングである。ホスト国・オフテイカー、プロジェクト会社どちらがリスクを負担すべきかについては、基本的な考え方があり、その意味で、本質的には当該基本的な考え方に従って一義的に決まるものである。

　このリスク分担の考え方としては、2(1)で前述したとおり、あるリスクにつき、当該リスクにいちばん精通し、コントロールできるものが、当該リスクをいちばん安価でとることができることが基本となる。しかしながら、ここで留意すべきは、この基本となる考え方は、民間事業者がコントロールできるリスクは民間事業者が負担すべきであるということのみを意味することである。たとえば、資源・インフラPPPプロジェクトにおいて、法令変更リスクや不可抗力事由リスクは公共側にはコントロールできないから民間事業者がそのリスクをとるべきとの主張がなされることがある。しかしながら、法令変更リスクや不可抗力事由リスクは民間事業者にもコントロールできないものである。この民間事業者も公共側もコントロールできないリスクについて、どちらがそのリスクをとるべきであるかが問題となるのである。

　この法令変更リスクや不可抗力事由リスクは、公共側が従来の公共事業で行った場合に公共側が負担するリスクである。その意味で、本質的にはプロジェクトに内在するリスクであり、民間事業者に移転したほうがVFMが出

---

[29] 不可抗力事由リスク（Force Majeure Risk）については、不可抗力事由がどう定義されるかは、国（特にコモンロー（英米法）の国と大陸法の国）の法律によって異なると思われる。この点は、5(1)(i)⑤で後述する。
[30] これらのリスクの具体的な内容は、前掲加賀『プロジェクトファイナンスの実務』72～93頁、および加賀隆一『国際インフラ事業の仕組みと資金調達』（中央経済社）45～46頁参照。

る（高くなる）場合でない限り、公共側が負担すべきリスクである。そして、民間事業者が当該リスクをとっても、民間事業者がコントロールできない以上、VFMは出ない（高くならない）のである。民間事業者が法令変更リスクや不可抗力事由リスクをとった場合、その分事業契約上の対価が高くなるだけである。これに対しては、VFMが出ない（高くならない）としても、民間事業者に当該リスクをとらせても公共側として損はないとの反論があるかもしれない。しかしながら、問題は本当に公共側に損がないかである。

　事業契約において、他の契約条件が変わらないという前提条件があれば、リスクをとった契約当事者がその分不利になり、リスクをとらなかった契約当事者がその分有利になる。したがって、他の契約条件が変わらないという前提条件があれば、プロジェクト会社がリスクをとったほうがホスト国・オフテイカーに有利になる。しかしながら、契約における対価は、すべての契約条件を加味して最終的に決まるのである。もしあるリスクについてプロジェクト会社がそのリスクをとることになると、そのリスクをとった分、ホスト国・オフテイカーがプロジェクト会社に支払う対価の金額が上がることになる。その意味で、「他の契約条件が変わらないという前提条件があれば」は存在しないのであり、単純にリスクをとらなかった契約当事者のほうが有利とは判断できないのである。

　そして、少なくとも法令変更リスクや不可抗力事由リスクを民間事業者がとる場合、そのリスクをとることの対価を合理的に算定できない（したがって、バッファをとって保守的にリスクをとることになる）ばかりか、民間事業者の本質上自己の行う業務に関してリスクをとった分の利益を上乗せして対価を決めることになるのである。したがって、法令変更リスクや不可抗力事由リスクを民間事業者に負わせると、よりVFMが出ない（低くなる）ことになる可能性があるのである。その意味で、民間事業者にこのリスクを負わせることは、結果的に公共側にとって負担増となり、国民の税金を不必要に余分に使うリスクがあることを理解しなくてはいけない[31]。

　また、2(3)で前述したとおり、スポンサーにとってのメリットを計る指標

はEquity-IRRであり、この利率がスポンサーの価値に影響を与えるのである。そうすると、スポンサーとしてはスポンサーに問題があったことによりEquity-IRRが低下するリスクをとることはできるかもしれないが、特に資源・インフラPPPプロジェクトのような長期の事業である場合、スポンサーに問題がないのにEquity-IRRが低下するリスクをとることはスポンサーにはできないのである。この観点からも、法令変更リスクや不可抗力事由リスクはホスト国・オフテイカーが負担すべきリスクなのである。

このような資源・インフラPPPプロジェクトにおけるリスク分担の基本的な考え方からすれば、民間事業者が負担するリスクは、運営リスク、完工リスク、資金調達リスクおよびマーケット・リスク・テイク型の場合のマーケット・リスクくらいであり、その他のリスクはホスト国・オフテイカーが負担すべきリスクである[32]。なお、当然のことながら、もし具体的な資源・インフラPPPプロジェクトにおいて民間事業者が当該プロジェクトの運営リスク、完工リスク、資金調達リスクまたはマーケット・リスク・テイク型の場合のマーケット・リスクをとることができないと判断するのであれば、民間事業者はそもそもそのようなプロジェクトには参加しないことになる。

資源・インフラPPPプロジェクトおよびプロジェクトファイナンスの観

---

31 同様の問題は、純粋な民間事業者間の取引にも含まれる場合がある。たとえば、ローン契約においてローンの実行・維持に関して貸付人に増加費用が発生した場合には借入人が当該増加費用を負担するのが確固たる実務である。これは貸付人が優位な立場にあるから借入人にそのリスクを負担させているというものではない。借入人の地位が相対的に強い欧米のローン実務でもこの点が論点になることはない。これは、この増加費用を貸付人の負担とすると、貸付人はそのリスクの対価を合理的に算定できない（したがって、バッファをとって保守的にリスクをとることになる）ばかりか、リスクをとった分のリターン（利益）を上乗せして対価（すなわち、スプレッド）を決めることになるからである（ローンの供与自体から直接利益を得るのは貸付人であり、借入人はローン取引から直接の利益を得る立場にないこと、したがって利益を上乗せするのは貸付人のほうであることに留意する必要がある）。日本では、時として、借入人から、借入人が当該増加費用を負担する理由はないとか、借入人に増加費用を負担するか増加費用を負担しないで期限前弁済するかを選択できるようにすることが主張されることがある。しかしながら、これは増加費用の負担も含めてローン取引全体で対価であるスプレッドが決まることやリスク負担のコスト転嫁方法を理解していない主張であり、合理性はないことに留意する必要がある。

点から検討すべきリスクに、スポンサー・リスクが存在する。これは、スポンサーに事業遂行能力があるか否かのリスクである。これは、第Ⅲ編3(3)(i)で後述するように、主としてプロジェクトファイナンスにおいてシニア・レンダーがこのリスクをとることができるか否かの観点から問題となる。ただし、スポンサー・リスクはホスト国・オフテイカーとプロジェクト会社との間でも問題となりうる。そして、プロジェクト会社は実質的にスポンサーにより保有されていることから、実質的に自己のことであり、したがってこのリスクをプロジェクト会社が負うということは本質的にありえない。その意味でスポンサー・リスクはホスト国・オフテイカーが負うのである。したがって、4(7)(ii)で前述したとおり、ホスト国・オフテイカーは、資源・インフラPPPプロジェクトの入札段階でこの点を慎重に審査すべきである。

② 各種リスクの種類

各種リスクは、大別して、(A)プロジェクトの内容に関するリスクと(B)事業契約上プロジェクト会社が履行すべき義務に関して、プロジェクト会社による当該義務の履行を妨げるリスクまたは当該義務の履行に関してプロジェクト会社に増加費用が発生するリスク、の2つに分けることができる。

(A) プロジェクトの内容に関するリスク

マーケット・リスク、土地取得リスク、完工リスク、運営リスク等がこの(A)に含まれる。(A)については、たとえば、完工リスクや運営リスクについては、プロジェクト会社がそのリスクをとることができないのであれば、そもそも資源・インフラPPPプロジェクトの形式で当該プロジェクトをするこ

---

32 後は増加費用について保険でカバーできるものがあれば、その限りで民間事業者のリスクとすることができる。ただし、当該保険がマーケットで実際に存在するかはプロジェクトの入札前にホスト国・オフテイカーが確認すべき事由である。なお、たとえばプラントが不可抗力で損傷した場合、当該プラントの修復に係る費用は保険でカバーされるのであれば、この費用は民間事業者のリスクにすることができる。しかしながら、当該修復にかかる期間のアベイラビリティ・フィー相当分は保険ではカバーできず（利益補填保険もあるかもしれないがあっても高額で、その分入札段階のアベイラビリティ・フィーが高くなるだけである）、したがってアベイラビリティ・フィーは満額支払われる必要があり、民間事業者が負担するリスクして減額されることはあってはならない。

とはできないことになる。また、マーケット・リスクについては、プロジェクト会社がそのリスクをとることができるのであれば、前述4(9)(i)のマーケット・リスク・テイク型となり、プロジェクト会社がそのリスクをとることができないのであれば、前述4(9)(ii)の利用可能状態に対する支払型となる。これらのリスクについては、そもそも資源・インフラPPPプロジェクトの形式でできるのか、あるいはどういう形式の資源・インフラPPPプロジェクトで行うのかの問題となる。

また、(A)については、プロジェクト会社が当該リスクをとらない場合においてリスクが実現したときには、ホスト国・オフテイカーが損害賠償または損失補償をするという解決がなされるものもある。たとえば、プロジェクトを行う土地の取得リスクについては、プロジェクト会社がそのリスクをとることができるのであれば、事業契約上プロジェクト会社の義務となり、プロジェクト会社がそのリスクをとることができないのであれば、事業契約上プロジェクト会社の義務とはならないものである。

次に問題となるのは、ホスト国・オフテイカーが土地取得のリスクを負う場合のホスト国・オフテイカーの当該リスクを負う方法であるが、ホスト国・オフテイカーが当該土地を取得してから事業契約を締結する方法（この場合には、ホスト国・オフテイカーが事業契約で、当該土地の所有権等に関してプロジェクト会社が資源・インフラPPPプロジェクトを遂行するうえで妨げになる制限がないことを表明および保証し、かつ当該制限がないように維持する誓約をすべきである）、ならびに事業契約で、ホスト国・オフテイカーが当該土地の所有権等を、プロジェクト会社が資源・インフラPPPプロジェクトを遂行するうえで妨げになる制限がないものとして取得および維持する義務を負う方法が考えられる。

問題は、ホスト国・オフテイカーが当該規定に違反した場合、ホスト国・オフテイカーはプロジェクト会社に対して損害賠償または損失補償することになるが、当該損害または損失にプロジェクト会社の得べかりし利益を含めるか否かである。不可抗力事由によりホスト国・オフテイカーが土地を取得

できなかった場合には、プロジェクト会社の得べかりし利益は当該損害賠償または損失補償の対象にはすべきではないという考え方にも合理性はあるかもしれない。しかしながら、表明および保証が真実でなかった場合やホスト国・オフテイカーがその帰責事由により義務に反した場合には、一般論としては、Equity-IRR を維持する必要から、プロジェクト会社の得べかりし利益を当該損害賠償または損失補償の対象にするのが合理的であろう。

　なお、そもそも民間事業者がプロジェクトを行う土地の取得リスクをとることができるか否かの問題であるが、当該プロジェクトに適した土地が複数あり、市場メカニズムで取得することができる状況であれば、民間事業者がコントロールできるものであり、したがって、プロジェクト会社は当該リスクをとることができるであろう。その場合には、事業契約上プロジェクト会社は土地取得義務を負うことになる。他方、住民の反対や現在土地を利用している者がいる場合等には、民間事業者がコントロールできないリスクであり、したがって、事業契約上プロジェクト会社に土地取得義務を負わせることはできなくなる。この場合は、ホスト国・オフテイカーが当該土地の取得のリスクを負うことになる。なお、通常の資源・インフラ PPP プロジェクトでは、民間事業者がプロジェクトに適した土地を市場メカニズムで取得することができる状況にあることはあまりないのではないか。

　また、時として、契約当事者は双方とも平等であるべきであることから、プロジェクト会社の責任に上限があるのであれば、ホスト国・オフテイカーの責任にも上限があるべきであると主張されることがある。しかしながら、契約当事者はその契約における役割や負担するリスク等が異なるのであり、それにより当該契約当事者が負う義務の内容が異なるのはむしろ当然のことである。このような契約当事者の当該契約における役割を無視して、形式的に平等を主張することは、契約というものの本質を理解していない主張であり、合理性はないことに留意すべきである。

(B) 事業契約上プロジェクト会社が履行すべき義務に関して、プロジェクト会社による当該義務の履行を妨げるリスクまたは当該義務の履行に関してプロジェクト会社に増加費用が発生するリスク

　法令変更リスクや不可抗力事由リスク等がこの(B)に含まれる。(A)のリスク、たとえば運営リスクを民間事業者がとった場合でも、民間事業者がどのような場合でも運営リスクをとることにはならない。たとえば、不可抗力事由の発生によりプロジェクト会社が運営を行うことができなかった場合には、このリスクは、前述①のとおり、ホスト国・オフテイカーがとることになる。その意味で、(A)のリスクと(B)のリスクを並列的に考えることは適切ではない[33]。

　このリスクが問題となるのは２つの場合である。１つ目の場合は、利用可能状態に対する支払型の資源・インフラPPPプロジェクトの場合において、事業契約上プロジェクト会社が履行すべき義務に関して、当該リスク事由の発生によりプロジェクト会社による当該義務の履行が不可能となるときである。この場合、事業契約の相手方当事者であるホスト国・オフテイカーの事業契約上の債務（特に、対価の支払義務）がどうなるかという危険負担類似の問題となる。利用可能状態に対する支払型の資源・インフラPPPプロジェクトの基本的な対応方法は、ホスト国・オフテイカーの事業契約上の対価の支払義務は、少なくともアベイラビリティ・フィーについては消滅することはなく、事業契約の各当事者に事業契約の解約権を付与し、事業契約が解約された場合には、ホスト国・オフテイカーがプロジェクト会社に発生する損失をすべて補償する、というものである。この場合にプロジェクト会社に発生する損失は、基本的には、未回収の固定費である。そして、この固定費は、前述4(9)(ii)のとおり、利用可能状態に対する支払型ではアベイラビリティ・フィーで回収するものである。したがって、その損失補償の方法として、プロジェクトの施設（ただし、プロジェクトの完工までであれば、その時点での施

33　なお、日本のPFIのリスク分担表では、(A)のリスクと(B)のリスクを並列的に記載しているが、あまり適切ではないのである。

設の出来高）をホスト国・オフテイカーがプロジェクト会社から買い取り、その買取価格を未払いのアベイラビリティ・フィー（の現在価値化したもの）（ただし、プロジェクトの完工までであれば、プロジェクト会社が事業契約解約までおよび事業契約解約に関して現に負担した支出）とするのである。その意味で、法令変更リスクや不可抗力事由リスク等により事業契約上プロジェクト会社が履行すべき義務の履行が不可能となる場合、事業契約の相手方当事者であるホスト国・オフテイカーの事業契約上のアベイラビリティ・フィー支払義務は実質的には消滅しないのである。もしこれらの資源・インフラPPPプロジェクトの基本的な対応方法がホスト国の民事法の危険負担類似の考え方と矛盾する場合には、事業契約で資源・インフラPPPプロジェクトの基本的な理論と整合する規定を設ける必要があることになる。

　なお、この点に関連して、プロジェクト完工前に法令変更や不可抗力事由の発生により事業契約が解約された場合に施設の現存する「出来高の時価」を対価として支払うとの考え方が示される場合があるが、これは適切ではない。まず、事業契約解約までにプロジェクト会社が支出した費用は、単に建設費用だけではなく、設計費用やその他のプロジェクトコストも存在するのである。プロジェクト会社がリスクをとらない以上、これら設計費用やその他のプロジェクトコストについてもホスト国・オフテイカーがプロジェクト会社に対して補償する必要がある。さらに、たとえば自然災害により出来高がまったく存在しない場合、出来高が存在しないことから時価がゼロになる場合ではホスト国・オフテイカーがリスクをとったことにならない。その意味で、「買取」価格は出来高の「時価」を意味するものではない。あくまでも「買取」は、ホスト国・オフテイカーがリスクをとること（すなわち、プロジェクト会社が事業契約解約までおよび事業契約解約に関して現に負担した支出を補償すること）の便宜的な方法でしかないのである。出来高の「時価」以上の金額を支払うのは、対価性がないことから適切でないと主張する者もいるかもしれない。しかしながら、法令変更や不可抗力事由の発生により事業契約が解約された場合にプロジェクト会社にいくら支払うかは、事業契約全

体のリスク分担のなかで決まることであり、その意味で対価性は事業契約全体で判断すべきものである。事業契約解約時の出来高の部分だけを切り出して対価性がないと主張することには、合理性はないのである。

　このリスクが問題となる2つ目の場合は、事業契約上プロジェクト会社が履行すべき義務に関して、当該リスクによりプロジェクト会社による当該義務の履行が不可能にはならないがプロジェクト会社に追加の費用が発生する場合[34]である。このリスクも、前述①のとおり、ホスト国・オフテイカーがとることになる。

　この場合の問題点は、いつホスト国・オフテイカーが当該増加費用分をプロジェクト会社に支払うかである。4⑾で前述したとおり、プロジェクト会社はお金のない会社で、なんらかの費用を支払う場合には、基本的にはホスト国・オフテイカーからの支払のみが当該費用を支払うための原資となるのである。このことから、プロジェクト会社が当該増加費用を実際に支払う時までにホスト国・オフテイカーがプロジェクト会社に対して、当該増加費用分を支払う必要があるのである。そうでない場合には、プロジェクト会社はプロジェクト会社が当該増加費用を実際に支払う時からホスト国・オフテイカーがプロジェクト会社に対して、当該増加費用分を支払う時までのつなぎの資金調達をしなくてはいけないことになる。実務的にはスポンサーによる劣後ローンによる資金調達となることが多いと想定されるが、少なくともプロジェクト会社には資金調達コストが発生するのであり、この場合、ホスト国・オフテイカーは当該資金調達コストも負担する必要があることになる。すなわち、ホスト国・オフテイカーがプロジェクト会社に対して当該増加費

---

[34] なお、日本のPFIでは、法令変更リスクや不可抗力事由リスクにより（プロジェクト会社ではなく）ホスト国・オフテイカーに増加費用が発生した場合にSPCがその一部を負担することが主張されることがある。しかしながら、このリスクは従来の公共事業で行った場合、ホスト国・オフテイカーが負担するリスクであり、そのリスクを民間事業者に負担させてもVFMが出ない（減少する）だけであり、民間事業者にもホスト国・オフテイカーにもメリットはないことである。したがって、法令変更リスクや不可抗力事由リスクによりホスト国・オフテイカーに発生した増加費用は、100％ホスト国・オフテイカーが負担すべきである。

用分をタイムリーに支払うことができない場合、その分ホスト国・オフテイカーの負担が増えることになる。ホスト国・オフテイカーの立場からすると、予算措置を講じないと当該増加費用分を支払うことができないのかもしれない。しかしながら、予算措置は、通常はホスト国・オフテイカーの内部手続の問題でしかない。その意味で、ホスト国・オフテイカーがプロジェクト会社に対して当該増加費用分をタイムリーに支払わないことによるホスト国・オフテイカーのメリットが本当に当該資金調達コストを負担してもあるのか、慎重に検討されなくてはならない。

③ マーケット・リスク

前述4(9)のとおり、資源・インフラPPPプロジェクトは、民間事業者がマーケット・リスクをとるか否かで、マーケット・リスク・テイク型および利用可能状態に対する支払型の2種類のプロジェクトに大別される。民間事業者がマーケット・リスクをとらない場合には、民間事業者は事業契約で規定された物・サービスを提供できる状態にしていれば、いわゆるアベイラビリティ・フィーをホスト国・オフテイカーから満額受領することができることになる。他方、民間事業者がマーケット・リスクをとる場合には、通常、民間事業者が提供する物・サービスの対価は、その物・サービスの提供を実際に直接受けた者から支払われることになり、ホスト国・オフテイカーからの支払はないことになる。

ここで重要なのは、マーケット・リスク・テイク型の資源・インフラPPPプロジェクトは一般的にむずかしいということが常識であるということである。特に、マーケット・リスクというものはその原因を特定することが容易でなく、その意味で不可抗力事由により物・サービスが売れなくても民間事業者がそのリスクをとらなくてはならないのである[35]。これは教科書的に民間事業者がマーケット・リスクをとる型ととらない型とを並列的に説明して

---

[35] なお、不可抗力事由が原因で施設が物理的または機能的に使用できないことにより物・サービスが売れないリスクはマーケット・リスクではないことに留意する必要がある。

いるだけではわからないことである。他方、いわゆるシャドー・トール(shadow toll)[36]のようなものがとられない限り、マーケット・リスク・テイク型の資源・インフラPPPプロジェクトでは、前述のとおりホスト国・オフテイカーからの支払はないことになる。これは、財政的に余裕のないホスト国・オフテイカーがインフラ事業を行っていくうえではきわめて魅力的に映るものである。そして、ホスト国・オフテイカーに助言するコンサルタントによってはこの魅力を過度にアピールして、資源・インフラPPPプロジェクトを組成している場合もあるのである。もちろん、マーケット・リスク・テイク型の資源・インフラPPPプロジェクトがすべて無理なものとして否定するつもりはない。しかしながら、マーケット・リスク・テイク型の資源・インフラPPPプロジェクトで失敗している例も、日本における過去のPFIも含め、少なからず存在するのもまた事実である。そもそも長期の期間でどのくらいの需要が確実にあるかを客観的に予想することは、一般的にむずかしいものである。

　一般論としていうのであれば、インフラPPPプロジェクトの場合、マーケット・リスクをとることができるのは、経済も成長し、人口も増えているような地域におけるインフラPPPプロジェクトである。また、英国における初期のPFIでロンドン中心部と近郊とを結ぶトラムのPFIが存在したが、その場合、当該ロンドン中心部と近郊を結ぶ交通機関はほかに設置しないとの取決めが存在した。このように、具体的なインフラPPPプロジェクトの位置づけが決まらないと、民間事業者もマーケット・リスクをとることができるか否かの判断ができないのである。

　近時、日本でも、いわゆるコンセッションの導入に伴い、空港PFI等のマーケット・リスク・テイク型のインフラPPPプロジェクト導入の議論が

36　たとえば、高速道路のプロジェクトでは、通常であれば、通行料金は高速道路の利用者からとる。しかしながら、この通行料金を利用者からとることはせず、かわりに通行量に応じてホスト国が支払う場合がある。このホスト国が支払う通行料金をシャドー・トールという。

盛んになっている。しかしながら、そこでは、そもそもマーケット・リスク・テイク型の資源・インフラPPPプロジェクトは一般的にむずかしいということが常識であることがあまり理解されていないのではないか。また、たとえば、空港PFIであれば、そもそもPFIでやることの前提として、その空港が日本やアジアにおいてどのような位置づけの空港であるのか（ハブであるのか否か、ハブにするのであれば国のほうで具体的にどのような施策を講じるのか、国と地方との関係をどうしていくのか等）をまず国のほうで決める必要があるのである。そうでなければ、合理的な民間事業者であれば、マーケット・リスクをとることができるか否かの合理的な判断はできないのであり、そのようなインフラPPPプロジェクトには参画しないのである[37]。

　さらに、たとえば、2008年のグローバル・ファイナンシャル・クライシスの時に多くの資源・インフラPPPプロジェクトに問題が生じた。そのときにはグローバル・ファイナンシャル・クライシスが100年に一度の例外的なものであることがいわれた。しかしながら過去の経験からすれば、危機はそれなりの頻度で発生するのである。アジアでもグローバル・ファイナンシャル・クライシスの約10年前の1997年6月にアジア通貨危機が発生した。他方、資源・インフラPPPプロジェクトの事業期間は通常10年超である。そういう意味で、資源・インフラPPPプロジェクトではその事業期間中に一度は危機は発生すると考えたほうがいいのかもしれない。したがって、民間事業者は需要予想については慎重に行う必要があるとともに、このような資源・インフラPPPプロジェクトの本質的な問題に対するホスト国・オフテイカーのサポート対応をあらかじめ事業契約で規定することも考えられる。

④　**民間事業者のリスク対処方法と完工リスク**

　②(A)で前述したとおり、資源・インフラPPPプロジェクトで完工リスクは民間事業者がとるべきリスクであり、民間事業者が完工リスクをとることが

---

[37] なお、空港の位置づけの重要性およびポリティカル・リスクが実際に発生した場合に生じる問題を示す例として、フィリピンのマニラ国際空港第3ターミナルプロジェクトがある。前掲加賀『国際インフラ事業の仕組みと資金調達』273～276頁参照。

できないのであれば、そもそもそのようなプロジェクトは資源・インフラPPPプロジェクトとしては行うことができないものである。また、②(B)で前述したとおり、民間事業者が完工リスクをとるといっても、法令変更リスクや不可抗力事由リスク等はホスト国・オフテイカーがとることになる。問題は、民間事業者の帰責事由で完工しなかった場合の民間事業者のリスクのとり方に関連して、ホスト国・オフテイカーのほうでなんらの手当をしなくてもいいのかである。これに関しては、民間事業者が完工リスクに対処する方法としてどのような方法をとるかが問題となる。

たとえば、ケース②では、事業契約上は1,000MWの天然ガス焚き発電所の完工リスクはプロジェクト会社Yが負っている。もし1MWでも性能を充足しなければ完工せず、オフテイカーXがプロジェクト会社Yに帰責事由があるとして事業契約を解約することができるとしたら、プロジェクト会社Yはこの完工リスクに対してどのような対応方法をとるのであろうか。合理的なプロジェクト会社（またはEPC契約で当該完工リスクを負っているEPCコントラクター）であれば、バッファをとって1,000MWより少々多めの発電能力を有する発電所を完工させることを目標とすることにより、この完工リスクに対応することになる。この対応方法が意味するところは、その分完工に係るコストが上昇することになり、最終的にはその分ホスト国・オフテイカー（物・サービスの提供を実際に直接受けた者）がプロジェクト会社に対して支払う対価が高くなることであり、その分VFMは出ない（低くなる）ことである。

ホスト国・オフテイカーの側で1,000MWから1MWでも少なくなるとホスト国・オフテイカーの公共側の目的が達成できないような場合であれば、1MWでも性能を充足しなければホスト国・オフテイカーが事業契約を解約する権利を有することには合理性があることになる。しかしながら、通常は1MWでも少なくなるとホスト国・オフテイカーの公共側の目的が達成できないことは想定できない。そうであるならば、むしろ、一定の性能（たとえば、1,000MWの95％）を充足すれば完工として認め（したがって、ホスト

国・オフテイカーが事業契約を解約する権利を有しない)、後は未充足分についてアベイラビリティ・フィーを減額することが考えられる。ホスト国・オフテイカーの側でこのような完工リスクに対する対応方法をとれば、バッファをとって1,000MWより少々多めの発電能力を有する発電所を完工させる必要はなく、当初から1,000MWの発電能力を有する発電所を完工させることを目標として、その分VFMが維持される(低くならない)ようにすることができるのである。

このように民間事業者がリスクをとる項目でも、ホスト国・オフテイカーの側で、民間事業者のリスクの対処方法に応じて、その内容を工夫すべき事項も存在するのである。そして、これは民間事業者よりホスト国・オフテイカーにとって、より利益になることであることに留意する必要がある。

⑤ 不可抗力事由リスク

①で前述したとおり、不可抗力事由リスクは、民間事業者がこのリスクをとるよりVFMが出ない(低くなる)ことになる可能性があることから、理論上ホスト国・オフテイカーがとるべきリスクである。他方、国によっては、不可抗力事由でも一定の場合、民間事業者がコントロールできる場合があり、その場合は民間事業者が当該不可抗力事由リスクをとるべきであると説明される。

たとえば、Standardisation of PFI Contracts Version 4 では、不可抗力事由の対象となる事由を、不可抗力事由と救済事由(Relief Event)に分けて規定されている。そして、不可抗力事由の場合には、基本的には事業契約の解約となり、当該事由により発生した民間事業者の増加費用はホスト国・オフテイカーが負担するというものである。他方、救済事由の場合には、民間事業者は救済事由による事業契約上の民間事業者の義務は免除されるが、民間事業者は当該事由により発生した増加費用に関しては、当該リスクは民間事業者がコントロール可能であることから、民間事業者が負担することが述べられている。

他方、大陸法の国の一部では、不可抗力事由とは、一定の債務の不履行と

の関係で概念されるもの（債務不履行の責任を負わず、かつ義務の履行が免除されるか否かの要件の1つ）であり、かつ当該債務の債務者（および債権者双方）に帰責事由がない事由が不可抗力事由として定義されるのではないか。そうであれば、一方で事業契約上の民間事業者の義務は免除されるか否かは不可抗力事由の有無だけで判断されることになる。他方、民間事業者の債務の不履行にはならないが増加費用が発生する場合については、不履行がないことから、債務の不履行との関係で概念される不可抗力事由をそのまま適用されるかについては、別途検討する必要があろう。

このように不可抗力事由といっても、その考え方はホスト国の民事法で差があることから、各国において不可抗力事由をどう規定するかについては十分な検討が必要となるのである。

⑥　ポリティカル・リスク

資源・インフラPPPプロジェクトにはさまざまなリスクがあるが、そのなかで特に新興国・発展途上国において注意しなくてはいけないリスクの1つにポリティカル・リスクがある。ポリティカル・リスクといっても、政治暴力リスクから契約違反リスク、許認可取消しリスク、外為取引（為替）リスク、法令変更リスクとさまざまな種類のリスクがあり、またホスト国の発展度合い等によってもその強弱がある。ポリティカル・リスクは当然のことながら民間事業者にコントロールできるものではなく、したがって、ホスト国・オフテイカーが負うべきリスクである。

事業契約でもポリティカル・リスクはホスト国・オフテイカーが負うことが規定されるべきものである。しかしながら、事業契約上ホスト国・オフテイカーがポリティカル・リスクを負担することが規定されていても、民間事業者がポリティカル・リスクに無関心であっていいということを意味するものではない。また、そもそも事業契約でリスク分担を規定することができないポリティカル・リスクもある。たとえば、ホスト国・オフテイカーが事業契約に違反した場合、プロジェクト会社は最終的には裁判で権利実現をすることになるが、まず、そもそも訴訟提起すること自体が実務上むずかしい場

合も想定される。また、ホスト国の裁判制度に公平な裁判が期待できるとは限らない。紛争解決手段を第三国の裁判や仲裁としても、最終的にその執行の段階になれば、ホスト国・オフテイカーの資産があるのがホスト国だけであるならば、やはりホスト国の裁判所による執行が必要となり、公平な執行が期待できるとは限らないのである。

　ポリティカル・リスクを軽減するきわめて有効な手段の１つが輸出信用機関（Export Credit Agency；ECA）[38]や国際開発金融機関（Multilateral Development Bank；MDB）[39]が資源・インフラPPPプロジェクトに関与することである（ホスト国・オフテイカーが事業契約を遵守しないと、ECAやMDBが債権回収できないことになり、国際問題となることから、ポリティカル・リスクの軽減策となる）。しかしながら、これで十分ということではない。目の前にある個々の具体的な資源・インフラPPPプロジェクトが、本当に客観的にホスト国の国民のためになるプロジェクトであるかの見極めが重要になるのである。10年超の事業期間においては、さまざまな危機を含め、プロジェクトが嵐にあう場合も当然に想定される。この場合、限られたリソースのなかでホスト国はプライオリティをつけなくてはいけないのであり、国民のことを真に思うホスト国であれば、本当に国民のためになる公共性の高いプロジェクトの継続を優先させるのである。事業契約でいくらホスト国・オフテイカーが支払うと規定されていたとしても、本当に国民が利用しない物・サー

---

[38] 輸出信用機関とは、各国の公的な金融機関であり海外との輸出入や投資を促進する目的で設立されたものを意味する。名称に輸出だけが入っているが輸出に限定されない。米国における合衆国輸出入銀行（Export-Import Bank of the United States；Ex-im Bank）や日本における株式会社国際協力銀行（Japan Bank for International Cooperation；JBIC）や独立行政法人日本貿易保険（Incorporated Administrative Agency, Nippon Export and Investment Insurance；NEXI）がこれに当てはまる。

[39] 開発を目的として貸付等を行う複数の国により設立された国際金融機関を意味し、世界銀行（World Bank）に属する国際復興開発銀行（International Bank for Reconstruction and Development；IBRD）および国際金融公社（International Finance Corporation；IFC）、アジア開発銀行（Asian Development Bank；ADB）、ならびに欧州復興開発銀行（European Bank for Reconstruction and Development；EBRD）等がこれに当てはまる。

ビスは、ホスト国の国民から支持されることはないのである。4(7)(ii)で前述したとおり、スポンサーは、このような資源・インフラPPPプロジェクトのホスト国における正当性を十分に検討する必要があるのであり、逆にいえば、そのような事項を検討・評価できる民間事業者でなければ、資源・インフラPPPプロジェクトに参画しても失敗する可能性があるのである。

　日本のPFIでは、このような公共性は公共側が考えればいいことであり、国・地方公共団体が入札にかけた案件は、現実に公共性があるか否かは関係なく、民間事業者は事業契約で規定された内容だけを実現すればよく、このような事柄に関しては無関心であっていいとの傾向があると思われる。これは建設期間の建設を対象とした事業に関する発想ではないか。しかしながら、資源・インフラPPPプロジェクトの運営期間は十数年に及ぶのであり、O&Mオペレーターからすれば無関心ではいられないのである。現に、過去10年の日本のPFIにおいてもポリティカル・リスクがあり、たとえば、首長が交代しただけでPFIプロジェクトが否定されることがあることを経験してきた。ポリティカル・リスクが顕在化したら、事業契約でどう規定されていてもなかなか民間事業者に発生したすべての損害を公共側に負担してもらうことができないのではないか。そういう意味で、たとえば単に病院だから単純に高度の公共性があると判断するのではなく、その内容が具体的に真に国民にとって客観的に必要な物・サービスであるかを民間事業者も判断する必要があるのである。

(ii)　事業契約上の対価

①　マーケット・リスク・テイク型の場合の対価

　前述4(9)のとおり、資源・インフラPPPプロジェクトは、マーケット・リスク・テイク型と利用可能状態に対する支払型とに大別される。マーケット・リスク・テイク型の資源・インフラPPPプロジェクトの場合、プロジェクト会社は物・サービスの提供を受けた者から対価を得ることになる。この対価は、資源・インフラPPPプロジェクトの入札段階でプロジェクト会社が

応札の条件に入れ、それが事業期間中適用されることになることが考えられる。

　なお、**第Ⅰ編3(1)(i)**で前述したとおり、「事業権」を付与するプロジェクトは、マーケット・リスク・テイク型である。もし「事業権」付与を有償で行い、その有償の価格を応札の条件とした場合には、「事業権」付与の価格が物・サービスの提供を受けた者から受け取る対価に反映されることになり、「事業権」付与の価格によっては、物・サービスの提供を受けた者が受益者負担以上の負担を強いられるリスクがあることに留意する必要がある。また、そもそも「事業権」付与の価格と物・サービスの提供を受けた者から受け取る対価の価格双方が応札の条件となった場合、両者を合理的に審査する基準が本当に設定できるのであろうか。この観点から、「事業権」を付与するプロジェクトをインフラPPPプロジェクトに導入する場合には、慎重な検討が必要となるのである。

(2) 利用可能状態に対する支払型の場合の対価

　前述4(9)(ii)のとおり、利用可能状態に対する支払型の資源・インフラPPPプロジェクトでは、要求水準で規定された一定の利用可能状態が達成・維持されるとオフテイカーがプロジェクト会社に対して「満額」支払い、当該利用可能状態が達成・維持できないときは、できない割合に応じてプロジェクト会社に対する支払が減額される。オフテイカーからプロジェクト会社への支払は、大別して(A)アベイラビリティ・フィー（Availability Fee）（キャパシティ・フィー（Capacity Fee））と(B)ユーセージ・フィー（Usage Fee）からなる。アベイラビリティ・フィーは、プロジェクトが利用可能状態であるか否かにより支払われる対価であり、ユーセージ・フィーはプロジェクトを実際に利用した量に応じて支払われる対価である。アベイラビリティ・フィーは実際に提供された物・サービスの量にかかわらず支払われ、これにより固定費がまかなわれることから、これにより、プロジェクト会社はマーケット・リスクをとらないことになる。

　利用可能状態に対する支払型の資源・インフラPPPプロジェクトでは、プ

ロジェクト会社の帰責事由により要求水準で規定された一定の利用可能状態が達成・維持されないと、達成されない割合に応じてアベイラビリティ・フィーが減額されることになる。したがって、要求水準で規定された一定の利用可能状態が達成・維持できているか否かが重要なポイントとなる。このためには、当該要求水準で規定された一定の利用可能状態というものが客観的に判断できるものである必要があるのである。そして、資源・インフラ PPP プロジェクトは運営のプロジェクトであることから、運営で要求される要求水準で規定された一定の利用可能状態がその対象となるのである。この客観的な判断から、数値化して判断する必要があり、このことから、まさに性能発注・アウトプット仕様がこの要求水準で規定された一定の利用可能状態を示すものとなるのである。逆にいえば、資源・インフラ PPP プロジェクトに単なるプロジェクトの維持しか含まれていない場合、プロジェクトの維持について要求水準で規定された一定の利用可能状態を達成・維持されているか否かを客観的に数値化して判断することは、理論的にも、実務的にも困難なのではないか。

　なお、資源・インフラ PPP プロジェクトでは、民間事業者が運営リスクをとることになる。これが意味するところは、プロジェクト会社の帰責事由により要求水準で規定された一定の利用可能状態が達成・維持されない場合に、プロジェクト会社が運営リスクをとることである。そして、これは当該要求水準が達成されない割合に応じてアベイラビリティ・フィーが減額されるという形式をとることになる。これが意味することを後述の(ⅲ)①で説明する。

③　**利用可能状態に対する支払型の場合の事業契約上の対価の特殊性**

　なお、4(10)で前述したとおり、資源・インフラ PPP プロジェクトでは事業期間中、事業が固定化されるのであり、途中で事業内容が変更されることはないのである。これに関連して、資源・インフラ PPP プロジェクトの事業期間中に事業の変更をする場合に、どのように事業契約上の対価を変更することが適切かが議論されることがある。そもそも資源・インフラ PPP プロ

ジェクトの事業期間中に事業の変更をすること自体適切ではなく、したがってどのように事業契約上の対価を変更することが適切かを議論すること自体、適切ではない。しかしながら、ここで問題としたいのは、事業契約上の対価を変更することの適切性の実際の議論の具体的な内容が、利用可能状態に対する支払型の場合の事業契約上の対価の特殊性を理解していない、したがって、資源・インフラPPPプロジェクトの本質を理解していないものであるということである。

　まず、事業に関して量的に増減があった場合はどうなるのか。たとえば、2名分の人件費をもとに事業契約上の対価が決まっていた場合、事業の量が20％増加したからといって人件費を20％増加すればいいというものではない。増加した量に対応するためにはフルタイムで勤務する3名で対応する必要がある場合には、人件費の増加分は50％となるのである。

　さらに、事業契約上の事業が質的に増加した場合、その事業契約上の対価をどうやって適切に決めるのであろうか。類似の事案の対価を基準に決めるとの議論もあるが、そもそも対価とは、スポンサーそれぞれによって正当化できる価格に差があるのである。まさにVFMとEquity-IRRとの対比で決める必要があり、類似の事案の対価は客観的な基準とはなりえないのである。さらに当該類似の事案が資源・インフラPPPプロジェクトでない場合、資源・インフラPPPプロジェクトにおける事業契約上の対価の特殊性も反映されないこととなり、この観点からも類似の事案の対価は客観的な基準とはなりえないのである。資源・インフラPPPプロジェクトにおける事業契約上の対価は、あくまでもスポンサー選定の段階の競争入札により正当化できるのであり、それ以外の方法で対価を正当化することは理論的にはできないのである。

　たとえば、利用可能状態に対する支払型の資源・インフラPPPプロジェクトの場合においては、類似の事業の対価を基準として変更された事業における対価を決めることが適切であるとの主張がなされることがある。これは素人的感覚からすれば決して不合理なものとは感じられないのかもしれない。

しかしながら、そもそも事業契約上の対価は、具体的な事業内容（そのリスクの種類および内容を含む）により異なり、さらにその内容に対する対価が正当化できるか否かはスポンサーによって異なるのである。逆にいえば、これがスポンサーによって異なるからVFMが出る（高くなる）のである。したがって、そもそも類似の事業における対価は客観的に適切と判断する基準たりえないのである。

　さらに、利用可能状態に対する支払型の場合の資源・インフラPPPプロジェクトにおいては、事業期間中、事業契約上の対価は原則として変更されないのである。まさに10年超の期間、対価が固定化されるのである。他方、通常の事業において対価が長期間固定化されることはありえない。たとえば、対価以外の条件が基本契約で決まっていても、毎年あるいは数年ごとに対価の改定の交渉がなされるのである（逆にいえば、対価の合意ができなければ、当該事業はその時点で終了するのである）。これは、対価は、マーケットの状況、物価水準、法令変更等、事業の当事者ではコントロールすることのできない事由により異なるからである。通常の案件であれば、民間事業者は、対価を変更し、事業をやめ、あるいは他の事業をやることにより、これらのリスクに対応するのである。しかしながら、資源・インフラPPPプロジェクトにおいては、民間事業者は、長期間対価を固定し、事業をやめる自由もなくまた別の事業を始める自由もない、いわば両手両足を縛られた状態なのである。その意味で、両手両足を縛られていない通常の民間事業者と同列に議論することはできないのである。逆にいえば、資源・インフラPPPプロジェクトで長期間対価を固定できるのは、民間事業者が民間事業者でコントロールすることのできるリスクしか負っておらず、その他のリスクは負っていないからである。その意味で、利用可能状態に対する支払型の資源・インフラPPPプロジェクトの場合の事業契約上の対価は、通常の事業における対価とは異なる特殊性があるのである。したがって、類似の事業が資源・インフラPPPプロジェクトでない場合には、そもそも対価を決める基準がまったく異なるのであり、当該類似の事業の対価を事業契約上の対価を変更する際の基

準とすることにはなんらの合理性もないのである。

(iii) 利用可能状態に対する支払型におけるプロジェクト会社のリスクの負い方

① 運営期間における運営リスクの負い方

3(2)(vi)で前述したとおり、運営リスクとは、具体的には、「民間事業者のホスト国・オフテイカーに対する金銭的な関係」の問題および「民間事業者の会社内部での費用の負担」の問題として現れる。このうち、まず、「民間事業者のホスト国・オフテイカーに対する金銭的な関係」に関して詳述する。

運営期間における運営に関して、プロジェクト会社がその帰責事由により事業契約で規定された要求水準で規定された一定の利用可能状態が達成・維持されないこと（事業契約で規定された物・サービスを提供できる状態にないこと）は、プロジェクト会社による事業契約上の債務不履行を意味する。民事法の一般原則からすれば、プロジェクト会社は、当該債務不履行によりホスト国・オフテイカーが被った損害をホスト国・オフテイカーに対して賠償する義務を負うことになる。たとえば、ケース②の場合、プロジェクト会社YがYの帰責事由により電力売買契約で規定された量の電力を発電できる状態にないのであれば、Yはそれによりオフテイカー X が被った損害を X に対して賠償する義務を負うことになる。そこで、この損害賠償責任と(ii)②で前述したアベイラビリティ・フィーの減額との関係が問題となる。

まず、この損害賠償責任と(ii)②で前述したアベイラビリティ・フィーの減額双方をプロジェクト会社が負担するとなるとどうなるのであろうか。少なくともプロジェクト会社が損害賠償責任を負えば、ホスト国・オフテイカーにはそれ以上の損害はないのであるから、アベイラビリティ・フィーの減額がなされる合理性があるのかきわめて疑問である。この点、アベイラビリティ・フィーの減額は損害賠償の予約であり、それ以上にホスト国・オフテイカーに損害があれば、プロジェクト会社は賠償責任を負うべきとの反論があるかもしれない。しかしながら、そもそもそのような損害賠償の予約をす

る合理性がどこにあるのであろうか。

　4(11)で前述したとおり、そもそもプロジェクト会社はお金のない会社なので、いくらプロジェクト会社に対して損害賠償を支払えと事業契約で規定しても、実効性はないのである。また、このことは、3(2)(iv)で前述した資源・インフラPPPプロジェクトの本質である「投資」における有限責任からも帰結される。資源・インフラPPPプロジェクトにおいて民間事業者がとっているリスクは、投資した金員が戻ってこないリスクであり、投資した金員はプロジェクトコストの支払に充てられることから、民間事業者は金員の支払義務として運営リスクをとっていることはないのである。

　この支払原資がないことおよび運営リスクの客観化・数値化の観点から、利用可能状態に対する支払型の資源・インフラPPPプロジェクトにおけるプロジェクト会社の運営リスクの負い方は、あくまでもアベイラビリティ・フィーの減額というかたちになっているのである。

　なお、この支払原資がないことに対しては、アベイラビリティ・フィーの減額後のプロジェクト会社のホスト国・オフテイカーに対するアベイラビリティ・フィー請求権とホスト国・オフテイカーのプロジェクト会社に対する損害賠償請求権を相殺することができ、その限りで支払原資は存在するとの反論も考えられる。しかしながら、そうであれば、そもそもアベイラビリティ・フィーの減額という運営リスクの客観化・数値化の手法をとる必要はないのである。逆にいえば、運営リスクの客観化・数値化の手法により、民間事業者はリスク・リターンの関係を考慮してアベイラビリティ・フィーを提示することができるのであり、それによりVFMが出る（増加する）ことになるのである。

　このことは、利用可能状態に対する支払型の資源・インフラPPPプロジェクトがプロジェクト会社の帰責事由その他プロジェクト会社側の問題で終了した場合にも当てはまる。すなわち、運営期間中にプロジェクト会社の帰責事由その他プロジェクト会社側の問題で事業契約が終了した場合、一般的には、当該終了によりホスト国・オフテイカーが被った損害をプロジェクト会

社が賠償することになるが、資源・インフラ PPP プロジェクトではプロジェクト会社には当該損害を賠償する金員は存在せず、またこれでは運営リスクの客観化・数値化がなされないことになる。このことから、事業契約の終了時にホスト国・オフテイカーがプロジェクト会社に支払うプロジェクトに係る施設の買取価格（通常であれば、未払いのアベイラビリティ・フィー（の現在価値化したもの））について一定の割合（たとえば30％）を控除する形式により、利用可能状態に対する支払型におけるプロジェクト会社に運営リスクを負わせているのである。

なお、O&M 契約で O&M オペレーターに事業契約上のプロジェクト会社の損害賠償責任を負わせればいいとの反論があるかもしれないが、3(2)(vi)で前述したとおり、これは資源・インフラ PPP プロジェクトの本質に反することである。また、民事法では、プロジェクト会社が債務不履行をすれば、プロジェクト会社にはホスト国・オフテイカーが実際に被った損害を賠償する義務があるとの反論もあるかもしれない。しかしながら、3(2)(vi)で前述したとおり、契約自由の原則に従って、事業契約の内容を資源・インフラ PPP プロジェクトの理論に合致したものにすることが必要なのであり、その限りで民事法の任意規定の存在を理由に資源・インフラ PPP プロジェクトの理論を否定することは本末転倒である。

次に、運営リスクのうち、「民間事業者の会社内部での費用の負担」に関してであるが、これは前述 3(2)(vi)②で説明したとおり、プロジェクト会社（実質的には O&M オペレーター）の帰責事由により当初予定していた O&M 業務に係る費用より多額の O&M 業務に係る費用がかかるリスクが問題となる。そして、当該増加分は実際には O&M オペレーターに発生し、その分は直接はプロジェクト会社が負担する。ただし、その負担の原資はスポンサーに対する配当等しかない。そして、オーナーオペレーターの原則から、スポンサーと O&M オペレーターは基本的には同一法人であることから、結局は、当該スポンサー兼 O&M オペレーターに対する支払の名目が配当等から O&M 業務に係る費用増加分に変わるだけとなるのである。

② 設計・建設期間における完工リスクの負い方

次に、プロジェクトの完工リスクも、具体的には、「民間事業者のホスト国・オフテイカーに対する金銭的な関係」の問題および「民間事業者の会社内部での費用の負担」の問題として現れる。このうち、まず、「民間事業者のホスト国・オフテイカーに対する金銭的な関係」に関して詳述する。

プロジェクトの完工までに、プロジェクト会社の帰責事由により要求水準で規定されたとおりにプロジェクトが完工しないことも、プロジェクト会社による事業契約上の債務不履行を意味する。しかしながら、この場合もプロジェクト会社には資力がないことから、単に損害賠償責任を負わせても実効性はないことになる。また、運営リスクと同様、完工リスクについても客観化・数値化の手法がとられる。これにより、民間事業者はリスク・リターンの関係を考慮してアベイラビリティ・フィーを提示することができるのであり、それによりVFMが出る（増加する）ことになるのである。

これらのことから、通常では、事業契約において、プロジェクト会社の帰責事由でプロジェクトが一定の期日までに完工せずホスト国・オフテイカーが事業契約を解約した場合のプロジェクト会社の責任について、一定の具体的な金額の損害賠償の予約（予定損害賠償）を規定し、かつホスト国・オフテイカーは当該損害賠償の予約の金額に相当するstandby L/Cやbondのような銀行の支払保証を取得して、当該損害賠償の予約の金額を得ることができるようにしている。通常はスポンサーがその信用力を使って当該銀行の支払保証をホスト国・オフテイカーに対して提供する。したがって、スポンサーからすれば、当該銀行の支払保証の提供は追加のコストであり、その金額はマーケットの水準に依拠したものである必要がある。そうしないと、このコストは当然アベイラビリティ・フィーの金額に反映されるのであり、不合理に高い金額とするとVFMが出ない（低くなる）ことになり、国民のためにならないリスクがあることになるのである。なお、プロジェクト会社としては、当該損害賠償の予約はEPCコントラクターの帰責事由で発生することから、このリスクをEPCコントラクターにパス・スルーさせ、EPC契約におい

て、プロジェクト会社が当該損害賠償の予約をホスト国・オフテイカーに対して支払う場合において、EPC コントラクターに対して当該損害賠償の予約に相当する金額の損害をプロジェクト会社に対して賠償する義務を負わせることになる。EPC コントラクターに当該損害賠償の予約の義務を課していながら、ホスト国・オフテイカーが当該損害賠償の予約の金額に相当する standby L/C や bond のような銀行の支払保証を要求するのは、3(2)(vi)②で前述したとおり、EPC 契約で EPC コントラクターに対してその分責任を負わせていることには依拠できないからである。逆にいえば、この standby L/C や bond のような銀行の支払保証を要求している実務自体、ホスト国・オフテイカーとしては、EPC 契約や O&M 契約の内容に依拠することができないことの表れなのである。

　なお、最終的にプロジェクト会社の帰責事由により要求水準で規定されたとおりにプロジェクトが完工しないか否かはともかく、プロジェクト会社の帰責事由により事業契約で予定された完工予定日までにプロジェクトが完工しないリスク（完工遅延リスク）も存在する。この場合も、リスクの客観化・数値化の観点から、事業契約においてプロジェクト会社が損害賠償の予約をホスト国・オフテイカーに対して支払う義務を規定し、かつ 1 日遅延した場合の損害賠償の予約の金額を規定し、実際に遅延した日数に応じて損害賠償の予約の金額が具体的に算出できるように規定される。そして、プロジェクトが完工しないリスクの場合と同様、プロジェクト会社としては、当該完工遅延による損害賠償の予約は EPC コントラクターの帰責事由で発生することから、このリスクを EPC コントラクターにパス・スルーさせ、EPC 契約において、プロジェクト会社が当該損害賠償の予約をホスト国・オフテイカーに対して支払う場合において、EPC コントラクターに対して当該損害賠償の予約に相当する金額の損害をプロジェクト会社に対して賠償する義務を負わせることになる。なお、ホスト国・オフテイカーはこの完工遅延による損害賠償の予約の金額に相当する standby L/C や bond のような銀行の支払保証を取得することは通常ないのではないか。これは、最終的にプロジェ

クトが完工すれば、最終的にプロジェクトが完工しない場合の損害賠償の予約の金額に相当する standby L/C や bond のような銀行の支払保証に依拠でき、逆に最終的にプロジェクトが完工しない場合には、ホスト国・オフテイカーは最終的にプロジェクトが完工しない場合の損害賠償の予約だけで満足するからであろう。

　さらに、(1)(i)④で前述したとおり、当初予定していた性能を充足していないが、一定の性能を充足していたことから完工として認められ、未充足分についてアベイラビリティ・フィーが減額されるリスクが存在する。これもプロジェクトの完工リスクに係る「民間事業者のホスト国・オフテイカーに対する金銭的な関係」の問題である。このリスクも EPC コントラクターが負担するリスクである。そのリスクの負担方法は、(3)(ii)で後述するとおり、EPC コントラクターによるプロジェクト会社に対する損害賠償の予約の支払となる。

　次に、プロジェクトの完工リスクにおける「民間事業者の会社内部での費用の負担」に関して説明する。この点については、まず、運営リスクと同様、プロジェクト会社（実質的には EPC コントラクター）の帰責事由により当初予定していた EPC 業務に係る費用より多額の EPC 業務に係る費用がかかるリスクが問題となる。そして、当該増加分は実際には EPC コントラクターに発生する。しかしながら、運営リスクの場合と異なり、第Ⅰ編3(1)(iii)で前述したとおり、EPC 代金が固定金額であることから、EPC コントラクターがその増加分を負担して、プロジェクト会社には請求しないことになる。これにより、金銭面での完工リスクを EPC コントラクターに負わせているのである。この点は、後述(3)(i)で説明する。

　さらに、プロジェクトの完工リスクにおける「民間事業者の会社内部での費用の負担」に関しては、運営リスクの場合における「民間事業者の会社内部での費用の負担」の場合とは異なるリスクが存在する。そのリスクは、事業契約上の一定の性能（これは EPC 契約における基本仕様に含まれる）は達成しているが、その性能を発揮するために必要な O&M 業務に関係する費用が

想定していた費用より多い場合もある。典型的な例は、(3)(ii)で後述するとおり、ケース②で、1,000MWの性能は達成しているが、そのために必要な天然ガスの量（熱量）が想定していた量より多い場合である。このリスクも完工リスクに含まれるものであり、したがってEPCコントラクターがこのリスクをとることになる。EPCコントラクターの具体的な責任のとり方は、(3)(ii)で後述するとおり、EPCコントラクターによるプロジェクト会社に対する損害賠償の予約の支払となる。

(iv) プロジェクト終了時にプロジェクトに係る施設をホスト国・オフテイカーに譲渡する理由

BOTプロジェクトでは、事業契約で、ホスト国・オフテイカーがプロジェクト終了時にプロジェクトに係る施設を譲り受ける義務が規定される。当該譲受けは無償で行われるのが通常である。そこで、なぜプロジェクト終了時にプロジェクトに係る施設をホスト国・オフテイカーに譲渡するかが問題となる。

この理由は、当該プロジェクトは本来ホスト国・オフテイカーにより提供されるべき物・サービスを提供するプロジェクトであり、当該プロジェクト終了後もホスト国・オフテイカーは当該物・サービスを引き続き提供する必要があるのが通常であることから、当該プロジェクトに係る施設を譲り受けて自らまたは第三者に運営委託して当該物・サービスを引き続き提供するためであると思われる。もちろん、事業契約満期終了時に当該事業契約を更新して、引き続き同じ民間事業者が当該物・サービスを提供し続けることも考えられる。しかしながら、当該更新がなされるか否かは当該更新時のホスト国・オフテイカーと民間事業者の当該更新に係る合意ができるか否かにかかっており、当該合意ができない可能性がある以上、事業契約締結時には当該更新がなされないことを前提とすることになる。他方、当該プロジェクトに係る施設をホスト国・オフテイカーが譲り受けることなく民間事業者に所有させておいても、民間事業者が当該物・サービスを引き続き提供すること

は想定できず、また当該施設を当該物・サービスの提供以外に転用することは通常では考えられない。その意味で、民間事業者としては所有していても意味がなくかえってなんらかの責任を負うリスクを負うだけである。そうであるなら、民間事業者としては当該施設を解体することになるが、そうであれば当該解体の費用も事業契約の対価に含めることになる。そうすると、全体としてプロジェクトのコストが無用に高くなるのであり、ホスト国・オフテイカーの観点からもあまり適切ではないことになるのである。

さらに、運営期間途中でのプロジェクト会社の帰責事由で事業契約が解約された場合、当該施設をホスト国・オフテイカーが譲り受けることにするか否かが問題となる。もし、当該施設をホスト国・オフテイカーが譲り受けることがないとなるとどうなるのか。当然のことながら、ホスト国・オフテイカーはプロジェクト会社に対してなんらかの支払を行うということは想定されないことになる。そうすると、プロジェクト会社は当該施設を所有し続けることになる。他方、民間事業者が当該施設に係る物・サービスを引き続き提供することは想定できず、また当該施設を当該物・サービスの提供以外に転用することは通常では考えられない。そうすると、民間事業者はその時点で未払いのアベイラビリティ・フィーの合計金額に相当する金員の回収ができないことになる。これは金額的にかなり大きなリスクを民間事業者は負うことになる。このような金額的にかなり大きなリスクを民間事業者が負うとすると、その分そのリスクに見合った対価が必要となり、したがって、その分アベイラビリティ・フィーが高くなり、VFMが出ない（高くならない）可能性があるのである。

この点に関連して、事業期間途中でのプロジェクト会社の帰責事由で事業契約が解約された場合でもホスト国・オフテイカーがプロジェクトに係る施設を譲り受ける義務を負うのかが問題となる。なお、「義務」が規定されない場合でも「権利」としては規定すべきである。また、権利の場合も義務の場合も、その譲渡の対価は、(ⅲ)①で前述したとおり、通常であれば、未払いのアベイラビリティ・フィー（の現在価値化したもの）について一定の割合

（たとえば30％）を控除した金額となる。この点については、権利としている事業契約もあれば義務としている事業契約も存在する。義務にすべきか権利にすべきかはなかなかむずかしい問題である。ただし、もしホスト国・オフテイカーの義務として規定されると、少なくとも、プロジェクト会社に帰責事由があるにもかかわらずホスト国・オフテイカーが義務を負うという矛盾した問題が存在する。さらに、もしシニア・レンダーが未払いのアベイラビリティ・フィー（の現在価値化したもの）について一定の割合を控除した金額に相当する金額しかプロジェクトファイナンスのシニア・ローンを行わなかった場合には、プロジェクト会社の帰責事由により事業契約が解約されるというシニア・レンダーがいちばんリスクをとるべき事態でもプロジェクトファイナンスのシニア・ローンは満額弁済されることになる。これはとりもなおさず、当該貸付は、事業リスクをとるプロジェクトファイナンスではなく、単なるホスト国・オフテイカーの支払能力に依拠した担保付コーポレートローンにすぎないことを意味するのである。この場合には、新たなスポンサーによる事業の立直し等、プロジェクトファイナンスのメリットはなんらないことに留意する必要がある。

　なお、日本のPFIでは、PFIの事業契約において、事業契約終了時に施設の瑕疵があれば治癒したうえでホスト国・オフテイカーに譲渡することを義務づけていることがある。しかしながら、要求水準どおりに物・サービスが提供されていればそれ以上にプロジェクト会社に義務を負わせることはできない。また、仮にプロジェクト会社に当該義務を負わせても、その義務を履行する原資（または当該義務違反の場合の損害賠償義務を履行するための原資）は、基本的にはアベイラビリティ・フィーしかない。アベイラビリティ・フィーがプロジェクト会社に対して全額支払われた後であれば、当該支払われた金員はその後時を経ずしてプロジェクト会社から金融機関やプロジェクト会社からの業務の受託者、スポンサーに支払われるので、当該義務を履行するだけの資力はないのであり、その意味で当該義務は画餅に帰すのである。また、最後のアベイラビリティ・フィーの支払を停止しても最後のアベ

イラビリティ・フィー以上の費用が瑕疵の治癒にかかるのであれば、これもまた瑕疵の治癒がなされることは期待できないのである。そもそも民間事業者に事業契約上なんらかの義務を課しても、その義務履行の原資がアベイラビリティ・フィーでしかないのであり、PFI の事業契約における取引は、通常の取引とは本質的に異なるのである。このような実質的に意味のない義務を事業契約に規定することは、一方でスポンサーに不要なリスクを負わせる可能性があり、他方で PFI について専門的な知識のない国民に対してミスリーディングなことをすることになり、公共のあり方として不適切であることに留意する必要がある。

(2) O&M 契約の特徴

第 I 編 3(1)(ii)で前述したとおり、O&M 契約とは、O&M オペレーターが、プロジェクト会社のために、事業契約で規定されたプロジェクトを運営することを内容とする契約であり、事業契約に規定された要求水準に従ってプロジェクトを運営するという O&M オペレーターのプロジェクト会社に対する義務が規定される契約である。ここでは、O&M 契約に従って運営を行うことの「対価」である O&M 業務委託料について説明する。

通常の業務委託契約における業務委託料は、業務の受託者に発生する費用とともに業務の受託者の利益が含まれる。しかしながら、プロジェクトファイナンスの場合、プロジェクトファイナンスのシニア・ローンの元利金が弁済されてからスポンサーは利益を得ることが要求される。これを実現する手段が**第Ⅲ編 4**(2)で後述するウォーターフォール規定である。逆に、プロジェクトファイナンスのシニア・ローンの元利金が弁済される前にスポンサーが利益を得ることは禁止されており、プロジェクトファイナンスのシニア・ローンの元利金が弁済される前にスポンサーが利益を得ることはエクイティ・リーケージ（Equity Leakage）と呼ばれる。

第Ⅲ編 4(2)で後述するとおり、ウォーターフォール規定においては、運営

期間においてプロジェクト会社が受け取る金員は、大別して、①公租公課等、O&M業務委託料、②プロジェクトファイナンスのシニア・ローンの元利金、および③スポンサーへの配当等の優先順位に従って、その支払に充てられる。「スポンサーへの配当等」が「プロジェクトファイナンスのシニア・ローンの元利金」より順位が下位であることは、とりもなおさず「プロジェクトファイナンスのシニア・ローンの元利金が弁済されてからスポンサーは利益を得る」ことを実現する手段となっているのである。

そして、4(1)で前述したとおり資源・インフラPPPプロジェクトは運営が主体であること、および3(2)(ii)で前述したとおり資源・インフラPPPプロジェクトにおける民間事業者の利益は最終的にスポンサーへの配当等の形式で行われることから、運営の利益はスポンサーへの配当等の形式で支払われることになる。他方、O&M業務委託料に含まれる利益は、まさにこの運営の利益である。O&M業務委託料のウォーターフォール規定における順位は、①の順位である。したがって、もしO&M業務委託料に利益が含まれていたら、まさに運営の利益がプロジェクトファイナンスのシニア・ローンの元利金の弁済の順位より上の順位で支払われることになり、エクイティ・リーケージとなるのである。4(2)で前述したとおり、オーナーオペレーターの原則から、スポンサーとO&M契約の業務の受託者であるO&Mオペレーターは同一であることからくる問題なのである。したがって、4(4)(i)で前述したとおり、O&M業務委託料には利益は含まれないのである。

なお、O&M業務委託料に含まれる費用は①の順位の支払に含まれ、プロジェクトファイナンスのシニア・ローンの元利金の弁済の順位より上の順位で支払われるべきものである。この点は、第Ⅲ編4(2)(ii)で後述する。

また、資源・インフラPPPプロジェクトによっては、スポンサー間の利益の調整から、O&M業務委託料の利益部分を劣後O&M業務委託料として位置づけ、②プロジェクトファイナンスのシニア・ローンの元利金の弁済および③スポンサーへの配当等の間の順位の支払とする場合もある[40、41]。

(3) EPC 契約の特徴

　第Ⅰ編3(1)(iii)で前述したとおり、EPC契約とは、EPCコントラクターが、プロジェクト会社のために、事業契約で規定されたプロジェクトを完工することを内容とする契約であり、事業契約に規定された要求水準に従ってプロジェクトを完工するというEPCコントラクターのプロジェクト会社に対する義務が規定される契約である。なお、厳密には、EPC契約には、EPCコントラクターが、プロジェクト会社のために、プロジェクトの操業完工（今日からでも運営を行うことができる状態にすること）を一括して請け負う内容であり、事業契約に規定された完工より多くの事項を完工させる必要がある。ここでは、EPC業務の対価およびEPC契約で通常規定される性能未達に係る損害賠償の予約（liquidated damage）について説明する。

(i) EPC業務の対価

　第Ⅰ編3(1)(iii)で前述したとおり、EPC業務における対価は固定金額である。これが意味することは、EPCコントラクターがEPC業務に係る費用の増加分を負担して、プロジェクト会社には請求しないことである。これにより、プロジェクトの完工リスクのうち民間事業者の会社内部での費用の負担のリスクをEPCコントラクターに負わせているのである。O&M業務に係る費用との違いは、O&M業務はEPC業務と異なり10年超の長い期間を対象とするものであり、その期間のO&M業務に係る費用がどのくらいかかる

40　実務的には、O&M業務委託料のうち、どの部分がO&Mオペレーターに発生する費用でどの部分が運営の利益であるかを明確に区別することは容易なことではない。最終的には独立コンサルタントに判断してもらうのが実務的な解決策である。

41　細かな点であるが、**第Ⅲ編4(2)(v)**で後述するとおり、③スポンサーへの配当等ができるか否かについては、配当等の要件を充足することが要求される。対象となる資源・インフラPPPプロジェクトについて将来運営が適切になされず、プロジェクトファイナンスのシニア・ローンの元利金の弁済がなされないリスクの有無の観点からこの配当等の要件が付されるのであるが、劣後O&M業務委託料も実質的にはスポンサーへの配当等であることから、この配当等の要件が付されるべきものであろう。

かを O&M オペレーター自身も完全コントロールすることは本質的にはできないことである。

(ii) 性能未達に係る損害賠償の予約

(1)(i)④で前述したとおり、事業契約上の一定の性能（これは EPC 契約における基本仕様に含まれる）の未達は、事業契約の解約事由ではなくアベイラビリティ・フィーの減額事由となっている場合がある。ケース②では、1,000MW の性能に係る未達である。また、ケース②で、1,000MW の性能は達成しているが、そのために必要な天然ガスの量（熱量）が想定していた量（これは EPC 契約における基本仕様に含まれる）より多い場合もある。これらは完工リスクであり（ただし、前者は「民間事業者のホスト国・オフテイカーに対する金銭的な関係」の問題および後者は「民間事業者の会社内部での費用の負担」の問題である）、したがって EPC 契約により EPC コントラクターが負っているリスクである。問題は、EPC コントラクターがこのリスクに対する責任をどうとるかである。

この点、プロジェクトファイナンスの観点からすれば、アベイラビリティ・フィーが減額されれば、**第Ⅲ編 4 (3)(iii)①**で後述する DSCR（現実には、ここでは想定 DSCR）の分子の数値が（プロジェクト会社へのキャッシュ・インが減ることにより）減ることになることから、DSCR が減少することになる。また、天然ガスの量（熱量）が想定していた量より多い場合には、同じく DSCR の分子の数値が（運営費用が増額になることにより）減ることになることから、DSCR が減少することになる。

そうすると、少なくともシニア・レンダーの立場からすると、プロジェクトファイナンスのシニア・ローンの元利金の弁済されないリスクが高まることになる。これを回避するためには、DSCR を当初予定された数値に可能な限り戻す必要がある。そのためには、DSCR の分母の数値をその分減少させればいいことになる。この分母を減少させるためには、プロジェクトファイナンスのシニア・ローンの元本金額を減少させればいいことになる。そし

て、これを実現するためには、プロジェクトファイナンスのシニア・ローンの元本をその必要な分期限前弁済すればいいことになる。

　この観点から、DSCR を元に戻すのに必要とする期限前弁済すべきプロジェクトファイナンスのシニア・ローンの元本の金額に相当する金員を、EPC コントラクターがプロジェクト会社に支払うことが必要となるのである。したがって、その支払を EPC 契約上の損害賠償の予約という形式で行うことになるのである。当然のことながら、当該損害賠償の予約という形式で EPC コントラクターが当該損害賠償の予約に係る金員をプロジェクト会社に対して支払ったことは、優先貸付契約上、強制期限前弁済事由となり、金員は、当該プロジェクトファイナンスの元本の期限前弁済の原資となる。なお、性能未達に係る損害賠償の予約の金額は、この目的の観点からは、あらかじめ決められた特定の金額ではなく、未達の性能要件ごとに、未達の割合をもとに数式として表される金額となる。また、EPC コントラクターとしては、その EPC 業務に係る利益の金額との対比で当該損害賠償の予約の責任を（上限金額を決めることも含め）負うことができるか否かを判断することになる。

第 III 編

プロジェクトファイナンスの基礎理論

1 プロジェクトファイナンスの内容

(1) プロジェクトファイナンスの定義

　第Ⅰ編3(2)で前述したとおり、プロジェクトファイナンスは、SPCであるプロジェクト会社を借入人とする貸付であり、実質的なプロジェクトの運営主体であるスポンサーは、原則として当該貸付に関して責任を負わず、スポンサーが当該貸付に関して責任を負うのは例外的な場合に限定される取引である。

　プロジェクトファイナンスの定義に関しては、さまざまな試みが存在する。たとえば、プロジェクトファイナンスの定義の代表的なものとして、「①特定されたプロジェクトが対象で、原則として②主たる返済原資が当該プロジェクトのキャッシュフローに依拠し、かつ③担保が当該プロジェクトの資産に限定されるファイナンス」というものがある[1]。この定義自体は正しいものである。しかしながら、少なくとも、解説抜きに、その内容を専門家でない方にも理解できるように過不足なく表すかたちでプロジェクトファイナンスを定義することは事実上不可能である。特に、キャッシュフローに依拠したファイナンスには、ストラクチャードファイナンスや証券化も含まれる。プロジェクトファイナンスを理解するためには、これらのファイナンスとプロジェクトファイナンスとの異同を理解することが重要である。

1　前掲加賀『プロジェクトファイナンスの実務』5頁参照。

(2) ファイナンスリースを利用した航空機ファイナンスとの相違

　たとえば、ファイナンスリースを利用した航空機ファイナンス（これは通常ストラクチャードファイナンスと呼ばれる）の場合、貸付人はSPCに対して貸付を行い、当該貸付の返済原資は、原則としてSPCが航空会社との間で締結しているファイナンスリース契約に基づく航空会社のSPCに対するリース料の支払である。逆にいえば、当該貸付の返済の条件にあわせる条件でリース料の支払義務が生じるようにするから「ファイナンス」リースとなるのである。貸付人からすれば、原則としてリース料が支払われれば貸付は返済されるので、航空会社の信用力リスクはとっているものの、それ以外のリスクは原則としてとっていないことになる。

　もし特定された航空機（または当該航空機のリース業務）が「特定されたプロジェクト」に該当するのであれば、「主たる返済原資」がリース料の支払という「当該プロジェクトのキャッシュフローに依拠」するのであり、かつ「担保」が航空機等という資産に限定されること[2]から、ファイナンスリースを利用した航空機ファイナンスもプロジェクトファイナンスの定義に当てはまることになる。たしかに、場合により、ファイナンスリースを利用した航空機ファイナンスをプロジェクトファイナンスと呼ぶこともある。しかしながら、通常はファイナンスリースを利用した航空機ファイナンスはプロジェクトファイナンスとは呼ばない。これは、航空機（または当該航空機のリース業務）が「特定されたプロジェクト」に該当しないからである。

　第Ⅱ編で前述したとおり、プロジェクトファイナンスの対象になる資源・インフラPPPプロジェクトは、運営が主体の事業であり、しかもその成否が

2　ファイナンスリースを利用した航空機ファイナンスの場合、航空機以外にも保険金請求権や預金返還請求権等に担保権が設定される。このことから、ファイナンスリースを利用した航空機ファイナンスの場合には「担保が当該プロジェクトの資産に限定され」ないとの反論もあるかもしれない。しかしながら、プロジェクトファイナンスの場合にも保険金請求権や預金返還請求権等に担保権が設定される。その意味で、担保権の対象という観点からすれば、保険金請求権や預金返還請求権等もここでいう「資産」に含まれることに留意する必要がある。

スポンサーの事業遂行能力に依拠しているプロジェクトである。その意味で、プロジェクトファイナンスの対象になるプロジェクトは、スポンサーの事業遂行能力により「プロジェクトのキャッシュフロー」の量に差が出るプロジェクト（スポンサーの事業遂行能力による「プロジェクトのキャッシュフロー」のボラティリティが高いプロジェクト）である。このキャッシュフローのボラティリティが高いことから、資源・インフラPPPプロジェクトにおいて第Ⅱ編4(2)で前述したオーナーオペレーターの原則や第Ⅱ編4(6)で前述したシングル・ポイント・レスポンシビリティの原則が要求され、またプロジェクトファイナンスにおいて4(2)で後述するウォーターフォール規定等、さまざまな仕組みが要求されるのである。他方、航空機（または当該航空機のリース業務）は、航空会社の信用力リスクを除けば、確定した時期に確定した金額のリース料が支払われるのであり、キャッシュフローの量に差はあまり出ない（ボラティリティが低い）のである。その意味で、特定された航空機（または当該航空機のリース業務）は、キャッシュフローのボラティリティが高い「特定されたプロジェクト」には該当せず、したがって、通常は、ファイナンスリースを利用した航空機ファイナンスはプロジェクトファイナンスの定義には含まれないのである。

(3) 証券化との相違

また、証券化の場合、金融機関は、SPCがオリジネーターから資産を購入する際の資金について、SPCに対して貸付を行うことになる。当該貸付の返済原資は、原則として当該資産から生じる収入である。もし当該資産が「特定されたプロジェクト」に該当するのであれば、「主たる返済原資」が当該資産から生じる収入という「当該プロジェクトのキャッシュフローに依拠」するのであり、証券化もプロジェクトファイナンスの定義に当てはまる可能性があることになる。

しかしながら、第Ⅱ編3(1)(ⅲ)で前述したとおり、証券化における資産から

生じるキャッシュフローはボラティリティが低いものである。逆にいえば、キャッシュフローのボラティリティが高い資産は、本質的・理論的には証券化の対象にはならないのである。その意味で、証券化における資産は、キャッシュフローのボラティリティが高い「特定されたプロジェクト」には該当せず、したがって、証券化もプロジェクトファイナンスの定義には含まれないのである。

(4) 事業と資産との相違

このように資産は、資金調達の観点からすれば、本質的に資産自体から生じるキャッシュフローが問題となるのであり、そのキャッシュフローのボラティリティが低いのであれば、当該キャッシュフローに依拠した資金調達が可能となる。もし当該資産から生じるキャッシュフローのボラティリティが高いのであれば、そのボラティリティを合理的にコントロールできる者がいない以上、少なくともデット（すなわち、返済されることを前提としたもの）による当該キャッシュフローに依拠した資金調達は（少なくとも最悪のシナリオでも生じるキャッシュフローの部分を越えるかたちでは）できないことになるのである。また、SPCは倒産しないことが前提であり、このことからSPCが倒産しないようにするための各種の手当がなされる。したがって、オリジネーターの倒産からSPCを隔離する必要も出てくる。これに関連して、証券化では、資産はオリジネーターからSPCに譲渡されるので、当該譲渡が真正であることも要求されることになる。

逆に、事業は、本質的に、それを構成する資産を越えて、事業一体として、キャッシュフローを生み出すものである。事業によってはだれがやっても同じようにキャッシュフローを生み出すものもあるかもしれない。しかしながら、事業の本質は、やはり当該事業を遂行する者の事業遂行能力によってその成否が決まるところにある。事業では、事業から生じるキャッシュフローのボラティリティが高く、それが事業を遂行する者の事業遂行能力に依拠し

ているのである。その意味で、プロジェクト会社は倒産する可能性のある存在なのである。また、スポンサーが倒産すれば事業も遂行されず、プロジェクト会社も倒産するのである。したがって、プロジェクトファイナンスではプロジェクト会社が倒産しないようにするための各種の手当としては、プロジェクト会社やスポンサーからの倒産申立てを禁止するくらいの手当しかなされない。プロジェクトファイナンスでは、証券化の場合のオリジネーターの倒産からの SPC の隔離を講じることもない。さらに、原則として、プロジェクト会社の資産は、プロジェクト会社が新規に取得する資産であり、スポンサーから譲渡される資産ではないので、譲渡の真正も問題とならない。むしろ、プロジェクトファイナンスでは、プロジェクト会社が倒産する可能性があることを前提に、プロジェクト会社が倒産した場合の対応策を講じておくのである。なお、プロジェクトファイナンスにおける当該対応策については、5(5)(ii)⑥で後述する。

このように資産と事業では、資金調達の観点からすれば、本質がまったく異なるものである。キャッシュフローの本質が資産と事業では異なる以上、形式的には SPC に対する貸付であり、キャッシュフローを返済原資としている点は同じでも、資産から生じるキャッシュフローを返済原資としているファイナンスリースを利用した航空機ファイナンスや証券化と事業から生じるキャッシュフローを返済原資としているプロジェクトファイナンスとでは、その本質はまったく異なるのである。日本においては、時として、海外の証券化で求められている倒産隔離の対応が海外のプロジェクトファイナンスではまったく見受けられないのはなぜかとの質問を受けることがあるが、これはまさにこの両者の本質的な違いに由来する。

そこで、まず、2で、なぜこのようなプロジェクトファイナンスが用いられるかという「プロジェクトファイナンスが用いられる理由」を説明する。また、3で「プロジェクトファイナンスの本質」を、および4で「プロジェクトファイナンスの特徴」を、それぞれ説明する。そして、最後に5で「主要な融資関連契約の特徴」を説明する。

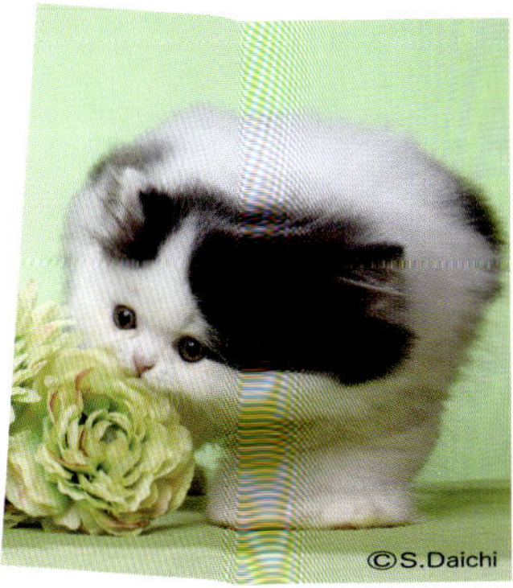
©S.Daichi

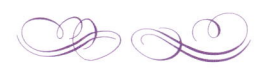

2 プロジェクトファイナンスが用いられる理由

(1) プロジェクトファイナンスにおける「富」の源泉

　資源・インフラPPPプロジェクトが用いられる理由が、**第Ⅱ編2(1)**で前述したとおり、ホスト国・オフテイカーおよびスポンサー双方にとってメリットがあることであるのと同様に、プロジェクトファイナンスが用いられる理由は、スポンサーおよびシニア・レンダー双方にとってメリットがあることである。その富の源泉は、究極的には、**第Ⅱ編2(1)**で前述した資源・インフラPPPプロジェクトの富の源泉と同じである。むしろ、(2)で後述するプロジェクトファイナンスによるスポンサーのEquity-IRRの向上により、平たくいえば、プロジェクト会社は、プロジェクトファイナンスによる資金調達をしない場合より、より安い価格でホスト国・オフテイカーに対して物・サービスをホスト国・オフテイカーまたは国民に提供できる可能性があることになる。また、このことはホスト国・オフテイカーにも間接的なメリットを与えることになる。すなわち、プロジェクトファイナンスによる資金調達をすることにより、資源・インフラPPPプロジェクトのスポンサーに帰属する富の割合がより多くなり、その多くなった分のメリットの一部を、ホスト国・オフテイカー（そして、場合により、EPCコントラクター等、プロジェクト会社から業務の委託を受ける者）に与えることができるのである。

　そこで、(2)で「スポンサーにとってのプロジェクトファイナンスのメリット」、および(3)で「シニア・レンダーにとってのプロジェクトファイナンスのメリット」を説明する。また、プロジェクトファイナンスにはメリットもあればデメリットや限界もある。そこで、(4)で「スポンサーにとってのプロ

ジェクトファイナンスの限界・デメリット」、(5)で「シニア・レンダーにとってのプロジェクトファイナンスの限界」ならびに(6)で「ホスト国・オフテイカーにとってのプロジェクトファイナンスのメリットおよび限界」を説明する。

(2) スポンサーにとってのプロジェクトファイナンスのメリット

(i) プロジェクトファイナンスによるスポンサーの Equity-IRR の向上

　スポンサーにとってのプロジェクトファイナンスのメリットは、プロジェクトファイナンスのレバレッジ効果によるスポンサーの Equity-IRR の向上につきるといっても過言ではない。スポンサーにとってのメリットを計る指標は、第Ⅱ編2(3)で前述したとおり、Internal Rate of Return on Equity (Equity-IRR；EIRR) である。そこで、Equity-IRR がどのようなものであるかを説明するが、Equity-IRR を説明するためには、まずプロジェクトの収益性（経済性）ならびに内部収益率および正味現在価値を説明する必要がある。

① **プロジェクトの収益性（経済性）ならびに内部収益率および正味現在価値**
　そもそも民間事業者の投資という手法が用いられるプロジェクトにおいては、そのプロジェクト自体の収益性（経済性）が問題となる。そこでは、平たくいえば、当該プロジェクトに投資された金員がどのくらいのリターンをもたらすかを計ることになる。民間事業者の投資という手法が用いられるプロジェクトにおいては、このプロジェクトの収益性は、内部収益率（Internal Rate of Return on Project；Project-IRR、PIRR または単に Internal Rate of Return；IRR）で計るものとされている。なお、資源・インフラ PPP プロジェクトではプロジェクト会社は、対象となるプロジェクトしか行わない会社であることから、プロジェクト自体の収益性は原則としてプロジェクト会社の収益性を意味することになる。

そもそも資源・インフラ PPP プロジェクトのような期間の長いプロジェクトの場合、その採算を検討するにあたっては、投資に係る金員に関する当該プロジェクトに対するキャッシュ・イン（プロジェクトに入ってくる金員）のタイミングとキャッシュ・アウト（プロジェクトから出ていく金員）のタイミングが重要となる。このことから、プロジェクトの収益性は、キャッシュ・インとキャッシュ・アウトとをそれぞれ現在価値に置き換えて評価する必要がある。このことから、この評価においては、いわゆる DCF（Discounted Cash Flow）の手法が用いられる。そして、投資の評価において重要なのは、この DCF の手法を用いて計算されるプロジェクトの正味現在価値（Net Present Value；NPV）である。プロジェクトの正味現在価値は、次の式で表される。

　　NPV＝プロジェクトのキャッシュ・インフローの現在価値
　　　　－プロジェクトのキャッシュ・アウトフローの現在価値

　ここで留意すべきは、前述の式の「プロジェクトのキャッシュ・インフロー」や「プロジェクトのキャッシュ・アウトフロー」が何を意味するかである。第Ⅱ編 4(8)(ⅲ)で示した図Ⅱ－1のプロジェクト会社のキャッシュフローの図（92頁）からもわかるように、プロジェクト会社に入ってくるキャッシュは、大別して、

① 設計・建設期間
　　出資金・劣後ローン
　　プロジェクトファイナンスのシニア・ローン
② 運営期間
　　利用者からの対価・オフテイカーからの対価

である。また、プロジェクト会社から出ていくキャッシュは、大別して、

① 設計・建設期間
　　プロジェクトコスト
② 運営期間
　　公租公課等

O&M業務委託料
　　プロジェクトファイナンスのシニア・ローンの元利金
　　株式・劣後ローンに係る配当等
である。
　ここで、議論を単純化するために、投資を全額スポンサーからの出資でまかなうことを前提とする。そうすると、プロジェクト会社に入ってくるキャッシュは、大別して、
① 設計・建設期間
　　出資金
② 運営期間
　　利用者からの対価・オフテイカーからの対価
である。
　また、プロジェクト会社から出ていくキャッシュは、大別して、
① 設計・建設期間
　　プロジェクトコスト
② 運営期間
　　公租公課等
　　O&M業務委託料
　　株式・劣後ローンに係る配当等
である。
　そうすると、前述の式の「プロジェクトのキャッシュ・インフロー」は投資した金額に対する投資効率を計る指標であることから、ここでは投資に該当する設計・建設期間の出資金を意味することになる。同様に、前述の式の「プロジェクトのキャッシュ・アウトフロー」は投資に対するリターンであることから、運営期間の株式・劣後ローンに係る配当等を意味することになる。
　前述の式からもわかるように、プロジェクトの正味現在価値は、現在価値化する際に用いられる割引率（Discount Rate）により変動する。そして、

DCFの手法を用いて、プロジェクトの正味現在価値の算出式を作成し、さらに正味現在価値をゼロにする（プロジェクトのキャッシュ・インフローの現在価値とプロジェクトのキャッシュ・アウトフローの現在価値を同じにする）割引率を算出する。この正味現在価値をゼロにする割引率が、内部収益率、すなわちProject-IRRとなる[3]。このProject-IRRは、投資した金額がどのくらいの割合の利益を生み出すかを示す指標となる。誤解をおそれずきわめて単純化していえば、われわれが銀行に預金する際の利息の利率に相当するもの（ただし、利息と異なり、期間が経過すれば必ず発生するものではない）がこのProject-IRRとなるのである。

② **Project-IRRおよびEquity-IRRの関係ならびにプロジェクトファイナンスのレバレッジ効果**

前述のとおり、プロジェクトの収益性はProject-IRRで計り、（プロジェクトではなく）スポンサーの収益性はEquity-IRRで計ることになる。そこで、次に、Project-IRRおよびスポンサーの収益性の関係について説明を加える。ここでは、説明を簡略化するために、例として、次のようなプロジェクト a をあげる。

　　プロジェクト a ：100億円の投資で1年後に110億円回収できる事業（税金・取引コスト等はないと仮定）

また、説明を簡略化するために、現在価値化しない数値として、投下資本利益率（Return on Investment；ROI）および自己資本利益率（Return on Equity；ROE）を用いる。ROIがProject-IRRに対応し、ROEがEquity-IRRに対応するものである。

(A)　100億円の投資をすべて出資で行った場合（ケースA）

プロジェクト a に対する投資としては100億円の投資が必要となるが、ケースAのように、この投資を全額出資でまかなった場合には、プロジェクト a におけるROIおよびROEは、次のとおりとなる。

3　前掲加賀『プロジェクトファイナンスの実務』136頁参照。

図Ⅲ-1 すべて出資でまかなった場合のROIとROE

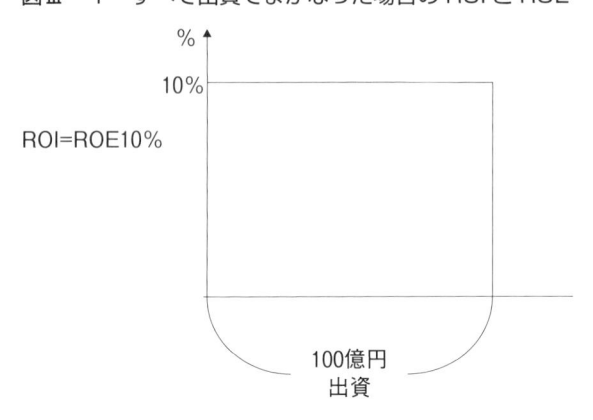

ROI=ROE10%　10%

100億円 出資

　まず、ROIは、投資（Investment）全体に対する利益の割合であることから、回収分のうち利益である10億円の投資額に対する割合となり、したがって、10％となる。次に、ROEは出資分に対する利益の割合であることから、回収分のうち利益である10億円の出資額に対する割合となり、したがって、ROIと同じく10％となる。すなわち、

ROE = ROI = 10／100 = 10％

となる。したがって、投資を全額出資でまかなった場合には、プロジェクトの収益性を計る指標であるROIとスポンサーの収益性を計る指標であるROEは、同じとなる。

　この関係を図示すると、図Ⅲ－1のとおりとなる。

　⒝　100億円の投資について、80億円を金利9％のローンでまかない、残り20億円を出資でまかなった場合（ケースB）

　プロジェクトaに対する投資として必要な100億円について、80億円を金利9％のプロジェクトファイナンスのシニア・ローンでまかない、残り20億円を出資でまかなった場合には、プロジェクトaにおけるROIおよびROEは、次のとおりとなる。

　まず、ROIは、投資全体に対する利益の割合であることから、投資が出資

の形式をとってもローンの形式をとっても違いはないことになる。したがって、出資の20億円とローンの80億円の合計100億円に対する利益である10億円の投資額に対する割合となり、したがって、10％となる。

　この投資が出資の形式をとってもローンの形式をとっても、ROIやProject-IRRは変化しない。これはModigliani-Miller理論（税金はない等の前提のもとでは、企業の市場価値はその資本構成と無関係）からくる帰結である。

　次に、ROEはどうなるのか。ROEは、出資に対する利益の割合であることから、分母の数値は出資の金額である20億円となる。他方、利益の金額であるが、80億円について出資でまかなった場合には、その80億円の部分には10％である8億円の利益がついていた。しかしながら、ケースBでは9％の金利であることから、80億円に対する利益は9％である7.2億円にすぎない。8億円と7.2億円との差額である0.8億円は80億円のプロジェクトファイナンスのシニア・ローンに対する利益ではなく、20億円の出資に対する利益となるのである。したがって、20億円に対する利益は、ROIの部分である20億円に対する10％である2億円と、このプロジェクトファイナンスのシニア・ローンの部分から利益の移転がなされた0.8億円の合計2.8億円となる。したがって、ROEは、20億円に対する2.8億円であることから、14％となる。すなわち、

　　　$ROE = 2.8/20 = 14\%$

となる。

　この関係を図示すると、図Ⅲ－2のとおりとなる。

　このように、プロジェクトファイナンスを用いた場合、スポンサーが受け取る利益の絶対額は10億円から2.8億円に減額となる。しかしながら、そもそもの出資額が100億円から20億円となるので、利率でいえば、10％から14％に上昇する。逆にいえば、100億円あるのであれば、10％の利益が出る1つのプロジェクトに投資するのではなく、プロジェクトファイナンスを用いて5つの10％の利益が出るプロジェクトにそれぞれ20億円ずつ投資したほうが投資効率がいいことになるのである。

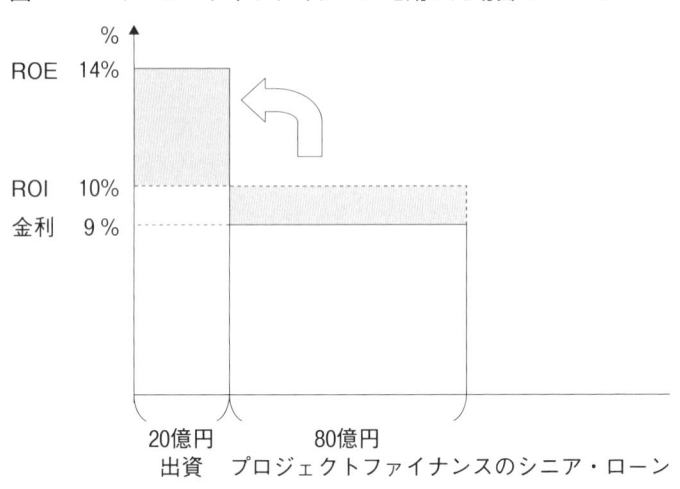

図Ⅲ-2　プロジェクトファイナンスを用いた場合のROIとROE

```
%
ROE  14%
ROI  10%
金利   9%

       20億円      80億円
       出資    プロジェクトファイナンスのシニア・ローン
```

　このように、プロジェクトファイナンスを用いると、スポンサーにとってのメリットを計る指標であるEquity-IRRが向上するのである。これをプロジェクトファイナンスのレバレッジ効果という。

　なお、プロジェクトファイナンスではなくコーポレートファイナンスの場合、このレバレッジ効果はあるのか。資源・インフラPPPプロジェクトでプロジェクト会社がSPCであることを前提とすると、まずプロジェクト会社を借入人とするコーポレートファイナンスでは、信用力の観点から、コーポレートファイナンスをプロジェクト会社に供与することは実務上不可能である。そうすると、後は、プロジェクト会社を借入人とし、スポンサーを保証人とするコーポレートファイナンスの供与が考えられるだけである。スポンサーの信用力があれば、このようなコーポレートファイナンスの供与は可能であろう。この場合も、表面的にはプロジェクト会社のバランスシートは上記ケースBと同じである。したがって、この場合もレバレッジ効果があるようにもみえるかもしれない。しかしながら、プロジェクト会社を借入人とし、スポンサーを保証人とするコーポレートファイナンスは、シニア・レンダー

図Ⅲ－3　コーポレートファイナンスの場合の信用力からみた関係

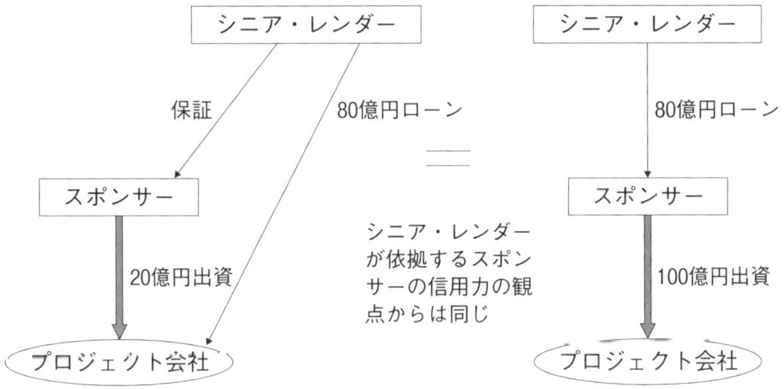
シニア・レンダー
保証
80億円ローン
スポンサー
20億円出資
プロジェクト会社
シニア・レンダーが依拠するスポンサーの信用力の観点からは同じ
シニア・レンダー
80億円ローン
スポンサー
100億円出資
プロジェクト会社

が依拠するスポンサーの信用力の観点からみれば、スポンサーに全額貸し付け、当該貸付金をスポンサーがプロジェクト会社に出資するのと経済的には同じである。すなわち、スポンサーが投資金額全額について信用力を使っているのであり、上記ケースＡと同じなのである。したがって、コーポレートファイナンスの場合には、経済的にはこのレバレッジ効果はないのである。

この関係を図示すると、図Ⅲ－３のとおりとなる。

③　スポンサーの最終的な収益性

最後に、スポンサーは出資をするが、出資のための資金（現金）をスポンサー自身が調達する必要がある。当然のことながら、スポンサーには当該出資のための資金調達コストがかかることになる。したがって、スポンサーの最終的な利益の指標は、Equity-IRR から当該スポンサーの投資に係る資金調達コストの利率を差し引いた利率である。これを式に表すと、次のとおりとなる。

スポンサーの最終的な利益の指標＝X－Y

X＝出資（資本）の収益性（Equity-IRR）

Y＝出資（資本）の資金調達コスト（実調達コストまたは社内の基準金利）

図Ⅲ-4　スポンサーの最終的な利益

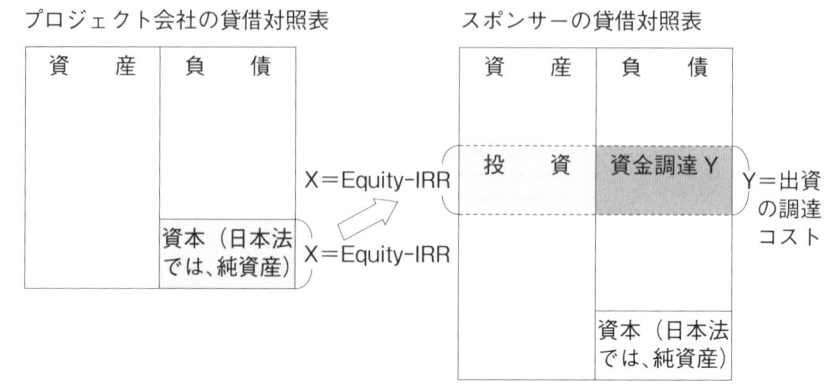

（注）　この表のXやYは、資本、投資および資金調達の部分の貸借対照表における金額を示すものではなく、その部分から生み出される利益またはその部分に係るコストの利率を示す指標である。

この関係を、スポンサーおよびプロジェクト会社の貸借対照表の観点から図示すると、図Ⅲ-4のとおりとなる（スポンサーは1社であることを前提）。

(ⅱ) スポンサーの貸付債務に関する法的責任の限定および貸借対照表からの貸付債務のオフバランス

プロジェクトファイナンスのレバレッジ効果によるスポンサーのEquity-IRRの向上に関連して、プロジェクトファイナンスの場合、スポンサーはプロジェクトに係る貸付債務について、スポンサー・サポート契約で規定されている法的責任以外のシニア・レンダーに対する法的責任は原則として負わず、このことからスポンサーの貸借対照表からオフバランスとすることができるメリットがある。

まず、単体の貸借対照表については、プロジェクトファイナンスの借入人はスポンサーではなくプロジェクト会社であることから、プロジェクトファイナンスの貸付債務はプロジェクト会社の単体の貸借対照表の負債の部に載ることになる。また、スポンサーは、完工保証を除き（完工保証については、

5(1)(iii)で後述する)、当該貸付債務を保証しないことから、スポンサーの単体の貸借対照表にも、保証があるとの付記がなされることもない。したがって、スポンサーはプロジェクトに係る貸付債務についてスポンサーの単体の貸借対照表からオフバランスとすることができることになる。ただし、これに関して、次の2点に留意する必要がある。

まず、スポンサーはプロジェクトファイナンスの貸付債務について、完工保証を除き、法的な保証をすることはない。しかしながら、スポンサーは、プロジェクトに関するさまざまなサポートをする義務をシニア・レンダーに対して負う。このような義務は、第Ⅰ編3(2)(ii)で前述したとおり、スポンサー・サポート契約で規定されることとなる。もしこのサポート義務が実質的に保証と同視できる場合に、スポンサーの単体の貸借対照表に保証があるとの付記をしなくてもいいのかは、会計の観点から確認をとる必要がある。たとえば、5(1)(iii)で後述するとおり、プロジェクトファイナンスでは、完工保証と経済的に同じものとして、スポンサーが、プロジェクトが完工するまで、完工に必要な資金をプロジェクト会社に対して無制限に拠出する義務をシニア・レンダーに対して負う場合がある。完工保証がこの形式をとる理由は、完工保証でありながら、スポンサーの単体の貸借対照表に保証があるとの付記がなされないからと思われる。しかしながら、プロジェクト会社が倒産した場合、スポンサーがいくら資金をプロジェクト会社に対して拠出してもプロジェクトファイナンスのローンが返済されることにはならない。経済的に完工保証と完全に同一にするためには、プロジェクト会社が倒産した場合にはスポンサーはシニア・レンダーに対して直接支払をする義務をシニア・レンダーに対して負う必要がある。これでスポンサーの単体の貸借対照表に保証があるとの付記をしなくてもいいのか、会計の観点から慎重に検討される必要があると思料される。

次に、プロジェクトファイナンスの貸付債務について、スポンサーの単体ではなく連結の貸借対照表からオフバランスとすることができるか否かが問題となる。第Ⅱ編4(2)で前述したオーナーオペレーターの原則からすれば、

スポンサーはプロジェクト会社の大株主である必要があるのである。そうすると、プロジェクト会社は通常はスポンサーの連結対象会社となり、スポンサーの連結の貸借対照表にはプロジェクト会社のプロジェクトファイナンスの貸付債務が負債として記載される可能性があることになる。しかしながら、これではスポンサーがプロジェクトファイナンスを利用するメリットが半減されてしまう可能性がある。プロジェクトファイナンスの貸付債務のスポンサーの連結の貸借対照表からのオフバランスについては、IFRS も絡めて議論がなされることを期待する。

なお、スポンサーの連結の貸借対照表にはプロジェクト会社のプロジェクトファイナンスの貸付債務が負債として記載される場合でも、スポンサーの格付の観点からは、格付会社にプロジェクトファイナンスの貸付債務である旨を説明して、当該格付会社の格付判断において考慮してもらうことができる可能性はある。

(3) シニア・レンダーにとってのプロジェクトファイナンスのメリット

シニア・レンダーにとってのプロジェクトファイナンスのメリットは、金融機関としてとることのできるリスクをとることにより、より高いリターンを実現することである。通常、プロジェクトファイナンスのローンのスプレッドは100ベーシス・ポイント（すなわち、1％）をかなり超える利率である。これは一般論としては通常のコーポレートファイナンスの場合よりはるかに高い利率のスプレッドである。その意味で、プロジェクトファイナンスのシニア・レンダーは、通常のコーポレートファイナンスの場合よりリスクをとることにより、通常のコーポレートファイナンスの場合より高いリターンを得るのである。その意味で、プロジェクトファイナンスのシニア・ローンはハイリスク・ハイリターンとかミドルリスク・ミドルリターンとの説明がなされることがある。ただし、プロジェクトファイナンスのシニア・ローンは、

あくまでもローンであり、出資とは異なる。通常のコーポレートファイナンスの場合よりリスクをとるといっても、プロジェクトファイナンスのシニア・ローンが返済されない実質的なリスクがあれば、プロジェクトファイナンスのシニア・ローンの供与はできないであろう。その意味で、出資の場合のように戻ってこないリスクもあれば、10倍になる可能性もあるというレベルのハイリスク・ハイリターンとかミドルリスク・ミドルリターンと比べれば、それほどリスクが高くなるものではない。

(4) スポンサーにとってのプロジェクトファイナンスの限界・デメリット

スポンサーにとってのプロジェクトファイナンスの主な限界・デメリットについては、次の5点をあげることができる。

(i) プロジェクトファイナンスを受けることができるプロジェクトの限定

プロジェクトファイナンスの対象となる資源・インフラPPPプロジェクトは、第Ⅱ編1(1)で前述したとおり、主としていわゆるBOT形式のプロジェクトである。まさに、運営が主体のプロジェクトである。したがって、そもそも運営が主体でない資源・インフラPPPプロジェクトは、BLT等の例外を除き、プロジェクトファイナンスの対象とはならない。ここに、スポンサーにとってのプロジェクトファイナンスの限界の1つがある。

さらに、そもそもプロジェクトの経済性の低いプロジェクトには、通常のスポンサーであれば関与しないと思われるが、諸般の事情で経済性のあまり高くないプロジェクトに参画する場合もあるかもしれない。しかしながら、シニア・レンダーからすれば、プロジェクトファイナンスでの貸付が実務的に可能となる程度のプロジェクトの経済性が必要となる。したがって、経済性のあまり高くないプロジェクトも、プロジェクトファイナンスの対象とは

ならない可能性が高いのである。

(ii) プロジェクトファイナンスを受けることができるスポンサーの限定

どんなスポンサーでもプロジェクトファイナンスを受けることができるのではない。第Ⅱ編1(1)で前述したとおり、資源・インフラPPPプロジェクトでは、ホスト国・オフテイカーの観点から、スポンサー兼O&Mオペレーターの当該資源・インフラPPPプロジェクトに係る事業遂行能力が高いことが要求される。これはプロジェクトファイナンスの観点からも要求されるのである。たとえば、AAAの格付を有する自動車会社がIPPプロジェクトのスポンサーとなるとしたらどうか。いくら信用力が高くてもIPPプロジェクトの事業遂行能力が高くなければ、当該スポンサーはIPPプロジェクトに係るプロジェクトファイナンスを受けることができないことになる。

また、プロジェクトファイナンスはスポンサーの事業遂行能力に依拠するファイナンスであることから、当該スポンサーが事業期間中存続することが重要になる。たしかに、たとえば事業期間が20年間の資源・インフラPPPプロジェクトの場合、20年間必ず存続することが保証された会社はこの世に存在しない。したがって、スポンサーにきわめて高い信用力が求められることにはならない。しかしながら、20年間存続するそれなりの蓋然性が必要であり、したがってある程度の信用力があるスポンサーでなければ、プロジェクトファイナンスを受けることができないことになる。

なお、スポンサーの信用力の観点からコーポレートファイナンスでは当該スポンサーに対して貸付を行うことができないことから、プロジェクトファイナンスで貸付を行うことが主張されることがある。しかしながら、プロジェクトファイナンスの場合でもスポンサーの信用力が重要であり、この主張はプロジェクトファイナンスの本質を理解していない主張であることに留意する必要がある。

⑶ 用いることができる技術の限界

　第Ⅱ編4⑺⑶で前述したとおり、スポンサーがプロジェクトを成功させる能力があることをシニア・レンダーに対して立証するためには、当該プロジェクトで用いられる技術はすでにほかのプロジェクトで成功している確立した技術（プルーブン・テクノロジー）であることを示す必要がある。スポンサーとしては革新的な技術を用いて資源・インフラPPPプロジェクトを遂行したいと希望する場合もある。しかしながら、当該革新的な技術がプルーブン・テクノロジーでない限り、当該革新的な技術でプロジェクトが成功すると第三者が判断することはできない。その意味で、スポンサーが用いる技術はプルーブン・テクノロジーでなければ、プロジェクトファイナンスを受けることができないことになる。これもプロジェクトファイナンスの限界の1つである。

⑷　プロジェクトファイナンスに係る費用および時間

　プロジェクトファイナンスにおいては、シニア・レンダーは資源・インフラPPPプロジェクトの経済性を分析・評価する。また、シニア・レンダーは当該プロジェクトに含まれるさまざまなリスクも分析・評価する。資源・インフラPPPプロジェクトは案件ごとにさまざまなリスクが問題となるのであり、したがって、プロジェクトファイナンスはコモディティー化させることができない、**第Ⅰ編1**で前述したとおり、テイラー・メイドのファイナンスである。

　これらの分析・評価においては、シニア・レンダーは、**第Ⅰ編2⑺**で前述したとおり、技術に関するコンサルタント、税務・会計問題に関するコンサルタント、環境問題に関するコンサルタント、保険コンサルタント等、さまざまな専門家から助言を得ることになる。これらのコンサルタントは、最終的には報告書を作成するが、これらのコンサルタントに係る手数料は決して少額ではない。また、プロジェクトファイナンスの場合には、通常シンジケー

ト・ローンの形式をとることになるが、アレンジャーのアレンジメント業務も多岐にわたることから、コーポレートファイナンスの場合に比して、高い金額のアレンジメント・フィーがかかることになる。さらに、契約関係についても数多くの契約が関係し、法律事務所の専門的な助言を得ることにもなる。この法律事務所に係る弁護士報酬も高額になる。これらの手数料・報酬は、案件によっては合計で十数億円かかることもある。

　また、これらの分析・評価にはかなりの日数がかかる。プロジェクトファイナンスの契約交渉を含めると、スポンサーが金融機関に対してプロジェクトファイナンスによる融資の話をもちかけてからプロジェクトファイナンスの契約が締結されるまでに1年以上かかる場合もある。

　このように、プロジェクトファイナンスの場合は、コーポレートファイナンスの場合に比して、はるかに高い金額の費用、はるかに多くの日数がかかることになる。実務的には100億円のプロジェクトコストがかかる規模の資源・インフラPPPプロジェクトでないと、費用および時間の観点から、プロジェクトファイナンスによる資金調達はむずかしいものと思料される。なお、(3)で前述したとおり、プロジェクトファイナンスのローンのスプレッドはコーポレートファイナンスのローンのスプレッドと比較すると相対的にかなり高い。その意味で、スポンサーからすれば借入コスト自体も高い金額となる。

　このようなプロジェクトファイナンスに係る費用の点は、最終的には、(2)で前述したスポンサーにとってのプロジェクトファイナンスのメリットとの関係でスポンサーとして受け入れることができるか否かが決まるものであり、両者を比較して、なおスポンサーにメリットがある場合にはじめてプロジェクトファイナンスは成り立つものである。

(v)　シニア・レンダーによるプロジェクト会社の事業遂行に対するコントロール

　プロジェクトファイナンスは、スポンサーの事業遂行能力に依拠したファ

イナンスであり、シニア・レンダーが過度にプロジェクト会社の事業遂行に対して制限を設けることは適切ではない。しかしながら、プロジェクトファイナンスではシニア・レンダーはプロジェクトの事業リスクをとるのであり、プロジェクトのキャッシュフローに実質的に悪影響を及ぼす（したがって、プロジェクトファイナンスの返済に実質的に悪影響を及ぼす）事項に関しては、シニア・レンダーの承諾が必要となる。この限りでプロジェクト会社の自由な事業遂行に制限が設けられることになる。たとえば、O&M コストが上昇したとして O&M オペレーターに対する O&M 業務委託料の増額をプロジェクト会社が完全に自由にできるとすると、シニア・レンダーとしてはプロジェクトファイナンスの返済に実質的に悪影響を及ぼすのであり、一定の制限を加える必要があるのである。なお、実務的には、一定の範囲の変動であれば、**第Ⅰ編2(7)**で前述した独立コンサルタントの意見を採用する等のメカニズムが必要となる。

(5) シニア・レンダーにとってのプロジェクトファイナンスの限界

プロジェクトファイナンスはどのような金融機関でも供与できるファイナンスではない。シニア・レンダーはプロジェクトの事業リスクをとる以上、事業のリスクをとることができるか否かを判断する能力がなければならない。これは、コーポレートファイナンスにおける借入人の信用力リスクとは質的に異なるものである。事業リスクという以上、そのリスクは事業の種類によってさまざまなリスクが存在するのである。同じ資源・インフラPPPプロジェクトでも、ケース①の海底油田開発プロジェクトとケース②のIPPプロジェクトでは、事業リスクの内容がかなり異なるのである。したがって、金融機関としては、プロジェクトファイナンスの専門部署を設けるとともに、得意とする事業分野をもつことになる。また、シニア・レンダーはこれらのための内部的な審査体制も整える必要があるのである。逆にいえば、どの金

融機関でもどの分野の資源・インフラPPPプロジェクトでもプロジェクトファイナンスを供与できるのではないのである。一方で、プロジェクトファイナンスを供与できるということはその金融機関にとって得意とする専門分野があるという意味で差別化でき、金融の分野で高い評価を受けることができる。しかしながら、他方で、どのような金融機関でもプロジェクトファイナンスを供与できるのではないという意味で、シニア・レンダーにとってのプロジェクトファイナンスの限界があるのである[4]。

逆にいえば、審査能力の低い金融機関がプロジェクトファイナンスを供与すると、サスティナビリティが低いプロジェクトにプロジェクトファイナンスを供与するリスクがあり、最終的にはホスト国の国民の利益にならない結果となるリスクがあるのである。

⑹　ホスト国・オフテイカーにとってのプロジェクトファイナンスのメリットおよび限界

ホスト国・オフテイカーはプロジェクトファイナンスの直接の取引当事者ではない。したがって、ホスト国・オフテイカーはプロジェクトファイナンスから直接のメリットを受けることはない。しかしながら、ホスト国・オフテイカーはプロジェクトファイナンスにより間接的にメリットを受ける可能

4　これは、単にアレンジャーであるシニア・レンダーにのみ要求される能力ではない。シンジケート・ローン契約に参加するシニア・レンダーにも要求される能力である。なお、日本においては、金融庁が公表し、金融機関が事実上これに従ってその態勢整備を行っている金融検査マニュアル（預金等受入金融機関に係る検査マニュアル）においても、「信用リスク管理態勢の確認検査用チェックリスト」のⅡ．2．「信用リスク管理部門の役割・責任」、①「【審査部門の役割・責任】」(ⅱ)において、「審査部門は、与信先の財務状況、資金使途、返済財源等を的確に把握するとともに、与信案件のリスク特性を踏まえて適切な審査及び管理を行っているか。例えば、シンジケート・ローンに参加する場合、借入人について適切に実態を把握し融資判断を行っているか」として、シンジケート・ローン契約に参加するシニア・レンダーの場合でも、通常の貸付審査と同様に、借入人の実態把握と融資判断を参加金融機関が自ら行うべきであることが当然の前提とされている。

性がある。ホスト国・オフテイカーがプロジェクトファイナンスにより間接的に受ける可能性のある主なメリットとして、次の5点をあげることができる。

(i) VFMの向上

(2)(i)で前述したとおり、プロジェクトファイナンスによりスポンサーのEquity-IRRは向上する。もしスポンサーがこの向上分の富の一部をホスト国・オフテイカーに移転するとどうなるのか。スポンサーのEquity-IRRはその分向上しなくなる。しかしながら、その富の移転は、プロジェクト会社がホスト国・オフテイカーに提供される物・サービスの価格をその分安くすることになるのであり、それによりVFMが向上するのである。これによりホスト国・オフテイカーはプロジェクトファイナンスにより間接的にメリットを受けることができる可能性があるのである。

ただし、ホスト国・オフテイカーは当該富の移転をスポンサーに対して強制することはできない。ホスト国・オフテイカーは、あくまでもホスト国・オフテイカーに提供される物・サービスの価格を入札で審査できるだけであり、その富の移転の有無・度合いは、Equity-IRRの数値がスポンサーのビジネスの観点から受け入れることが可能か否か、およびプロジェクトファイナンスのシニア・レンダーにとって受け入れることができる経済性がプロジェクトにあるか否か（ホスト国・オフテイカーに提供される物・サービスの価格が低くなれば、それだけプロジェクトの経済性は低くなるのである）の観点から、最終的にはホスト国・オフテイカーによるスポンサー選定の入札におけるマーケットメカニズムで決定されるものである。この意味で、実務的には、ホスト国・オフテイカーによるスポンサー選定の入札が適正に行われること（複数のコンソーシアムによる競争を含む）がきわめて重要になる。

(ii) 資源・インフラPPPプロジェクトの選別機能

ホスト国・オフテイカーは、さまざまな資源・インフラPPPプロジェクト

を計画する。そのなかには経済性の低いプロジェクトや当該ホスト国・オフテイカーの国民の利益にあまりならないプロジェクトも含まれる。経済性の低いプロジェクトであれば、成功しないリスクがあるのであるが、他方、資源・インフラ PPP プロジェクトは本質的に公共性の高いプロジェクトである。このことから、ホスト国・オフテイカーの観点からは、資源・インフラ PPP プロジェクトが成功しない事態は可能な限り避けなくてはならない。もし経済性が低いのであれば、そもそも民間の投資を用いた形式にするのではなく、ホスト国・オフテイカーが主体となって当該プロジェクトを行うべきである。逆にプロジェクトの経済性が高くても、当該ホスト国・オフテイカーの国民のためにならない（または国民に過度の負担を強いる）プロジェクトも存在するのである。ホスト国の国民の利益になり、国民から支持されるプロジェクト、すなわちサスティナビリティの高いプロジェクトでなければ、いくらプロジェクトの経済性が高くても、事業契約の規定どおりにホスト国・オフテイカーが支払を行わないリスクがあるのである。

　シニア・レンダーは、このような経済性の低いプロジェクトや公共性の高くないサスティナビリティの低いプロジェクトには、プロジェクトファイナンスを供与できないのである。したがって、逆にプロジェクトファイナンスがつくということは、資源・インフラ PPP プロジェクトは経済性が高いプロジェクトでありかつ公共性が高いサスティナビリティの高いプロジェクトとなるのである。このように、プロジェクトファイナンスには資源・インフラ PPP プロジェクトを選別する機能があるのであり、この機能がホスト国・オフテイカーの国民のためになるのである。

(iii)　スポンサーの選別機能

　資源・インフラ PPP プロジェクトは、その成否がスポンサーの事業遂行能力に依拠したプロジェクトである。したがって、ホスト国・オフテイカーはスポンサー選定の入札において、このスポンサーの事業遂行能力を審査すべきである。しかしながら、このスポンサーの事業遂行能力は、シニア・レン

ダーによっても審査されることになる。なぜならば、資源・インフラ PPP プロジェクトがうまくいかないと、プロジェクトファイナンスのシニア・ローンが返済されなくなるからである。このように事業遂行能力が高いスポンサーのみがプロジェクトファイナンスを受けることができるのであり、このプロジェクトファイナンスのスポンサー選定機能が公共性の高い資源・インフラ PPP プロジェクトの成功という公共目的に貢献するのである。

(iv) 資源・インフラ PPP プロジェクトのモニタリング機能

3(3)で後述するとおり、シニア・レンダーは、プロジェクトファイナンスの契約を締結する前に、プロジェクトの審査を行い、プロジェクトのさまざまな項目に関して分析・評価を行う。さらに、3(4)で後述するとおり、シニア・レンダーは、プロジェクトファイナンスのシニア・ローンを実行した後も、当該プロジェクトが計画どおり行われているか、行われていないとするとその原因は何か、解決策は何かについて、プロジェクトをモニタリングすることになる。そして、このモニタリングには、単にプロジェクト会社の財務的な事項に関するモニタリングに限定されず、プロジェクトを遂行していくうえでの技術的な事項のモニタリングも含まれることになる。

たしかに、ホスト国・オフテイカーも、事業契約が締結された後も、自ら（場合により第三者に業務委託して）プロジェクトが計画どおり行われているか否かをモニタリングすべきであるが、二重チェックという観点からも、シニア・レンダーによるモニタリングが資源・インフラ PPP プロジェクトの適切な遂行の観点から重要な役割を果たすことになる。

(v) プロジェクト立直し機能

プロジェクト会社がプロジェクト会社の帰責事由により事業契約に従って事業を行うことができない場合（したがって、当該プロジェクト会社の帰責事由によりプロジェクト会社が事業契約上の義務の履行ができない場合）、それに対するホスト国・オフテイカーの対応策はどういうものか。まず、当該事業契約

の対象となる物・サービスの提供は公共性の高いものであることから、少なくとも当該事業契約上の事業期間中、当該物・サービスの提供が継続して行われる必要がある。したがって、当該ホスト国・オフテイカーの対応策は、5(5)(ii)⑦で後述するとおり、最終的には、プロジェクト会社の帰責事由による事業契約上の義務違反を理由としてプロジェクト会社との事業契約を解約して、新たなスポンサーを選任して、新たなスポンサーのプロジェクト会社との間で新たに別の事業契約を締結することとなる。また、当該事業契約を解約した場合には、それに伴い、ホスト国・オフテイカーは資源・インフラPPPプロジェクトの施設等を一度譲り受け、再度新たなスポンサーのプロジェクト会社に対して譲渡する等の手続が必要となる。新たなスポンサーの選定も含め、これらの手続には相当な時間と費用がかかることになる。

　しかしながら、プロジェクトファイナンスでは、シニア・レンダーは、ステップ・インの権利を有している。このステップ・インの権利については5(5)(ii)で後述するが、その権利の内容の1つは、スポンサーを交替させる権利である。資源・インフラPPPプロジェクトの成否はスポンサーの事業遂行能力に依拠している。もしプロジェクト会社の帰責事由によりプロジェクト会社が事業契約上の義務の履行ができないのであれば、それはスポンサーが当初想定した事業遂行能力がなかったことを意味するのである。そうであるならば、当該プロジェクトを立て直すためには、スポンサーを事業遂行能力のある会社に変更する必要があるのである。このスポンサーの交替をシニア・レンダーの主導で行うことができる権利が、このステップ・インの権利の内容の1つなのである。

　ホスト国・オフテイカーからすれば、事業遂行能力があるか否かわからない（したがって、事業契約で規定された物・サービスの提供という公共性の高い事業を行うことができるか否かわからない）会社を新たなスポンサーにすることには、抵抗感があるかもしれない。しかしながら、シニア・レンダーはだれでも新たなスポンサーにするのではない。プロジェクトが立て直されなくては、プロジェクトファイナンスのシニア・ローンが返済されなくなるのであ

る。したがって、シニア・レンダーとしては、プロジェクトファイナンスのシニア・ローンが返済されるようになるような事業遂行能力の高いスポンサーを探してきて、その会社に新たなスポンサーとなってもらうのである。その意味で、ホスト国・オフテイカーとシニア・レンダーの利害は一致しているのであり、ホスト国・オフテイカーとしては、自ら事業契約の解約等の時間と費用のかかる手続をとることなく、プロジェクトファイナンスのシニア・レンダーによりプロジェクトを立て直すことができる可能性があるのである。なお、新スポンサーに関する制限は、直接協定で規定される場合がある。この点については、5(5)(ii)⑤で後述する。

　このように、ホスト国・オフテイカーはプロジェクトファイナンスにより間接的にさまざまなメリットを受けることができる。しかしながら、特に(ii)〜(v)で前述した各種機能について、シニア・レンダーは、公共の目的を主目的としてこれらの機能を使うのではない。あくまでも、プロジェクトファイナンスのシニア・ローンの返済がなされるようにするために、これらの機能を使うのである。その意味で、これらの機能は純粋な自由競争原理そのものから導き出されるものであり、その自由競争原理の反射効としてホスト国・オフテイカーの国民のためになるにすぎないのである。金融機関は金融機関の社会的責任からこれらの機能を使うのではないのである。なお、どのような金融機関のプロジェクトファイナンスでもこれらの機能を有しているのではない。(5)で前述したとおり、プロジェクトファイナンスの専門的知識・経験を有する金融機関によるプロジェクトファイナンスのみがこれらの機能を有するのである。その意味で、プロジェクトファイナンスを提供するといっているシニア・レンダーに無条件にこのような能力が備わっているのではないことに留意する必要がある。

3 プロジェクトファイナンスの本質

(1) スポンサーの事業遂行能力に依拠しているファイナンス

　第Ⅱ編4(1)で前述したとおり、プロジェクトファイナンスの対象になる資源・インフラPPPプロジェクトは、運営が主体の事業であり、しかもその成否がスポンサー兼O&Mオペレーターの事業遂行能力に依拠しているプロジェクトである。その意味で、プロジェクトファイナンスの対象になるプロジェクトは、スポンサーの事業遂行能力により「プロジェクトのキャッシュフロー」の量に差が出るプロジェクト（スポンサーの事業遂行能力による「プロジェクトのキャッシュフロー」のボラティリティが高いプロジェクト）である。また、事業期間中スポンサー兼O&Mオペレーターが存続することが前提であることから、スポンサーの信用力もある程度必要となる。

　そして、プロジェクトファイナンス自体も、このスポンサーの事業遂行能力に依拠しているファイナンスである。プロジェクトファイナンスでは、スポンサーから保証をとらないでもシニア・ローンの返済がなされるのは、スポンサーの事業遂行能力が高いことにより、シニア・ローンの返済がなされるだけの「プロジェクトのキャッシュフロー」の量が発生するからである。

　さらに、スポンサーは、出資に対するリターンというかたちで資源・インフラPPPプロジェクトからリターンを得るが、プロジェクトファイナンスでは、このリターンを得るためには先にシニア・ローンの元利金が弁済されている必要があるメカニズムをとることになる。このメカニズムが4(2)で後述するウォーターフォール規定である。

(2) 長期の事業金融

　そもそも、金融機関によるローンには、バンキングがもつ「懐の深さ」がある。すなわち、社債の場合であれば、請求による期限の利益喪失事由が発生すれば、実務的にはかなりの確率で期限の利益を喪失することになる。しかしながら、金融機関からのローンの場合には、請求による期限の利益喪失事由が発生しても、必ずしもすぐに期限の利益を喪失することにはならない。金融機関は、その事由の問題性や借入人（債務者）を取り巻く諸般の事情を勘案して、期限の利益を喪失させるほうが得なのか否かを判断するのである。逆にいえば、金融機関は、ローンの返済が期待できないと判断するまでは、さまざまなかたちで金融機関としてできる範囲で借入人の立直しのための努力を尽くすのである。そうであるがゆえに、社債における期限の利益喪失事由は相対的に狭く規定され、ローンにおける期限の利益喪失事由は相対的に広く規定されているのである[5]。

　金融機関によるプロジェクトファイナンスの場合、このバンキングがもつ「懐の深さ」がさらに重要となる。プロジェクトファイナンスのローンは、通常10年以上の期間となる。この間、対象となるプロジェクトにはさまざまな問題が発生する。シニア・レンダーは、このさまざまな問題に、スポンサーとともに対応しなくてはならないのである。その意味で、プロジェクトファイナンスの本質は、事業会社の長期の運営事業を資金面からサポートする長期の事業金融である。

　筆者もこれまでプロジェクトの運営期間におけるさまざまな問題に対処してきた。ここで得た教訓は、普通であれば驚くような事象でも冷静に分析・対処することが重要であるということである。また、法令変更等、典型的に起こる事象に関してはあらかじめ契約でリスク分担を決めておくこともきわ

---

[5] このバンキングがもつ「懐の深さ」は、たとえば企業の信用力により社債市場で資金調達ができないような場合でも金融機関からのローンによる資金調達ができること等にも表れる。

めて重要である。問題が起こる10年前に作成・締結した契約にその問題に係るリスク分担が規定されていることも何度も経験してきた。特に、環境関係に係る法令変更は20年くらいの事業期間のなかでは必ず起こるといっても決して過言ではないのではないか。問題が起こったときに話合いで解決すると規定しても、実際に問題が起こるとなかなか解決しないのである。特にこのあたりは契約締結時の日本人のメンタリティーにはあわないかもしれないが、それでは資源・インフラPPPプロジェクトおよびプロジェクトファイナンスをやることはできない。なお、これらの問題の多くは、資源・インフラPPPプロジェクトおよびプロジェクトファイナンスの基礎理論に基づき検討すれば、基本的には合理的に決めることができる事項なのである。

(3) シニア・レンダーによるプロジェクトの審査

　シニア・レンダーもスポンサーも、同じ資源・インフラPPPプロジェクトが生み出すキャッシュフローにその成否を依拠している。その意味で、シニア・レンダーが資源・インフラPPPプロジェクトにプロジェクトファイナンスを供与するか否かを判断するにあたって審査する対象事項は、スポンサーに関する審査を除けば、基本的には、スポンサーが当該資源・インフラPPPプロジェクトに投資するか否かを判断するにあたって審査する対象事項と同じである[6]。また、この審査が、2(6)(ii)および(iii)で説明したホスト国・オフテイカーにとってのプロジェクトファイナンスのメリットである資

---

[6] 日本においては、リスクがあると最初にシニア・レンダーにそのリスクをとることができるか否かを尋ねてくる事業会社や法律事務所も存在する。しかしながら、そのリスクはまずはスポンサーがとることができるか否かを判断しなくてはならない。そのリスクに対する対処法として、代替手段が確保できるか否か等を検討するのである。本当に優秀なスポンサーであれば、シニア・レンダーにリスクをとることができるか否かを聞く前に、その対応策を検討し、それをシニア・レンダーに提示して、シニア・レンダーとしてリスクをとることができるか否かを判断してもらうのである。そのようなスポンサーのほうが、シニア・レンダーからすれば信頼できるのであり、まさにスポンサーの事業遂行能力がプロジェクトファイナンスではいちばん重要なのである。

源・インフラ PPP プロジェクトの選別機能およびスポンサーの選別機能に寄与するのである。

シニア・レンダーが資源・インフラ PPP プロジェクトにプロジェクトファイナンスを供与するか否かを判断するにあたって審査の対象とする主な事項は、次のとおりである。

(ⅰ) スポンサーの事業遂行能力および信用力ならびに用いられる技術

プロジェクトファイナンスはスポンサーの事業遂行能力に依拠しているファイナンスである以上、スポンサーの事業遂行能力の審査がきわめて重要である。また、これに付随してスポンサーの信用力も重要な要素である。なお、ここでいう事業遂行能力には、**第Ⅱ編 4(7)(ⅰ)** で前述したとおり、単なる運営および維持管理の遂行能力のみならず、プロジェクト全体を統括する意味での事業遂行能力が含まれるのである。

また、スポンサーが対象となる資源・インフラ PPP プロジェクトにおいて用いる運営および維持管理に関する技術が、当該資源・インフラ PPP プロジェクトの事業性を確保する観点から適切であるかも審査される。

なお、シニア・レンダーは、あくまでも金融機関であり、資源・インフラ PPP プロジェクトのプロではない。このことから、シニア・レンダーは、**第Ⅰ編 2(7)** で前述した独立コンサルタントからの助言を得て、スポンサーの事業遂行能力や技術を審査することになる。

さらに、複数のスポンサーがコンソーシアムを構成している場合、スポンサー同士の役割や相性といった事項も審査の対象となる。

そして、これらは、**第Ⅱ編 4(7)(ⅵ)** で前述したとおり、当該資源・インフラ PPP プロジェクトで用いられる技術がプルーブン・テクノロジーであるか否かも含め、最終的には同種または類似プロジェクトの過去の成功・失敗の事例を審査することが重要であることになる。

(ii) プロジェクトの経済性（収益性）

　スポンサーが作成するプロジェクトに関する事業計画をもとに、シニア・レンダーはプロジェクトの経済性を審査する。スポンサーが対象となる資源・インフラ PPP プロジェクトから十分利益を得ることができることが、スポンサーがプロジェクトを遂行していくうえで重要なインセンティブとなる。この観点から、プロジェクトのキャッシュフロー・モデルを作成し、当該キャッシュフロー・モデルの前提条件についてストレスをかけてもスポンサーに十分な利益があるかを分析する。これをキャッシュフローの感度分析 (Sensitivity Analysis) という。

　さらに、シニア・レンダーは、プロジェクトファイナンスの返済がなされないリスクを可能な限り小さくすべく、4(3)(iii)で後述する適切な DSCR、LLCR 等の指標をこのキャッシュフローの感度分析を通じて判断することになる。この観点から、スポンサーとの間で、4(1)で後述するデット・エクイティ・レシオを交渉することになる。

(iii) 対象となる資源・インフラ PPP プロジェクトに含まれるさまざまなリスク

　シニア・レンダーも、スポンサーと同様、マーケット・リスク、土地取得リスク、完工リスク、運営リスク、法令変更リスク、不可抗力事由リスク、ポリティカル・リスク等、対象となる資源・インフラ PPP プロジェクトに含まれるさまざまなリスクを見つけ出し、それらのリスクについて検討を加えることになる。すなわち、当該リスクについてホスト国・オフテイカーが適切にリスクを負担しているか、民間事業者が負担しているリスクについて、シニア・レンダーとしてもそのリスクをとることができるか否か、もしホスト国・オフテイカーが適切にリスクを負担していない場合、あるいはシニア・レンダーが民間事業者が負担しているリスクについてとることができない場合には、なんらかのサポート、特にスポンサー・サポートを要求するこ

とによって、シニア・レンダーにとって受け入れることのできるリスク対応策となるか等を検討するのである。なお、**第Ⅱ編5(1)(i)①**で前述したとおり、資源・インフラPPPプロジェクトにおけるリスク分担の基本的な考え方からすれば、民間事業者が負担するリスクは、運営リスク、完工リスク、資金調達リスクおよびマーケット・リスク・テイク型の場合のマーケット・リスクくらいであり、その他のリスクはホスト国・オフテイカーが負担すべきリスクである。このことからすれば、シニア・レンダーがとることができる可能性のあるリスクは、基本的には、運営リスク、完工リスクおよびマーケット・リスク・テイク型の場合のマーケット・リスクくらいである。ここでは、完工リスクおよびマーケット・リスクについて説明する。

① 完工リスク

第Ⅱ編4(8)(i)で前述したとおり、プロジェクトの完工には、物理的・機械的完工、操業完工および財務的完工の3種類の完工が存在する。プロジェクトファイナンスでは、財務的完工が問題となるが、これは**5(1)**で後述する。ここでは操業完工がなされるか否かのリスクについて説明する。

第Ⅱ編5(3)で前述したとおり、EPC契約において、プロジェクト会社はEPCコントラクターに対してプロジェクトの操業完工（今日からでも運営を行うことができる状態にすること）を一括して請け負わせ、**第Ⅱ編4(6)**で前述したシングル・ポイント・レスポンシビリティの原則から、完工リスクをEPCコントラクターに負わせている。したがって、シニア・レンダーは、このEPCコントラクターのプロジェクトを操業完工させる能力および対象となる資源・インフラPPPプロジェクトにおいて用いられるEPCの技術に関するプロジェクトの運営の観点からの適切性を審査することになる。

そして、(i)で前述したスポンサーの事業遂行能力および用いられる技術で説明したことと同様、シニア・レンダーは、**第Ⅰ編2(7)**で前述した独立コンサルタントからの助言を得て、このEPCコントラクターのプロジェクトを操業完工させる能力および対象となる資源・インフラPPPプロジェクトにおいて用いられるEPCの技術を審査するのであり、当該資源・インフラPPP

プロジェクトで用いられる技術がプルーブン・テクノロジーであるか否かも含め、最終的には同種または類似プロジェクトの過去の成功・失敗の事例を審査することが重要であることになる。

なお、スポンサーが完工保証を出す場合でも完工リスクが審査の対象となる点については、5⑴(ⅲ)で後述する。

② マーケット・リスク

第Ⅱ編4⑼で前述したとおり、資源・インフラPPPプロジェクトは、「マーケット・リスク・テイク型」および「利用可能状態に対する支払型」の2種類のプロジェクトに大別される。そして、**第Ⅱ編5⑴(ⅰ)③**で前述したとおり、マーケット・リスク・テイク型の資源・インフラPPPプロジェクトは一般的にむずかしいということが常識であるということである。

マーケット・リスク・テイク型の資源・インフラPPPプロジェクトの場合、運営リスクにはこのマーケット・リスクが含まれることになる。マーケット・リスクというものはその原因を特定することが容易でなく、不可抗力事由により物・サービスが売れなくても民間事業者がそのリスクをとらなくてはならないのである。その意味で、プロジェクト会社はその帰責事由がなくてもマーケット・リスクをとらなくてはならないのである。

このことから、マーケット・リスク・テイク型の資源・インフラPPPプロジェクトのスポンサーとなろうとする企業は、物・サービスが売れると判断できなければマーケット・リスク・テイク型の資源・インフラPPPプロジェクトのスポンサーにはならないのである。なぜならば、スポンサーはかなりの金額の金員を当該資源・インフラPPPプロジェクトに投資することになるが、物・サービスが売れないと当該投資が回収できないからである。

資源・インフラPPPプロジェクトは投機性の高い投資の対象ではない。一方で、資源・インフラPPPプロジェクトは公共性の高いプロジェクトであることから、当該プロジェクトが途中で終了することはホスト国・オフテイカーからすれば可能な限り避けなくてはならない事態である。

そして、シニア・レンダーがマーケット・リスク・テイク型の資源・イン

フラPPPプロジェクトにプロジェクトファイナンスを供与するということは、シニア・レンダーはこのマーケット・リスクもとるということを意味する。すなわち、物・サービスが売れない場合には、プロジェクトファイナンスのシニア・ローンの全部または一部が返済されないリスクをシニア・レンダーがとるのである。その意味で、少なくとも同種または類似プロジェクトの過去の成功の実績があるスポンサーでなければ、マーケット・リスク・テイク型の資源・インフラPPPプロジェクトにプロジェクトファイナンスの供与を受けることはできないのである。プロジェクトファイナンスは、あくまでもローンであり、返済されることが前提であり、一か八かの投資ではないのである。

(iv) 対象となる資源・インフラPPPプロジェクトのサスティナビリティ

第Ⅱ編4(7)(ii)で前述したとおり、対象となる資源・インフラPPPプロジェクトのサスティナビリティが高くなければ、当該プロジェクトは、事業契約でどのように規定されていても、民間事業者にとってはリスクの高い、その意味で失敗に終わるリスクの高いプロジェクトとなる。この観点からは、民間事業者のみならず、シニア・レンダーも「発展途上国のマクロ経済運営体制に多大の関心を払う必要があ」り、「実需の確認、関連インフラ等の受入れ体制が整っているかをはじめ、当該プロジェクトの経済性、経済開発上の正当性、政治的な背景・環境問題等に十分注意を払い、契約上見えないリスクを審査する必要がある」[7]のである。

たとえば、ケース②のIPPプロジェクトにおいて、とある民間事業者からすれば経済的にきわめて魅力的なIPPプロジェクトが存在したとする。しかしながら、そのIPPプロジェクトにおいて発電した電力を大都市に送電する送電網が整備されていないとするとどうなるか。そのようなIPPプロ

---

7 前掲安間「プロジェクトファイナンスの仕組みとリスク」30頁。

ジェクトは、結局のところホスト国の国民には利用されないのであり、その対価の支払の合理性についてホスト国の国民から支持されないリスクがあるのである。

このように、プロジェクトファイナンスではさまざまな事項を審査・検討するが、資源・インフラPPPプロジェクトの内容が途中で変更になると、これらの審査・検討の前提が崩れることになる。したがって、事業期間中資源・インフラPPPプロジェクトの内容が変更されないことがプロジェクトファイナンスを供与するうえでの前提条件となるのである。

さらに、**第Ⅱ編4(12)**で前述したとおり、スポンサーが資源・インフラPPPプロジェクトに投資するか否かを決める場合と同様、プロジェクトファイナンスでもさまざまな事項を審査・検討してプロジェクトファイナンスを供与できるか否かを判断するのである。その意味で、本質的にボトム・アップでプロジェクトファイナンスを供与するか否かが決まるのである。逆にいえば、はじめにプロジェクトファイナンス供与ありきでプロジェクトファイナンスを供与すると失敗するのであり、現にそのような事例は少なからず存在する。

(4) シニア・レンダーによるモニタリング

(3)で前述したとおり、シニア・レンダーは、プロジェクトファイナンスの契約を締結する前に、プロジェクトの審査を行い、プロジェクトのさまざまな項目に関して分析・評価を行う。コーポレートファイナンスの場合でも、貸付人は、コーポレートファイナンスの契約を締結する前に、借入人の信用力を審査するのである。プロジェクトファイナンスにおいて事前審査が行われることは、審査の項目は異なるが、コーポレートファイナンスにおいて事前審査が行われることと基本的に同じである。

コーポレートファイナンスは、ローンを実行した後、貸付人は借入人の信用力をモニタリングする。具体的には、借入人の計算書類を審査し、また、

特定の事業の資金を資金使途としたコーポレートファイナンスの場合であれば、当該事業の進捗状況を審査する。また、コーポレートファイナンスの契約では、借入人に資本の金額や利益の金額を一定水準に維持することを義務づける財務制限条項を規定して、契約面からもモニタリングを行う。なお、当然のことながら、貸付人は、借入人が当該財務制限条項に違反した場合に主として事業・会社の立直しのための努力を促すことを目的として財務制限条項を規定するのであり、当該違反による期限の利益喪失事由の発生を理由として貸付人が実際にローンの期限の利益を喪失させることは、借入人が事業・会社の立直しをすることがもはやできないと判断する場合であろう。

　同様に、プロジェクトファイナンスの場合にも、シニア・レンダーは、シニア・ローンを実行した後も、借入人ないしプロジェクトに関してモニタリングを行う。シニア・レンダーは、当該プロジェクトが計画どおり行われているか、行われていないとするとその原因は何か、解決策は何かについて、プロジェクトをモニタリングすることになる。そして、このモニタリングには、単にプロジェクト会社の財務的な事項に関するモニタリングに限定されず、プロジェクトを遂行していくうえでの技術的な事項のモニタリングも含まれることになる。また、プロジェクトファイナンスはスポンサーの事業遂行能力に依拠したファイナンスであることから、スポンサーの財務的な事項に関するモニタリングも必要となる。そして、問題が発生した場合には、コーポレートファイナンスの場合と同様、シニア・レンダーは、スポンサーによるプロジェクトの立直しができないと判断するまでは、さまざまなかたちで金融機関としてできる範囲でプロジェクトの立直しのための努力を尽くすのである。これが(2)で前述したまさにバンキングがもつ「懐の深さ」である。逆にいえば、このような事業金融のプロ中のプロの金融機関しか、プロジェクトファイナンスを供与することができないのである[8]。

　この点に関連して、特に技術的な事項のモニタリングに関しては、シニア・レンダーだけで判断できるものではない。第Ⅰ編2(7)で前述した独立コンサルタントの助言がないと、この機能は果たせないのである。この観点からも

経験豊富な適切な独立コンサルタントがついていることが、プロジェクトファイナンスのシニア・レンダー、そして間接的にはホスト国・オフテイカーにとって重要なのである。

　なお、日本でも、シニア・レンダーやホスト国・オフテイカーは、プロジェクトを遂行していくうえでの技術的な事項およびプロジェクト会社の財務的な事項をモニタリングすることがいわれる。しかしながら、スポンサーの財務的な事項に関するモニタリングには言及されない。その意味で日本における議論は十分でないことに留意する必要がある。特に日本のPFIでは、後述するように、プロジェクトに係るリスクは、国・地方公共団体がとるリスク以外はすべてスポンサーまたはプロジェクト会社から業務を受託する者がとる仕組みとなっており、プロジェクト会社にリスクを残さないことがいいことであると信じられている。このことから、プロジェクトに何か問題が生じてもプロジェクト会社の財務的な事項にその問題が反映されることはないのである。これではそもそもプロジェクトに問題が発生していることの端緒を見つけることができない。また、日本のタラソ福岡のPFIで実際に起こったことであるが、当該リスクをスポンサーがとっていたが、当該スポンサーが倒産したことからプロジェクトの問題が一気に現実化したことがある。これでは、早期に見つければ対応できた問題にも対応できないのである。

8　資源・インフラPPPプロジェクトにおいてはプロジェクトボンドによる資金調達がなされることがある。資金調達のコストからプロジェクトボンドによる資金調達を否定することが適切ではない。しかしながら、どのような資源・インフラPPPプロジェクトであればプロジェクトボンドによる資金調達に適しているかは別途検討する必要がある。また、証券化ではこのようなバンキングがもつ「懐の深さ」には期待できないことに留意する必要がある。さらに、近時インフラファンドが議論されているが、資源・インフラPPPプロジェクト全体のなかで具体的にどのようなプレーヤーの役割を果たすことができるのかは、十分議論されてしかるべきであろう。

4 プロジェクトファイナンスの特徴

　3で前述したとおり、プロジェクトファイナンスの本質は、スポンサーの事業遂行能力に依拠している長期の事業金融であり、シニア・レンダーが運営リスクをとる点にある。そこで、ここでは、このプロジェクトファイナンスの特徴を説明する。

(1) デット・エクイティ・レシオ

(i) デット・エクイティ・レシオの意味

　3(2)で前述したとおり、プロジェクトファイナンスの本質は長期の事業金融であり、プロジェクトファイナンスのシニア・ローン（これがデットである）の貸付金の資金使途は、対象となる資源・インフラPPPプロジェクトのプロジェクトコストの支払となる。したがって、プロジェクトファイナンスが供与される場合には、プロジェクトコストは出資およびシニア・ローンにより資金調達される。そこで、シニア・ローンと出資の比率がどのような比率となるかが問題となる。このシニア・ローンと出資の比率がこのデット・エクイティ・レシオ（Debt Equity Ratio）である。

　2(2)(i)②で前述したとおり、プロジェクトファイナンスのレバレッジ効果から、プロジェクトコストの資金調達においてシニア・ローンの比率を高めれば高めるほど、スポンサーのEquity-IRRは向上し、スポンサーにとってメリットがあることになる。他方、プロジェクトコストの資金調達においてシニア・ローンの比率を高めれば高めるほど、(3)(iii)①で後述するDSCRにおけ

る分母の金額が大きくなること（ちなみに分子の金額は異ならない）から、DSCR は小さくなり、シニア・レンダーにとって不利益となる。また、スポンサーにはある程度の出資をしてもらわないと、スポンサーがプロジェクトを放棄しても実害があまりないことになり、スポンサーのモラル・ハザードが生じることになる。したがって、スポンサーにはある程度のリスク・マネーを出資してもらう必要がある。これらの要因から、最終的にはスポンサー、シニア・レンダー双方にとって満足のいく Equity-IRR、DSCR が得られるデット・エクイティ・レシオがスポンサーおよびシニア・レンダーの間の合意によって決まるのである。なお、もしスポンサー、シニア・レンダー双方にとって合理的に満足のいく Equity-IRR、DSCR が存在しないのであれば、それはそもそもその資源・インフラ PPP プロジェクトに経済性がないことを意味するのである。

　デット・エクイティ・レシオが具体的にどのくらいの比率であるべきかは、対象となる資源・インフラ PPP プロジェクトの性質や当該プロジェクトの所在国の状況等により異なる。イメージとしては、IPP プロジェクトの場合には、シニア・ローン対出資（エクイティ。なお、劣後ローンの分を含む）が 7 対 3 ～ 7.5 対 2.5 くらいのレベルであろうか。

(ii) デット・エクイティ・レシオが求められる期間

　デット・エクイティ・レシオは、プロジェクトコストをシニア・ローンと出資でどういう比率で資金調達するかの問題である。したがって、デット・エクイティ・レシオはプロジェクトコストが支払われる設計・建設期間に問題となるのである。すなわち、設計・建設期間においては、シニア・レンダーおよびスポンサーがデット・エクイティ・レシオに応じてプロジェクトのリスクをとる必要があり、したがって、シニア・ローンと出資がこのデット・エクイティ・レシオに応じて実際に貸付実行・出資の支払がなされる必要があること（すなわち、デット・エクイティ・レシオが維持される必要があること）になる。これをエクイティ・プロ・ラタ（Equity Pro Rata）という。実際に

は、シニア・ローンの実行の前提条件として、そのシニア・ローンの実行金額に対応したデット・エクイティ・レシオの金額の出資がスポンサーによって当該シニア・ローンの実行日までになされたことが規定されることになる。

(iii) エクイティ・ラスト

スポンサーとしては、できるだけ出資を出すタイミングを後にしたほうが、その分プロジェクト会社へのキャッシュ・インの現在価値を下げることができ、その分 Equity-IRR を向上させることができる。他方、スポンサーがシニア・ローンに関して完工保証をするのであれば、設計・建設期間中、シニア・レンダーはプロジェクトのリスクをとらないことになる。そうすると、この場合、シニア・ローンと出資がこのデット・エクイティ・レシオに応じて実際にエクイティ・プロ・ラタで貸付実行・出資がなされる必要は必ずしもないことになる。このことから、スポンサーがシニア・ローンに関して完工保証している場合には、スポンサーによる当初の出資は会社法上の最小限度にとどめ、その後は先にシニア・ローンを全額実行し、その後残りの出資を行うこと（したがって、その分 Equity-IRR を向上させること。ただし、完工保証をしているので、この Equity-IRR を正当化できるかは別途議論の余地はあろう）も可能となる。この出資を最後に行うことを、エクイティ・ラスト（Equity Last）という。

なお、日本のプロジェクトファイナンスでは、シニア・ローンを実行する前に全額を出資することをシニア・レンダーが要求することがある。これをエクイティ・ラストをもじってエクイティ・ファーストと日本では呼んでいる。しかしながら、通常のプロジェクトファイナンスではエクイティ・ファーストはありえないことである。ただし、プロジェクトコストの支払期限が到来しているがまだプロジェクトファイナンスの融資契約が締結されていないような場合には、実務的には先に出資をして対応する必要がある場合もある。

(iv) 運営期間におけるデット・エクイティ・レシオ維持には合理性はない

　なお、時として、シニア・ローンが返済される期間である運営期間においてもデット・エクイティ・レシオ維持をシニア・レンダーが要求することがある。しかしながら、これもまた特に劣後ローンをバンクローンと同じであるとシニア・レンダーが誤解していることからくる誤りである。

　(3)(ii)で後述するとおり、出資に対する配当、出資の償還、劣後ローンの利息、劣後ローンの元本、いずれもプロジェクト会社からスポンサーにキャッシュを流す管でしかない。シニア・レンダーにとって重要なのは、ウォーターフォール規定によりスポンサーに支払うことができる金額の特定と実際にスポンサーに配当等できるか否かを示す配当等の要件だけである。この両者によりスポンサーに支払うことができる金額が特定されれば、後はそれを当該管を使ってスポンサーに支払うだけである。税金等の関係からどの管を先に使うべきかを判断することはあっても、シニア・レンダーの利益保護の観点からどの管を使うか使わないかを規制することにはなんらの合理性もないのである。逆にいえば、運営期間においてデット・エクイティ・レシオを求めても、その分プロジェクト会社にシニア・ローンの返済原資が増えることはないのであり、シニア・ローンがより返済される可能性が高まることはないのである。

　運営期間におけるデット・エクイティ・レシオ維持は本質的にコーポレートファイナンスの考え方であり、運営期間におけるデット・エクイティ・レシオ維持を要求するか否かは、まさにキャッシュフロー・ストラクチャーであるプロジェクトファイナンスの本質を理解しているか否かを判断する試金石の論点である。

(2) ウォーターフォール規定

(ⅰ) ウォーターフォール規定の内容

　優先貸付契約等において、ウォーターフォール規定が設けられる。この趣旨は、プロジェクトの運営期間中のキャッシュフローをその支払目的ごとに銀行口座を分けて、シニア・レンダーが当該銀行口座を管理する点にある[9]。このウォーターフォール規定においては、主に次の銀行口座が開設されることになる。

① 運営期間中にプロジェクト会社に対して支払われる金員が振り込まれる収入口座
② 公租公課等、O&M業務委託料を支払うための金員が収入口座から振り込まれるO&M業務委託料等支払口座[10]
③ プロジェクトファイナンスのシニア・ローンの元利金を弁済するための金員が収入口座から振り込まれるシニア・ローン弁済口座
④ 配当等をすることができる金員が収入口座から振り込まれる配当等支払準備口座
⑤ 実際に配当等を支払うための金員が配当等支払準備口座から振り込まれる配当等支払口座[11]

---

[9] 理論的には1つの銀行口座で、そのキャッシュフローをその支払目的ごとに管理することも不可能ではない。しかしながら、ウォーターフォール規定では、銀行口座を分けることにより、簡便にだれからみてもわかるように管理することが目的となっている。
[10] 公租公課等の支払のための口座とO&M業務委託料の支払のための口座とを分ける場合もある。
[11] 実務的には、プロジェクトによっては、これらの口座のほかに、公租公課等支払積立口座や大規模修繕積立金口座等、特定の時期に支払が発生する場合にその支払に備えてキャッシュを平準化して積み立てる口座やシニア・ローン弁済積立金口座やオペレーションコスト予備費口座等、O&M業務委託料等支払口座やシニア・ローン弁済口座に存在する金員だけでは支払期日の到来した債務の弁済ができない事態に備えて金員を積み立てておく口座が存在する。実務的には重要な口座ではあるが、プロジェクトファイナンスの基礎理論とは直接関係しないので、ここでは説明の対象外とする。

2(2)(i)①で前述したとおり、運営期間においてプロジェクト会社から出ていくキャッシュは、公租公課等、O&M業務委託料、プロジェクトファイナンスのシニア・ローンの元利金、株式・劣後ローンに係る配当等の支払である。もしプロジェクト会社から出ていくキャッシュでこれらをすべて支払うことができない場合、どの支払が優先するのであろうか。この優先順位を決めるのがこのウォーターフォール規定が設けられる趣旨である。

この順位は、優先する順位でいうと、①公租公課等、O&M業務委託料、②プロジェクトファイナンスのシニア・ローンの元利金、③株式・劣後ローンに係る配当等ということになる。ウォーターフォール規定においては、運営期間中にプロジェクト会社に対する支払の金員が振り込まれる収入口座の金員が、この順番に対応して、①O&M業務委託料等支払口座、②シニア・ローン弁済口座、③配当等支払準備口座の順番で当該支払のための金員分振替えがなされ、その後、当該口座から①公租公課等、O&M業務委託料、②プロジェクトファイナンスのシニア・ローンの元利金、③株式・劣後ローンに係る配当等が支払われるのである。なお、正確には、③株式・劣後ローンに係る配当等に関しては、金員が配当等支払準備口座に振り替えられた後、さらに配当等支払口座に振り替えられてから、株式・劣後ローンに係る配当等が支払われる。この理由は、(vi)で後述する。

そこで、なぜこの順位となるかを説明する。

(ii) ①公租公課等、O&M業務委託料および②プロジェクトファイナンスのシニア・ローンの元利金の支払の順位

まず、①公租公課等、O&M業務委託料および②プロジェクトファイナンスのシニア・ローンの元利金の支払の順位が問題となる。ここで重要なのは、プロジェクトファイナンスのシニア・ローンの返済の原資は、運営期間中の利用者からの対価支払・オフテイカーからの対価支払であることである。すなわち、プロジェクト会社の帰責事由により事業契約上の要求水準を充足しない場合やホスト国・オフテイカーが事業契約を解約した場合には、

予定どおりのホスト国・オフテイカーからの支払がなされず、プロジェクトファイナンスのシニア・ローンの返済の原資が全額確保されない可能性がある（これが、シニア・レンダーがとる運営リスクである）。

　逆にいえば、ホスト国・オフテイカーがプロジェクト会社の帰責事由により事業契約を解約した場合にはシニア・レンダーに対するプロジェクトファイナンスのシニア・ローンが全額返済されないことになることから、シニア・レンダーとしてはプロジェクトファイナンスのシニア・ローンに対する返済を後回しにしても、ホスト国・オフテイカーが事業契約を解約しないようにプロジェクト自体を継続させ、その間に立て直す必要があるのである。もしプロジェクトが立て直された場合には、運営期間中の利用者からの対価支払・オフテイカーからの対価支払が通常に戻り、その支払により後回しにした分も含め、プロジェクトファイナンスのシニア・ローンの返済を受けることができるようになるのである。したがって、①公租公課等、O&M業務委託料のほうが②プロジェクトファイナンスのシニア・ローンの元利金より支払の順位がより上位となるのである。

　ローンの返済に充てることができる金員が少しでもあれば、その金員をローンの返済に充てることは、コーポレートファイナンスの場合は鉄則である。しかしながら、たとえば、10億円の元本残高がある場合に、O&M業務委託料の支払に充てるべき1,000万円をプロジェクトファイナンスのシニア・ローンの返済に充てると、その後O&Mオペレーターはオ&M業務を行わないことになり、それがホスト国・オフテイカーによる事業契約の解約につながり、残りの9億9,000万円のシニア・ローンの返済を受けることができなくなる可能性があるのである。それよりは、1,000万円をO&M業務委託料としてO&Mオペレーターに支払い、O&M業務を継続してプロジェクトを立て直してもらったほうが、最終的に10億円全額が返済される可能性があるのである。ローンの返済に充てることができる金員が少しでもあれば、その金員をローンの返済に充てることは、プロジェクトファイナンスの場合はかえって不利なことになる可能性があるのである。

なお、プロジェクト会社に帰責事由があるのであれば、それはO&Mオペレーターに帰責事由があるのであるから、O&Mオペレーターは当該O&M業務委託料の支払を受けなくてもO&M業務を継続する義務を負うべきとの反論もあるかもしれない。しかしながら、**第Ⅱ編5(2)**で前述したとおり、O&M業務委託料はO&M業務のコストをカバーするだけで利益は含まれない。O&Mオペレーターはスポンサーであることから、無制限にO&M業務のコストを負担することは、**第Ⅱ編3(2)(vi)②**で前述したスポンサーの有限責任の原則に反するのである。

(iii)　②プロジェクトファイナンスのシニア・ローンの元利金および③株式・劣後ローンに係る配当等の支払の順位

　次に、②プロジェクトファイナンスのシニア・ローンの元利金および③株式・劣後ローンに係る配当等の支払の順位が問題となる。

　プロジェクトファイナンスにおいて、スポンサーの保証が不要である理由の1つは、運営がうまくいったらスポンサーは利益を得られるが、スポンサーがその利益を得る前にプロジェクトファイナンスのシニア・ローンの返済がなされるからである。このメカニズムがあることから、スポンサーの保証は不要なのである。そして、このメカニズムから、②プロジェクトファイナンスのシニア・ローンの元利金のほうが③株式・劣後ローンに係る配当等より支払の順位が上位となるのである。

　スポンサーが実質的なリスク・マネーを出資という形式で出しており、かつEquity-IRRが合理的に高いものであれば、スポンサーは最終的には当該出資が戻ってこないリスクはとっているものの、可能な限り出資が戻ってくるように努力するのである。さらに、予定どおりプロジェクトを運営することができれば、十分なリターンを得ることができるのである。したがって、事業遂行能力が高いスポンサーであれば、可能な限りプロジェクトを適切に運営し、かつプロジェクトに問題が発生すれば迅速に対応するのである。このスポンサーの事業遂行能力およびウォーターフォール規定により、スポン

図Ⅲ-5　ウォーターフォール規定におけるキャッシュの流れ

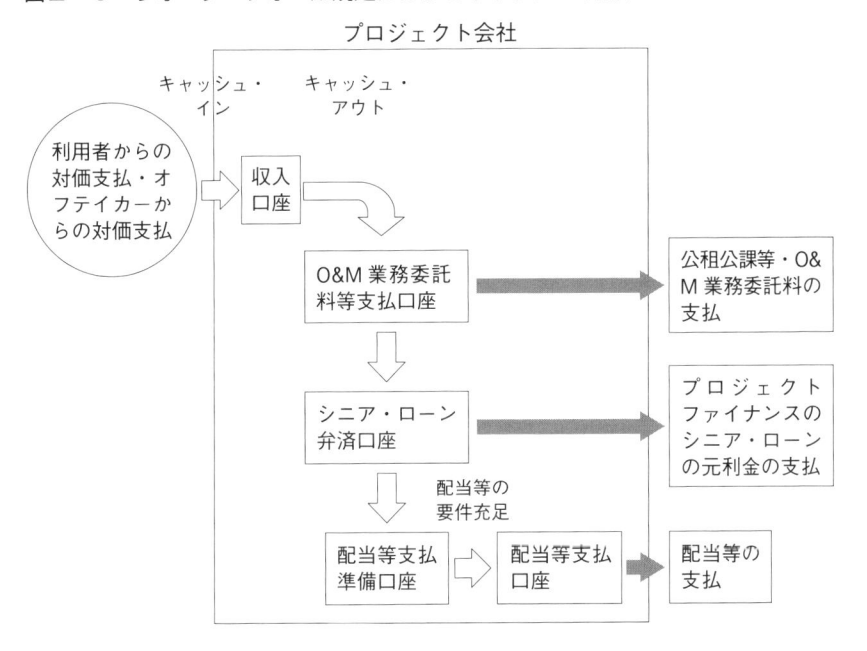

```
            プロジェクト会社
   キャッシュ・    キャッシュ・
   イン         アウト
┌─────┐   ┌────┐
│利用者からの│   │収入 │
│対価支払・オ│⇒ │口座 │
│フテイカーか│   └────┘
│らの対価支払│      ↓
└─────┘   ┌──────┐    ┌─────┐
           │O&M業務委託│    │公租公課等・O&│
           │料等支払口座│⇒  │M業務委託料の│
           └──────┘    │支払     │
              ↓       └─────┘
           ┌──────┐    ┌─────┐
           │シニア・ローン│    │プロジェクト │
           │弁済口座   │⇒  │ファイナンスの│
           └──────┘    │シニア・ローン│
             配当等の      │の元利金の支払│
             要件充足      └─────┘
              ↓
           ┌─────┐ ┌────┐ ┌───┐
           │配当等支払│⇒│配当等支払│⇒│配当等の│
           │準備口座 │ │口座   │ │支払  │
           └─────┘ └────┘ └───┘
```

サーの保証なくしてシニア・ローンの返済されることになるのである。

　このウォーターフォール規定を図示すると、図Ⅲ-5のとおりとなる。

(iv)　ウォーターフォール規定における支払順序は、一定期間ごとに適用されること

　公租公課等は通常1年ごとに支払われる。また、O&M業務委託料も一定期間ごとに支払われる。したがって、運営期間中に発生するすべての公租公課等およびO&M業務委託料が満額支払われてはじめてシニア・ローンの返済が始まることは非現実的である。また、シニア・ローンが全額返済されてはじめて株式・劣後ローンに係る配当等の支払がなされるとすると、その分レバレッジ効果が薄くなり、スポンサーが実際に支払を受ける時期が遅くなりその分プロジェクト会社からのキャッシュ・アウトの現在価値が低くな

り、Equity-IRR が低下することになる。これはスポンサーのみならずシニア・レンダーにとってもあまり望ましいことではない。

　このことから、ウォーターフォール規定における支払順序は、一定期間ごとに適用されることになる。利用可能状態に対する支払型の資源・インフラ PPP プロジェクトでは、当該 1 期間に 1 回、アベイラビリティ・フィーの支払がなされるように当該期間が設定される。また、シニア・ローンの元利金の返済期日も当該 1 期間に 1 回到来するように決められる。当該期間は設定される。実務的には、当該期間は、半期（6 カ月）または四半期（3 カ月）ごとということになろう。

　なお、基礎理論というよりやや実務上の技術的な問題であるが、たとえば、4 月 1 日から 9 月 30 日までの 6 カ月を当該 1 期間とした場合、ウォーターフォール規定の実際は、通常は毎月 1 日にその時点で収入口座に存在する金員の範囲内で、その月に支払う予定の O&M 業務委託料[12]に相当する金額の金員を O&M 業務委託料等支払口座に振り替えることになる。そして、その最後の月の 1 日に、その時点で収入口座に存在するすべての金員について、まずその月に支払う予定の O&M 業務委託料に相当する金額の金員を O&M 業務委託料等支払口座に振り替え、次にその月に弁済する予定のシニア・ローンの元利金に相当する金額の金員をシニア・ローン支払口座に振り替え、その後の収入口座の残金全額を配当等支払準備口座に振り替えることになる。

　したがって、理想をいえば、アベイラビリティ・フィーの支払は半年ごとで 4 月 1 日になされ（かつその 4 月 1 日に支払われた分は、4 月 1 日にその時点で収入口座に存在する金員に含め）、シニア・ローンの元利金の返済期日は 9 月のいずれかの日とすることができればいちばんである。この条件であれば、(3)(iii)①で後述する DSCR の計算において、当該 DSCR が前提とする一定の期

---

[12]　なお、公租公課等は、通常は年に一度の支払であることから、とある月に 1 年分の公租公課等をまとめて振り替えることは適切ではない。公租公課等支払積立口座等を使って計画的に対応する必要がある。

間を4月1日から9月30日までの期間とし、4月1日のアベイラビリティ・フィーの支払金額ならびに4月1日から9月30日までの期間のO&M業務委託料の支払金額をDSCRの分子の数字に用いることができ、かつ9月のシニア・ローンの元利金の弁済金額をDSCRの分母に用いることができる。

　しかしながら、たとえば、アベイラビリティ・フィーの支払が6カ月ごとの4月5日および10月5日である場合、4月のO&M業務委託料の支払原資は、当該4月が属する期間ではなく、その前の期間中である10月5日に支払われたアベイラビリティ・フィーの支払となる。このように特定の期間のDSCRの計算において、その特定の期間中のキャッシュ・インが必ずしもその期間中のキャッシュ・アウトの原資とはならない可能性があるのである。通常は各種支払は平準化しているので数字上の問題はあまり生じないかもしれない。しかしながら、平準化していない場合や、大規模な定期修繕がある場合には、厳密には、DSCRの定義において、キャッシュフローにあわせてこれらを規定する必要がある。

(v) 配当等の要件

　収入口座から配当等支払準備口座に振り替えられた金員を、スポンサーが「無条件で」配当等によりプロジェクト会社から受け取ることができるのではない。なぜならば、(iv)で前述したとおり、ウォーターフォール規定における支払順序は、一定期間ごとに適用される。しかしながら、収入口座から配当等支払準備口座に金員が振り替えられた時点でプロジェクトが予定どおりに運営されておらず、近い将来にシニア・ローンの元利金の弁済ができない程度に利用者からの対価の支払やオフテイカーからの対価の支払が減少するリスクがあるからである。このような場合には、スポンサーにプロジェクトからの利益を得させることはできず、プロジェクトの立直しが必要となる。この観点から、スポンサーがプロジェクト会社から配当等を受けることができるための要件が規定されることになる。

　この要件が充足しているか否かを判断する基準日は、収入口座から配当等

支払準備口座に金員が振り替えられる時にシニア・ローン元利金弁済口座に金員が振り替えられるが、通常は、当該振り替えられた金員で弁済することが想定されているシニア・ローンの元利金弁済期日である。また、当該配当等の要件のうち、どのプロジェクトにも共通して用いられる要件は、ウォーターフォール規定が適用されるのが半期ごとであることを前提とすると、次のとおりである。

① 財務的完工が達成されていること
② 優先貸付契約上の期限の利益喪失事由または潜在的期限の利益喪失事由が発生していないこと
③ 当該シニア・ローンの元利金弁済期日が含まれる半期およびその翌半期の計画DSCRがそれぞれXXを超えていること
④ 当該シニア・ローンの元利金弁済期日が含まれる半期の直前の半期およびその直前の半期の実績DSCRがそれぞれYYを超えていること

①については、5(1)(ii)②で後述する。優先貸付契約上の期限の利益喪失事由または潜在的期限の利益喪失事由が発生していれば、それはとりもなおさずプロジェクトが予定どおりに運営されていないことを意味するので、②が要件になることは当然であろう。③および④が要件になる理由は、(3)(iii)①(B)で後述する。ここで留意すべきは、2半期分の実績DSCRが要求されていることである。これは2回のシニア・ローンの元利金の弁済がすでになされていることを前提としていることである。これを明確にするために、別途、2回のシニア・ローン元利金の弁済がすでになされていることが、配当等の要件として規定される場合もある。

なお、この要件が充足しているか否かを判断する基準日である当該シニア・ローンの元利金弁済期日において、③や④で規定されたDSCRの計算根拠を実務的にタイムリーに準備できるか否かが重要である。もしできないのであれば、その分実際のスポンサーへの配当等の支払のタイミングが遅くなることになる。

(vi) 配当等支払準備口座および配当等支払口座が別々に開設される理由

(iv)で前述した例でいえば、収入口座から配当等支払準備口座に金員が振り替えられる日は9月1日である。他方、配当等の要件が判断される日は9月20日である。9月20日までは配当等支払準備口座に存在する金員はシニア・レンダーのコントロール下に置かれなくてはならない。したがって、配当等支払準備口座のうえにはシニア・レンダーのために担保権が設定されなくてはならない。プロジェクトファイナンスにおいて担保権が設定される理由は5(4)で後述する。他方、9月20日に配当等の要件が充足すれば、配当等支払準備口座に存在する金員はスポンサーが自由に処分できるものにする必要がある。そのことから、当該金員をシニア・レンダーのための担保権が設定されていない配当等支払口座に振り替える必要があるのである。これが配当等支払準備口座および配当等支払口座が別々に開設される理由である。なお、9月1日の段階で収入口座から配当等支払準備口座への振替えを行わず、9月20日に配当等の要件が充足してはじめて直接配当等支払口座に振り替えればいい（したがって、配当等支払準備口座は不要）との考え方もあるかもしれない。しかしながら、もし9月2日から9月20日までの間に収入口座に入金があったとしたらどうなるのか。当然のことながら、当該入金分は9月20日に配当等の要件が充足しても9月20日に配当等支払口座に振り替えることはできない。このように同一の口座に振り替えることができる金員とできない金員が存在することは、運営期間中のキャッシュフローをその支払目的ごとに銀行口座を分けてキャッシュフローを管理するウォーターフォール規定の目的に反するのである。

なお、もし9月20日に配当等の要件が充足しなかった場合には、配当等支払準備口座に存在する金員は収入口座に振り替えられ、次の期間の支払の原資となる。

(3) キャッシュフロー・ストラクチャー

1(1)で前述したとおり、プロジェクトファイナンスは、原則として主たる返済原資が当該プロジェクトのキャッシュフローに依拠したファイナンスである。この「キャッシュフロー」という文言は多義的であり、その使われる文脈によってその内容が異なる。

たとえば、企業の価値を計る際に、キャッシュフローの観点から当該企業の価値を計る場合がある。この場合、企業の事業価値は、事業が生み出すキャッシュフローの現在価値の合計金額であると説明される。ここでは、事業が生み出す将来のキャッシュフローを予想し、それを現在価値化して事業の価値を定めることになる。この場合、いわゆる間接法のキャッシュフローが用いられることが多く、そこでは損益計算書を前提にして、その税引前当期純利益からノンキャッシュ要因等を加味してキャッシュフロー計算書が作成されることになる。EBITDA（Earnings Before Interest, Taxes, Depreciation and Amortization）もこの考え方に基づくキャッシュフローを計る指標である。

しかしながら、プロジェクトファイナンスにおけるキャッシュフローはこの間接法のキャッシュフローとは若干内容が異なる。たとえば、間接法のキャッシュフローの場合には完全にノンキャッシュ要因を排除されてはいないのではないか。他方、プロジェクトファイナンスにおけるキャッシュフローにおいては、たとえばプロジェクト会社が3月20日に支払う義務のある債務がある場合、その支払原資が3月20日より前にプロジェクト会社に入金されれば、プロジェクト会社は当該債務を支払うことができる。しかしながら、その支払原資が3月20日より後（たとえば、3月25日）に入金されるのであれば、プロジェクト会社は当該債務を支払うことができないのである。企業の事業価値を計る際にはこのような支払のタイミングは考慮する必要はないのかもしれない。しかしながら、プロジェクトファイナンスにおけるキャッシュフローにおいては、むしろこのような支払のタイミングも重要な

要素になるのであり、完全にノンキャッシュ要因を排除し、直接法のキャッシュフローにより実際の金員の出入りを把握する必要があるのである。少なくとも筆者が知る限り、海外のプロジェクトファイナンスでは直接法のキャッシュフローでプロジェクトの経済性を検証していると思われる。これは、黒字の会社でも日々のキャッシュの出入りを確認し、資金ショートが起きないようにすることと基本的には同じである。

このキャッシュフロー・ストラクチャーであることがプロジェクトファイナンスにおける最大の特徴であるということができる。そこで、以下、このキャッシュフロー・ストラクチャーがプロジェクトファイナンスにおいてどのような特徴をもたらすかを説明する。

(i) スポンサー（株主）による劣後ローンの供与

第Ⅰ編2(2)脚注4等で前述したとおり、スポンサーによるプロジェクト会社に対する資金の提供方法はプロジェクト会社に対する出資に加え、劣後ローンの供与によることもある。むしろ、実務的にはプロジェクト会社の設立国の会社法において要求される最低資本金額を超える部分については、劣後ローンの供与で対応している。一般論としては、支払順序の観点からすれば、プロジェクト会社がローンより出資で資金調達するほうがプロジェクト会社の債権者はより保護されることになる。しかしながら、プロジェクトファイナンスではこのことが問題となることはない。そこで出資ではなく劣後ローンが用いられる理由は何かが問題となる。プロジェクトファイナンスにおいて出資ではなく劣後ローンが用いられる理由は、主に2点にある。以下、この2つの理由を説明する。

① 劣後ローンが用いられる第一の理由——税法上のメリット

プロジェクトファイナンスにおいて出資ではなく劣後ローンが用いられる第一の理由は、プロジェクト会社の所在国とスポンサーの所在国が異なるクロスボーダー案件において、利息にかかる源泉徴収税の利率が配当にかかる源泉徴収税の利率より低いことによる。これにより、スポンサーはプロジェ

クト会社からの金員を利息の形式で受け取るほうが、配当の形式で受け取る場合よりより多くの金員を得ることができるのである。また、特にクロスボーダー案件に限定されないが、利息はプロジェクト会社の課税所得において損金算入できるが、配当は損金算入できない点もあげられる。ただし、この点については、いわゆる過小資本税制（Thin Capitalization）の問題が生じうる。

② 劣後ローンが用いられる第二の理由——ローカル・ディビデンド・ストッパーの排除

プロジェクトファイナンスにおいて出資ではなく劣後ローンが用いられる第二の理由は、プロジェクト会社の設立国の会社法上、配当可能利益がないと配当ができない（この配当ができない要件を、プロジェクトファイナンスの専門用語でローカル・ディビデンド・ストッパー（local dividend stopper）という）が、キャッシュフロー・ストラクチャーではこの会社法上の配当可能利益が存在しなくてもスポンサーに対して支払うことができる金員が存在する場合（ウォーターフォール規定で、配当等支払口座まで金員が振り替えられる場合）がある。このスポンサーに対する支払を可能とするために出資ではなく劣後ローンが用いられ、劣後ローンの元利金の支払の名目でこのスポンサーに対して支払うことができる金員を支払うのである。おそらく、第一の理由よりこの第二の理由のほうが、プロジェクトファイナンスにおいて出資ではなく劣後ローンが用いられることのより実質的な理由であろう。

たとえば、スポンサーによるプロジェクト会社への投資が全額出資でなされ、かつ会社法上の配当可能利益が0であることを前提とする。これを図示すると図Ⅲ-6のとおりとなる。

この場合、仮に資産の部にアミかけで示した現金が存在してもスポンサーに対する配当はできないことになる。そして、たとえば、負債の部の斜線で示した部分の債務の支払期日は10年後とする。そうすると10年後の支払のために現時点において資産の部に当該債務に対応する資産を残しておかなくてはならず、その資産は現金であるかもしれないのである。

図Ⅲ－6　出資のみの場合のプロジェクト会社の
貸借対照表における現金

資　産	負　債
現　金	10年後に返済義務発生
	資本（日本では純資産） 配当可能利益は0

　しかしながら、もし負債の部の斜線で示した部分の債務に相当する現金が10年以内に必ずプロジェクト会社に入ってくるのであれば、現時点においてアミかけで示した部分の現金をプロジェクト会社に置いておく実質的な理由はない。そこで、このアミかけで示した部分の現金を現時点でスポンサーに対して支払うことを可能とするために、出資ではなく劣後ローンの形式をとり、当該アミかけで示した部分の現金のスポンサーへの支払を、スポンサーに対する劣後ローンの元利金の支払という形式により実現させるのである。もちろん、劣後ローンの元利金の支払であれば、会社法上の配当可能利益が存在しなくてもプロジェクト会社は当該支払を行うことができるのである[13]。これを図示すると図Ⅲ－7のとおりとなる。

　なお、会社法上の配当可能利益が存在するまでプロジェクト会社はスポンサーに対する支払をしなければいいとの反論があるかもしれない。しかしながら、言わずもがなであるが、スポンサーとしては1日でも早くプロジェクト会社からの当該支払を受けたほうが当該支払われた金員の現在価値が高く

図Ⅲ-7　出資および劣後ローンの場合のプロジェクト会社の
　　　　貸借対照表における現金

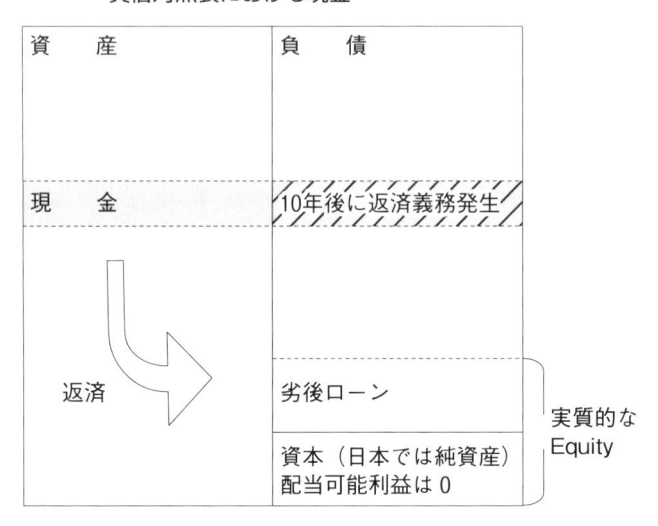

資　　産	負　　債
現　　金	10年後に返済義務発生
返済 →	劣後ローン ┐ 実質的な 　　　　　　│ Equity 資本（日本では純資産）┘ 配当可能利益は0

なるのであり、その分 Equity-IRR は高まるのである。したがって、会社法上の配当可能利益が存在するまで当該支払をすることができないこととなると、Equity-IRR の低下により最終的にはホスト国・オフテイカーにとっても不利益となることに留意する必要がある。

③　コーポレートファイナンスとの比較の観点からのプロジェクトファイナンスの特徴

　一般論としていえば、コーポレートファイナンスは、主にバランスシートを中心とした計算書類という評価が加味された数字に基づくファイナンスで

13　配当可能利益が存在するということは、プロジェクト会社に利益が存在することを意味するのであり、したがってプロジェクト会社に税金がかかり、その分スポンサーに支払うことができる金員が少なくなるのである。スポンサーの投資の効率を計る指標がEquity-IRR であることからすれば、プロジェクト会社へのキャッシュ・インの金額が同じであれば、スポンサーに支払うことができる金員を少しでも多くするほうがEquity-IRR が向上し、スポンサーはより高いリターンを得ることになるのである。したがって、キャッシュフロー・ストラクチャーでは、合法的に可能な範囲内で、プロジェクト会社は利益を出さない形式でプロジェクト会社を経営するほうがいいことになる。

あり、プロジェクトファイナンスは直接法のキャッシュフローという事実の数字に基づくファイナンスということできる。このことは、たとえば、コーポレートファイナンスのローン契約では、借入人の資本の金額や利益の金額を維持することを誓約する財務制限条項が規定される場合があるが、プロジェクトファイナンスのローン契約では、このような資本の金額や利益の金額に関する財務制限条項が規定されることはないのである。

このように、キャッシュフロー・ストラクチャーでは、実質的に赤字「配当」（もちろん、この「配当」の法形式は会社法上の株主に対する配当ではない）が可能となる。他方、これはプロジェクトファイナンスの借入人に限定されないが、黒字の会社でも資金ショートすれば、キャッシュフロー・ストラクチャーの観点からすれば、黒字倒産するのである。その意味で、主にバランスシートを中心とした計算書類の世界とは少々異なる非ユークリッド幾何学のような側面が、キャッシュフロー・ストラクチャーの世界には存在するのである[14]。

④　エクイティ・エクイバレントとしての劣後ローン

このようにスポンサーの劣後ローンは、実質的には出資であり、①および②で前述した理由によりその法形式を劣後ローンにしたにすぎない。この意味で、スポンサーの劣後ローンはエクイティ・エクイバレント（Equity Equivalent、出資同等）と呼ばれる。このことから、次のことが導き出される。

(A)　Equity-IRR における劣後ローンの取扱い

Equity-IRR の計算においては、劣後ローンは Equity として取り扱うこと

---

[14] そもそも黒字でも倒産することから、通常、倒産手続開始の要件として、債務超過とは別に支払の停止が規定されるのである。なお、プロジェクトファイナンスの借入人（すなわち、プロジェクト会社）の場合、債務超過でもキャッシュフローとしては予定どおり潤沢に存在する場合もある。このような場合は、倒産手続開始の要件としての債務超過の要件は充足しないと解釈すべきであろう。これは、通常の事業会社でも債務超過が一時的な場合には倒産手続開始の要件として債務超過の要件は充足しないと解釈すべきことと本質は同じである（伊藤眞『破産法・民事再生法Ⅰ〔第2版〕』（有斐閣）83～84頁参照）。同様に、優先貸付契約でプロジェクト会社に倒産手続開始の要件が充足したことを期限の利益喪失事由と規定する場合があるが、このような場合は、この期限の利益喪失事由には該当しないと解釈すべきであろう。

になる。まさに劣後ローンの元利金の支払は実質的には出資に関する支払と同じであり、スポンサーの利益を含むからである。

　逆にいえば、出資や劣後ローンはスポンサーへ金員を支払うための管であり、キャッシュフロー・ストラクチャーにおいて当該管の種類は問われないのである。なお、プロジェクト会社の経営に関するコントロールから出資にすべきとの意見もあるかもしれない。しかしながら、経営権は本質的に出資の割合により決まるものであり、出資の絶対額で決まるものではない。したがって、実務的には出資の金額は、プロジェクト会社の設立国の会社法において要求される最低資本金額に限定されることが多いのである。

(B)　ホスト国・オフテイカーによるプロジェクト会社の最低資本金の金額の設定の非合理性

　ホスト国・オフテイカーによっては、資源・インフラPPPプロジェクトにおけるプロジェクト会社の最低資本金の金額を設定する場合がある。しかしながら、そもそもプロジェクトコストのうちいくらを出資またはシニア・ローンで資金調達するかはスポンサーが対ホスト国・オフテイカーとの関係では自由に決めることができなくてはならない事項である。したがって、ホスト国・オフテイカーが資源・インフラPPPプロジェクトにおけるプロジェクト会社の最低資本金の金額を設定することは非合理的なことである。さらに、前述(A)のとおり、スポンサーによる投資部分についても基本的には出資の金額は、プロジェクト会社の設立国の会社法において要求される最低資本金の金額のみで行われる必要があるのである。この観点からも、ホスト国・オフテイカーが、資源・インフラPPPプロジェクトにおけるプロジェクト会社の最低資本金の金額を設定することには合理性はないのである。

　この点、プロジェクト会社の設立国の会社法によっては、一定の金額以上の資本金の場合には、会社は監査等を行う義務が課されている場合がある。この法定の監査等の義務をプロジェクト会社に課すためにプロジェクト会社の最低資本金の金額を設定する必要があるとの反論があるかもしれない。しかしながら、そのような義務をプロジェクト会社に課す必要があるのであれ

ば、事業契約でプロジェクト会社の義務として規定すれば十分である。②で前述したとおり、プロジェクト会社の最低資本金の金額を設定すると、その分プロジェクト会社からスポンサーに対する支払のタイミングが遅くなり、Equity-IRR が低下し、最終的にはホスト国・オフテイカーにとっても不利益となるのである。

　Ⓒ　各スポンサーの出資割合と劣後ローン拠出割合は同じ

　これまでに何度も述べたとおり、資源・インフラ PPP プロジェクトおよびプロジェクトファイナンスは、スポンサーの事業遂行能力に依拠している。もし複数のスポンサーが存在している場合、各スポンサーの事業遂行能力に応じてプロジェクト会社の経営権を有し、かつ利益を得るようにするのが合理的である。そうすると、経営権および利益を表す出資ならびに利益を表す劣後ローン双方について、各スポンサーが同じ比率で有することが合理的である。このことからも、シニア・レンダーもホスト国・オフテイカーも、各スポンサーの出資割合のみならず劣後ローン拠出割合も審査の対象とする必要があるのである。

　Ⓓ　劣後ローンとバンクローンであるプロジェクトファイナンスのシニア・ローンとでは本質が異なること

　時として、劣後ローンをバンクローン（金融機関によるデットとしてのローン）と同様に考えるスポンサーも存在する。5(4)で後述するように、プロジェクトファイナンスでは、シニア・ローン債権を担保するためにプロジェクト会社の資産のうえに担保権が設定される。このことから、スポンサーのなかには、たとえば劣後ローン債権を担保するためにプロジェクト会社の資産のうえに第二順位で担保権を設定することを要求してくることがある。

　しかしながら、劣後ローンはバンクローンではない。劣後ローン債権は出資に関する配当請求権および償還請求権と本質は同じなのである。出資に関する配当請求権および償還請求権を担保するために担保権を設定することはない。そうであるならば、劣後ローン債権を担保するためにプロジェクト会社の資産のうえに担保権を設定することはあってはならないことなのである。

また、5(4)で後述するように、プロジェクトファイナンスにおける担保権の設定は、当該担保権の実行により直接債権の回収を図ることを目的としたものではなく、スポンサーがプロジェクトを予定どおりに遂行できない場合に当該スポンサーを交替させ、新たなスポンサーにプロジェクトを移転させることを目的としている。他方、スポンサーがこの目的（すなわち、当該スポンサー自身がプロジェクトを予定どおりに遂行できないことから別のスポンサーにプロジェクトを移転させる目的）で担保権を設定することはありえないことである。この担保権を設定する目的の観点からも、劣後ローン債権を担保するためにプロジェクト会社の資産のうえに担保権を設定することにはまったく合理性はないのである。この考え方は、本質的にコーポレートファイナンスの考え方であり、プロジェクトファイナンスの考え方ではないのである。

(E)　劣後ローン債権のうえへの担保権の設定

　逆に、5(4)で後述するように、プロジェクトファイナンスでは、シニア・ローン債権を担保するためにスポンサーの出資のうえにも担保権が設定される。そして、劣後ローンもエクイティ・エクイバレントである以上、シニア・ローン債権を担保するためにスポンサーの劣後ローン債権のうえにも担保権が設定される。

　この点、スポンサーの出資のうえにのみ担保権を設定し、劣後ローン債権のうえには担保権を設定しないこと（したがって、スポンサーがプロジェクトを予定どおりに遂行できない場合にも、出資だけ新スポンサーに移転し、劣後ローンは旧スポンサーが保有し続けること）を主張するスポンサーも存在する。しかしながら、新スポンサーに出資だけ移転するとどうなるのか。新スポンサーが努力してプロジェクトを立て直すと、その立直しの利益が劣後ローンの支払となる。すなわち、新スポンサーによるプロジェクトの立直しの利益がプロジェクトの遂行に失敗した旧スポンサーに支払われるのである。これでは、プロジェクトの立直しをしようとするスポンサーは現れないのである。あくまでも、劣後ローンは、その保有者に対して金員を支払うための管なのである。その管は新スポンサーに移転させる必要があり、したがって、シニ

ア・ローン債権を担保するためにスポンサーの劣後ローン債権のうえにも担保権が設定される必要があるのである。

　(F)　ウォーターフォール規定における取扱いは出資と同じ

　2(2)(i)①で前述したとおり、運営期間においてプロジェクト会社から出ていくキャッシュは、公租公課等、O&M業務委託料、プロジェクトファイナンスのシニア・ローンの元利金、株式・劣後ローンに係る配当等の支払である。そして、(2)(i)で前述したとおり、ウォーターフォール規定における支払の順序もこの順序である。株式・劣後ローンに係る配当等の支払においては、(2)(v)で前述したとおり、配当等の要件が定められることになり、当該配当等の要件が充足されてはじめて株式・劣後ローンに係る配当等の支払がなされるのである。逆にいえば、当該配当等の要件が充足しなければ株式・劣後ローンに係る配当等の支払はなされないのである。

　この点、スポンサーから劣後ローンの支払にはこの配当等の要件の充足を不要とすることを主張される場合があるが、劣後ローンはエクイティ・エクイバレントである以上、出資の支払と取扱いを異にする合理的な理由はないのである。

　(G)　劣後ローンは相対劣後債権

　最後に、このスポンリーの劣後ローンはいわゆる「相対劣後」であることに留意する必要がある。劣後債権には、絶対劣後債権と相対劣後債権が存在する。

　絶対劣後債権とは、劣後債権の債務者が法的に倒産した場合、当該倒産手続においてすべての通常の債権に劣後し、すべての通常の債権が満額支払われた場合にのみ支払がなされることを意味する。絶対劣後ローンは、主にBIS規制において金融機関が資本と同視できることから金融機関が債務者となって利用される劣後ローンである。

　これに対し、相対劣後債権とは、とある特定の債権（これが優先債権となる）との関係でのみ支払が劣後することを意味する。相対劣後債権の支払の順位は、他の通常の債権の支払と同順位である。したがって、相対劣後債権は、

劣後債権の債務者が法的に倒産した場合でも、当該倒産手続においてすべての通常の債権と同順位で支払を受ける債権である。相対劣後債権は、このように劣後に関して絶対効はないのである。あくまでも、優先債権の債権者および劣後債権の債権者（ならびに債務者）との合意により、契約として効力を有するだけである。そしてその優先劣後の効力を実現するために、優先債権の債権者および劣後債権の債権者双方を代理する者が債務者からの支払を受領し、当該優先劣後関係に従って支払うことになるのである。

　プロジェクトファイナンスにおけるこの優先債権は、当然のことながら、シニア・ローン債権である。そして、(2)(iii)で前述したウォーターフォール規定という当事者間の契約により、この優先劣後関係に従った支払がなされることになる。

　そもそもプロジェクトファイナンスにおいて劣後ローンが用いられる理由は、①および②で前述した税法上のメリットおよびローカル・ディビデンド・ストッパーの排除である。そして、シニア・レンダーの立場からすれば、ウォーターフォール規定による優先劣後関係が実現すれば十分であり、それ以上に劣後ローンを劣後させることは不必要なことである。

　これに対して、シニア・レンダーの立場からしても絶対劣後にしても不利益はないとの反論もあるかもしれない。しかしながら、5(4)で後述するように、シニア・レンダーはスポンサーが保有する劣後ローン債権のうえに担保権を設定するのである。もしプロジェクトがうまく遂行されず、かつ最終的に新たなスポンサーを探し出すことができなかった場合には、シニア・レンダーはコーポレートファイナンス・ベースの債権回収を図ることになる。プロジェクト会社が倒産した場合、劣後ローンが相対劣後であれば、当該倒産手続において劣後ローンは通常の債権と同順位で支払がなされることになり、いかばかりかの支払がなされる可能性がある。この場合、シニア・レンダーは劣後ローン債権のうえに設定した担保権の実行により、当該劣後ローン債権に対する支払をシニア・ローンの支払に充てることができることになる。しかしながら、劣後ローンを絶対劣後にすると、この劣後ローンに対す

る支払はなされないことになり、したがって、シニア・レンダーは相対劣後の場合に受けることのできたシニア・ローンの支払を受けることができなくなるのである。すなわち、シニア・レンダーの立場からは、絶対劣後にすると不利益を受ける可能性があるのである。

(ii) スポンサーへの金員の支払の名目は重要でない

　プロジェクト会社からスポンサーへの金員の支払の法律上の名目は、出資に対する配当、出資の償還、劣後ローンの利息および劣後ローンの元本の支払のいずれかである。しかしながら、Equity-IRR の計算において、スポンサーへの金員の支払の名目により Equity-IRR の数値が異なることは（税務上の違いを除き）ない。また、(2)(v)で前述した株式・劣後ローンに係る配当等の支払における配当等の要件においても、スポンサーへの金員の支払の名目により当該要件が異なることもない。このことは、プロジェクトファイナンスのキャッシュフロー・ストラクチャーにおけるプロジェクト会社からのスポンサーへの支払においては、事実としてのキャッシュの支払だけが問題となることを意味する。したがって、プロジェクトファイナンスのキャッシュフロー・ストラクチャーにおいては、出資に対する配当、出資の償還、劣後ローンの利息および劣後ローンの元本は、あくまでも当該キャッシュをプロジェクト会社からスポンサーに対して支払う管でしかないのである。逆にいえば、当該管をいつ、どのくらいの金額で使うかは、プロジェクトファイナンスのキャッシュフロー・ストラクチャーにおいては、スポンサーの自由なのである。

　ただし、実際には、どの管を使うかにより税務上の問題が生じる可能性がある。スポンサーとしては、当該税務上の観点もふまえ、どの管を使うかを決めることになる。

(iii) DSCR、LLCR および PLCR

　(i)③で前述したとおり、プロジェクトファイナンスの場合には、借入人の

計算書類上の数値である資本の金額や利益の金額に依拠すること（すなわち、信用力（支払能力）の指標とすること）はできない。それでは、かわりに何に依拠するのであろうか。

(3)(i)の2つの図で説明したとおり、「もし負債の部の斜線で示した部分の債務に相当する現金が10年以内に必ずプロジェクト会社に入ってくるのであれば、現時点においてアミかけで示した部分の現金をプロジェクト会社に置いておく実質的な理由はない」。したがって、問題となるのは、本当に「負債の部の斜線で示した部分の債務に相当する現金が10年以内に必ずプロジェクト会社に入ってくる」か否かである。シニア・ローンでいえば、シニア・ローンの返済期日までに当該シニア・ローンの返済原資が必ずプロジェクト会社に入ってくるか否かである。この返済原資がプロジェクト会社に入ってくるか否かを判断する指標が、デット・サービス・カバレッジ・レシオ（Debt Service Coverage Ratio；DSCR）（元利金返済カバー率といわれることもある）およびローン・ライフ・カバレッジ・レシオ（Loan Life Coverage Ratio；LLCR）である。すなわち、これらの指標が、プロジェクトファイナンスにおける借入人の支払能力を示す指標となるのである。そこで、以下この2つについて説明する。

① DSCR

DSCRは、一定の期間（この期間は、シニア・ローンの元利金が支払われる支払期日の間隔の期間で、通常は6カ月または3カ月であり、通常は、プロジェクト会社の半期または四半期の期間と同じである）において、当該期間に支払われるシニア・ローンの元利金に対して、どのくらいの当該シニア・ローンの元利金の返済原資があるかを示す指標である。これを式にして表すと、次のとおりとなる。なお、このシニア・ローンの元利金の返済原資を、キャッシュ・アベイラブル・フォー・デット・サービス（cash available for debt service）という。

$$\text{DSCR} = \frac{\text{一定期間元利金等返済前キャッシュフロー}}{\text{当該期間のシニア・ローン弁済元利金}}$$

ここで留意すべきは、この式の分子の一定期間元利金等返済前キャッシュフローが何を意味するかである。「キャッシュフロー」の意味は多義的であるが、ここでは、当該期間にプロジェクト会社に支払われる金員（すなわち、運営期間（シニア・ローンの支払は運営期間になされることに留意）にプロジェクト会社に入ってくるキャッシュ＝原則として、利用者からの対価支払・オフテイカーからの対価支払）の金額から当該期間の公租公課等の金額およびO&M業務委託料の支払の金額を差し引いた金額である。

　　一定期間元利金等返済前キャッシュフロー
　　＝当該期間にプロジェクト会社に入ってくるキャッシュの金額
　　　－（当該期間の公租公課等の支払の金額＋当該期間のO&M業務委託料の支払の金額）

　一定期間元利金等返済前キャッシュフローは、大雑把にいえば、当該期間に係るプロジェクトファイナンスのシニア・ローンの元利金の弁済の金額および株式・劣後ローンに係る配当等の支払の金額の合計金額である。なぜ、公租公課等支払の金額およびO&M業務委託料支払の金額を差し引くかは、(2)(ii)のウォーターフォール規定の①公租公課等、O&M業務委託料および②プロジェクトファイナンスのシニア・ローンの元利金の支払の順位で前述したとおり、シニア・レンダーとしてはプロジェクトファイナンスのシニア・ローンに対する返済を後回しにしても、ホスト国・オフテイカーが事業契約を解約しないようにプロジェクト自体を継続させ、その間に立て直す必要があるからである。

　このDSCRの数値が大きければ大きいほど、実際にプロジェクト会社に入ってくるキャッシュの量が予想より少ない事態または実際のO&M業務委託料が予想よりかかる事態が発生しても（したがって、プロジェクト会社が予想より運営をうまくできなくても）、シニア・ローンの元利金の返済がなされる可能性が高いことになるのである。

　このDSCRの用いられ方は、次のとおりである。

(A) キャッシュフローの感度分析の段階におけるファイナンスの条件の決定

　そもそも、シニア・レンダーは、3(3)(ii)で前述したシニア・レンダーによるプロジェクトの審査におけるキャッシュフローの感度分析の段階で、シニア・ローンの融資期間について、この一定の期間ごとのDSCRを計算することになる。当然のことながら、とある期間についてDSCRが1.0未満となると、その期間のシニア・ローンの元利金の弁済ができないことになる。通常は、プロジェクト会社に入ってくるキャッシュ、シニア・ローンの元本返済およびO&M業務委託料は平準化された金額であろう。しかしながら、公租公課等支払は特定の時期に集中することが多い。また、たとえば大規模な定期修繕（major overhaul）のときには、多額のO&M業務委託料が発生することもある。これらが発生するとDSCRの分子の金額が少なくなるのであり、したがってDSCRの数値も小さくなる。このことから、これらの支払に備えてリザーブ口座で金員を積み立てたり、シニア・ローンの元本返済金額を調整したりする必要がある。まさに日々のキャッシュフローが重要となるのである。なお、リザーブ口座で積み立てられた金員を公租公課等支払やO&M業務委託料支払に用いられる場合には、DSCRの計算においては分子の金額に加えてDSCRの数値が小さくなるのを防ぐのが合理的であろう。

　さらに、DSCRが1.0を少し超える数値でいいということにはならない。キャッシュフローの感度分析において、想定されるキャッシュフローにおいてこのDSCRの値が1.0をそれなりに超える数値となっている必要がある。そうしないと、スポンサーのプロジェクトの運営が少々うまくいっていないだけでシニア・ローンの返済がされないことになるからであり、ある程度のバッファが必要なのである。

　DSCRが具体的にどのくらいの数値であるべきかは、対象となる資源・インフラPPPプロジェクトの性質や当該プロジェクトの所在国の状況等により異なる。イメージとしては、PPAが存在するIPPプロジェクトの場合には、想定されるキャッシュフローにおけるDSCRは1.3くらいのレベルであろうか。

なお、DSCRの1.0を超える部分は、株式・劣後ローンに係る配当等の支払の原資となる金員である。まさに、株式・劣後ローンに係る配当等の支払原資がシニア・ローンの返済原資のバッファとなるのである。その意味で、スポンサーが株式・劣後ローンに係る配当等の支払により十分に利益を得ることができること（すなわち、プロジェクトの経済性が高いこと）がプロジェクトファイナンスのシニア・レンダーの観点からも重要なのである。

(B)　ウォーターフォール規定における配当等の要件

　(2)(v)で前述したように、ウォーターフォール規定における株式・劣後ローンに係る配当等の支払においては、配当等の要件が定められることになり、当該配当等の要件が充足されてはじめて株式・劣後ローンに係る配当等の支払がなされることになる。当該配当等の要件が規定される趣旨は、(2)(v)で前述したように、当該配当等の要件が充足しない場合には、現にプロジェクトがうまく運営されていないか、または近い将来プロジェクトがうまく運営されない事態となることが想定されるからであり、スポンサーにプロジェクトから生じる利益を得させるのが適切ではないからである。そして、プロジェクトファイナンスにおいては、DSCRが一定の水準の数値であることが当該配当等の要件に含まれることになる。当然のことながら、配当等の要件としてのDSCRは、キャッシュフローの感度分析の段階において当初想定していた数値よりは低い数値であり、(C)で後述する期限の利益喪失事由としてのDSCRの数値よりは高い数値である[15]。

　なお、DSCRには、将来のキャッシュフローを予想した予想DSCR（Projected DSCR）と過去の実際のキャッシュフローを用いた実績DSCR（His-

---

15　なお、この配当等の要件としてのDSCRを借入人が遵守すべき義務として規定する場合がある。しかしながら、もし配当等の要件としてのDSCRが借入人の義務として規定されると、借入人が当該DSCRの数字を出すことができないことが借入人の義務違反となり、期限の利益喪失事由となる。そうすると、期限の利益喪失事由としてのDSCRとは別に、より高い数値としての配当等の要件としてのDSCRを規定した意味がなくなることに留意する必要がある。この配当等の要件としてのDSCRはあくまでも借入人が配当等を行うことができるか否かを示す要件として規定されるべきものである。

torical DSCR）の2種類が存在する。予想 DSCR は、文字どおり、将来発生するキャッシュフローの前提条件を予想し、当該前提条件に従って算出する DSCR である。これに対して、実績 DSCR は、過去において実際に発生したキャッシュフローに従って算出した DSCR であり、そこでは予想した前提条件を用いることはない。

このウォーターフォール規定における配当等の要件においては、多くの場合、これら予想 DSCR と実績 DSCR 双方が用いられる。通常は、過去も将来もそれぞれ1年分の DSCR をウォーターフォール規定における配当等の要件とする。DSCR に係る特定の期間の長さは、シニア・ローンの元利払いの日から次の元利払日までの期間に対応する。シニア・ローンの元利払いが6カ月ごとであれば、DSCR に係る特定の期間の長さは6カ月となる。したがって、ウォーターフォール規定における配当等の要件としての DSCR については、将来 DSCR は将来の2期分の DSCR を、実績 DSCR は過去の2期分の DSCR を用いることになる。

Ⓒ 期限の利益喪失事由

さらに、多くの場合、DSCR が一定の数値以下となったことが、シニア・ローンにおける期限の利益喪失事由となる。なお、この場合の DSCR は、将来 DSCR であり、かつウォーターフォール規定における配当等の要件における DSCR より低い数値であり、かつ1.0を超える数値である。

期限の利益喪失事由の場合に実績 DSCR が用いられない理由は、次のとおりである。もし実績 DSCR が1.0未満であれば、プロジェクト会社は過去に期限の到来したシニア・ローンの元利金全額を支払うことができなかったことを意味する。シニア・ローンの元利金全額を支払うことができなかったことは別の期限の利益喪失事由となるので、この場合、実績 DSCR に関する期限の利益喪失事由を規定しても屋上屋を重ねるだけなのである。また、実績 DSCR が1.0以上であれば、プロジェクト会社は過去に期限の到来したシニア・ローンの元利金全額を支払ったことを意味する。プロジェクト会社が過去に期限の到来したシニア・ローンの元利金全額を支払ったのであれば、少

なくともそのことを直接期限の利益喪失事由とする必要性はないからである。

他方、予想 DSCR の場合、1.0未満である場合ももちろん、1.0以上でもわずかに1.0を超えた数値であれば、それはプロジェクトの運営がうまくいっていないことを意味し、シニア・レンダーからすれば、近い将来シニア・ローンの元利金全額が支払われない実質的なリスクがあることになる。そうであれば、シニア・レンダーとしては、その時点で5(5)(ii)で後述するステップ・インの権利を行使して、スポンサーを交替させ、プロジェクトの立直しを図る必要がある場合も十分に想定されるからである（スポンサー交替のステップ・インの権利を行使するためには、5(5)(ii)②で後述するとおり、それが担保権の実行という形式を用いる以上、シニア・ローンの期限の利益が喪失している必要があるのである）。

② LLCR

DSCR が一定の期間を前提としているのに対し、LLCR は貸付期間を通じて、シニア・ローンの元本（利息は含まれない点に留意）に対して、どのくらいの当該シニア・ローンの元本の返済原資があるかを示す指標であり、このシニア・ローンの元利金の返済原資を現在価値化して計算することになる。これを式にして表すと、次のとおりとなる。

$$\text{LLCR} = \frac{\Sigma 元利金等返済前キャッシュフローの現在価値}{シニア・ローンの元本残高総額}$$

DSCR と同様、この LLCR の数値が大きければ大きいほど、実際にプロジェクト会社に入ってくるキャッシュの量が予想より少ない事態または実際の O&M 業務委託料が予想よりかかる事態が発生しても（したがってプロジェクト会社が予想よりプロジェクトの運営をうまくできなくても）、シニア・ローンが返済される可能性が高いことになるのである。なお、DSCR が一定の期間を前提としているのに対し、LLCR は LLCR の数字を算出する時点での残りの貸付期間全体を対象としている。その意味で、LLCR はウォーターフォール規定における配当等の要件や期限の利益喪失事由に用いられることはあまりない。LLCR は、主に貸付期間全体のプロジェクトの経済性、

シニア・ローンの返済可能性を検討するためにキャッシュフローの感度分析の段階において検討される数値である。なお、LLCR はプロジェクトが開始する前の段階で算出する場合もあるが、プロジェクトの途中で、その時点でのΣ元利金等返済前キャッシュフローの現在価値とシニア・ローンの元本残高総額を用いて算出する場合もある。また、LLCR の分子の数字は、貸付期間に発生する元利金等返済前キャッシュフローの現在価値の総額となる。

なお、マーケット・リスク・テイク型の資源・インフラ PPP プロジェクトの場合、アップ・サイドのメリットがある可能性がある。もし想定以上に物・サービスが売れた場合、その時点で計算する LLCR は、かなり高いこと（したがって、その分スポンサーが配当等を想定以上に受け取ることができること）になる。他方、マーケット・リスク・テイク型の資源・インフラ PPP プロジェクトはキャッシュフローのボラティリティが高いプロジェクトである。したがって、将来のダウン・サイドのリスクの対応策の1つとして、貸付期間の途中で計算する LLCR が一定以上の数値であれば、上ぶれた分のキャッシュをシニア・ローンの期限前弁済に充てることが考えられる。資源・インフラ PPP プロジェクトの案件によっては、優先貸付契約上このLLCR がプロジェクト会社のシニア・ローンの強制期限前弁済事由に用いられるのである。

③ PLCR

LLCR と類似の指標として、プロジェクト・ライフ・カバレッジ・レシオ（Project Life Coverage Ratio；PLCR）という指標がある。たとえば、とある資源・インフラ PPP プロジェクトの運営期間が20年であるとする。そうすると、通常は、キャッシュフローにゆとりをもたせて、運営期間が終了する数年前にシニア・ローンの元本が完済するような返済期間（tenor）が組まれる。そうすると、当初予定していた最終元本弁済期日にシニア・ローンの元本が全額返済されていない事態が発生しても、残りの数年の運営期間に発生するキャッシュフローで元本残高が弁済されることが期待できるのである。貸付期間ではなくこの運営期間に発生するキャッシュフローが対象となる。

すなわち、LLCR の計算式の分子が、貸付期間ではなくこの運営期間に発生する元利金等返済前キャッシュフローの現在価値の総額としたものが、この PLCR である。まさに予定どおりシニア・ローンの元本の弁済がなされない場合に、最終的に元本全額が弁済される可能性を示す指標である。PLCR は、主にキャッシュフローの感度分析の段階におけるファイナンスの条件の決定の際に用いられる。

5 主要な融資関連契約の特徴

　プロジェクトファイナンスの教科書では、たとえば、優先貸付契約では、貸付前提条件（Conditions Precedent）、表明および保証（Representations and Warranties）、誓約（Covenants）、ならびに期限の利益喪失事由（Event of Default）が規定されることや、新興国・発展途上国のプロジェクト向けプロジェクトファイナンスでは、オフショア・エスクロー・アカウントが用いられること等が説明される。これらのことはたしかに事実であり、これらのことを理解しないとプロジェクトファイナンスを理解することはできない。

　しかしながら、コーポレートファイナンスの貸付契約でも貸付前提条件、表明および保証、誓約、ならびに期限の利益喪失事由が規定される。また、先進国のプロジェクト向けプロジェクトファイナンスではオフショア・エスクロー・アカウントは用いられない。そもそも貸付契約においては、手続的な規定および一般条項を除けば、基本的には貸付人の利益を守るために規定が設けられている。貸付人の利益とは、借入人の信用力に問題が生じる事態等が発生した場合に、まだ貸付を実行していない場合には貸付義務が免除さ

れることであり、すでに貸付が実行されている場合には即時に貸付の返済を求めることができるようにすることである。貸付前提条件は、その条件が満たされていない場合には貸付人は貸付義務が免除されるために規定されるものである。また、期限の利益喪失事由は、当該事由が発生したら借入人の期限の利益を喪失させて即時に貸付の返済を求めることができるようにするために規定されるものである。さらに、表明および保証した事項が真実または正確であることが貸付前提条件となり、表明および保証した事項が真実または正確でなかったことが期限の利益喪失事由となるのである。また、借入人が誓約に違反していないことが貸付前提条件となり、借入人が誓約に違反したことが期限の利益喪失事由となるのである。これらは、ストラクチャードファイナンスの貸付契約でも規定されるのであり、いわば貸付契約に共通の規定なのである。

このようにプロジェクトファイナンスの案件を担当する場合、貸付契約に共通の規定を理解する必要がある。その意味で、本来であれば、プロジェクトファイナンスの案件を担当する前に、コーポレートファイナンス、特にシンジケートローン契約をしっかり経験すべきであろう。

本書は、プロジェクトファイナンスの基礎理論を解説することを目的としている。したがって、このような貸付契約に共通の規定は説明の対象としない。また、発展途上国向けプロジェクトファイナンスでのみ用いられる仕組みについても原則として説明の対象としない。以下では、一般論としてプロジェクトファイナンスに特有な主要な融資関連契約の特徴を説明する。なお、ウォーターフォール規定もプロジェクトファイナンスに特有な主要な融資関連契約の特徴であるが、4(2)で前述したので、ここでは説明の対象外とする。

(1) 財務的完工および完工保証

資源・インフラ PPP プロジェクトおよびプロジェクトファイナンスで

は、3種類の「完工」の概念がある。物理的・機械的完工、操業完工および財務的完工である。物理的・機械的完工および操業完工については、**第Ⅱ編4(8)(i)**で前述した。ここでは、財務的完工（Financial Completion）について説明する。

(i) 財務的完工の内容

財務的完工が達成されるためには、操業完工が達成されることに加え、主に次の要件が充足されることが要求される。

① プロジェクトの運営が開始していること
② プロジェクトの性質により、一定の期間運営（財務的完工のための試運転とは別である）を行い、予定どおりのキャッシュフローが出ていること
③ 未払いのプロジェクトコストが存在しないこと
④ 操業のための許認可等が取得されていること
⑤ 操業のための保険が付保されていること
⑥ 積立金口座に積立要求額が積み立てられていること[16]
⑦ 優先貸付契約上の期限の利益喪失事由または潜在的期限の利益喪失事由が発生していないこと

なお、たとえば、操業のための許認可等について特定の時期までに取得す

---

16 なお、シニア・ローン弁済積立金口座の積立金がプロジェクトコストに含まれるのであれば、当然のことながら、シニア・ローン弁済積立金口座に積立要求額が積み立てられていることが財務的完工の要件に含まれることになる。しかしながら、当該積立要求額のうちデット・エクイティ・レシオのデットの比率部分は、シニア・ローンで資金調達されるのである。その部分は、シニア・レンダーがシニア・ローンの弁済を確保するために追加でシニア・ローンを出すことになる。本来であれば、シニア・ローン弁済積立金口座の積立要求額は、運営期間中にプロジェクト会社に対して支払われる金員で積み立てられるべきであろう。なお、この場合であれば、シニア・ローン弁済積立金口座に積立要求額が積み立てられていることが財務的完工の要件になるとは必ずしもいえないことになる。なお、シニア・ローン弁済積立金口座の積立要求額が運営期間中にプロジェクト会社に対して支払われる金員で積み立てられる場合、その分スポンサーへの配当等の支払が遅くなることになる。スポンサーとしてはその分早く配当等の支払を受けたいと考えるのであろうが、スポンサーも当該積立要求額のうちデット・エクイティ・レシオのエクイティの比率部分について追加して出資しなくてはならないのである。損得の勘定として、結果的にスポンサーにとって有利か否かも吟味すべき事項である。

る借入人の義務が優先貸付契約で規定されていれば、その違反は優先貸付契約上の期限の利益喪失事由となるので、優先貸付契約上の期限の利益喪失事由とは別に規定されない場合もある。操業のための保険が付保されていることも同様である。

　当然のことながら、これらの要件は、操業完工を除けば、EPC契約によりEPCコントラクターに行ってもらう性質のものではない。しかしながら、シニア・ローンの弁済の観点からすれば重要な項目である。このことから、操業完工とは別に優先貸付契約において財務的完工が規定されることになる。そこでこの財務的完工が、融資関連契約においてどのような役割を果たすかが問題となる。

(ii)　財務的完工が規定される目的

①　違反が期限の利益喪失事由

　多くのプロジェクトファイナンスの案件の優先貸付契約において、借入人は特定の日までに財務的完工を達成させる義務を負う。このことは、借入人が特定の日までに財務的完工を達成させることができなければ、当該義務違反として優先貸付契約上の期限の利益喪失事由となる。特定の日までに財務的完工を達成させることができないこと自体、スポンサーの業務遂行能力に疑義があることになるからである。なお、この財務的完工には、当然のことながら、操業完工も含まれる。その意味で、スポンサーは適切にEPC業務を行うことができるEPCコントラクターを選任しなくてはならないのであり、適切にEPC業務を行うことができるEPCコントラクターを選任できるか否かもスポンサーの業務遂行能力に含まれるのである。

②　スポンサーへの配当等の要件

　財務的完工がシニア・ローンの返済の観点からすれば重要な項目である以上、財務的完工が達成される前にスポンサーが配当等を受け取ることはありえないのである。4(2)(v)で前述したとおり、財務的完工が達成されていることが配当等の要件に含まれるのである。

③　完工保証の解除条件

(iii)で後述するように、プロジェクトファイナンスの案件によっては、スポンサーが完工保証をすることがある。そして、財務的完工が達成されればこの完工保証が効力を失うことになる。このことから、財務的完工が完工保証の解除条件として規定されることになる。

(iii)　**完工保証**

完工保証とは、スポンサーが財務的完工まで融資関連契約上のプロジェクト会社の債務を保証することを意味する。なお、日本では、完工保証とは、スポンサーが、プロジェクトが完工するまで、完工に必要な資金をプロジェクト会社に対して拠出する義務をシニア・レンダーに対して負うことを意味すると理解している者もいる。しかしながら、完工保証の「保証」はGuarantyである。あくまでも、融資関連契約上のプロジェクト会社の債務を保証するものである。ただし、2(2)(ii)で前述したとおり、完工保証と経済的に同じものとして、スポンサーが、プロジェクトが完工するまで、完工に必要な資金をプロジェクト会社に対して無制限に拠出する義務をシニア・レンダーに対して負う場合がある。しかし、この義務には2(2)(ii)で前述した問題点があることに留意する必要がある。

そして、ここでいう完工は、(ii)③で前述した財務的完工を意味する。法的にいえば、完工保証は、財務的完工を解除条件とするスポンサーによる融資関連契約上のプロジェクト会社の債務の保証を意味することになる。なお、当然のことながら、完工保証が必要なプロジェクトでスポンサーの信用リスクをとることができない場合には、そもそもプロジェクトファイナンスにより資金調達ができないことになる。

なお、スポンサーが完工保証をしているからといって、シニア・レンダーが完工リスクをとっていないことを意味しないことに留意すべきである。たとえば、操業完工が達成されたとしても、後日操業完工の時には判明しなかった隠れた瑕疵が施設にあることが判明する場合もある。EPCコントラク

ターは、EPC 契約上隠れた瑕疵について瑕疵担保責任を負うことになっている。しかしながら、EPC コントラクターが瑕疵担保責任を負う期間は限定されており、また、その際の EPC コントラクターの金銭的な責任については、瑕疵を修補する費用は含まれているかもしれないが、瑕疵があるために操業ができなかったことによるプロジェクト会社の逸失利益まで含まれているとは限らないのである[17]。

　また、プロジェクトファイナンスの基礎理論とは直接関係しないが、完工保証に関連して、ポリティカル・リスク・カーブアウト（political risk carve-out）というものがある。これは、シニア・レンダーが ECA や MDB の場合、ECA や MDB はポリティカル・リスクをとることがその目的の 1 つであることから、ポリティカル・リスクにより財務的完工が達成されない場合には、スポンサーの完工保証義務を免除すべきことになる。このポリティカル・リスクにより財務的完工が達成されない場合のスポンサーの完工保証義務の免除をポリティカル・リスク・カーブアウトという。なお、このポリティカル・リスク・カーブアウトは、完工保証がスポンサーが財務的完工まで融資関連契約上のプロジェクト会社の債務を保証することを意味することを前提としていることに留意すべきである。

(2)　スポンサー・サポート

　資源・インフラ PPP プロジェクトにおけるプロジェクトファイナンスは、リミテッド・リコースのプロジェクトファイナンスである。原則として、スポンサーはシニア・ローンの返済に関して法的な責任を負わない。しかしながら、リミテッド・リコースである以上、まったく当該責任を負わないとい

---

[17]　なお、前掲加賀『プロジェクトファイナンスの実務』122頁は、「完工保証を得ることは、レンダーの債権保全策の確保にはつながるが、それ自体が完工を技術的に保証するものではないことから、完工保証はあくまでセキュリティ・パッケージ上の補強手段として認識すべき」と論じている。

うことはない。第Ⅰ編3(2)(ii)で前述したとおり、一定の場合にはスポンサーがシニア・ローンに関してなんらかの責任を負うことになるのである。そして、その責任を規定した契約が、スポンサー・サポート契約である。

どの案件に関しても共通するスポンサーの責任とは、たとえば、スポンサーによるプロジェクト会社に対する出資比率維持義務が存在する。これは、**第Ⅱ編4(2)**で前述したオーナーオペレーターの原則から求められるスポンサーのシニア・レンダーに対する義務である。また、(4)で後述するとおり、スポンサーが有する出資や劣後ローン債権のうえに担保権が設定されるが、当該担保権を侵害しない義務も負うことになる。また、スポンサーが締結する融資関連契約は、それが有効であることがプロジェクトファイナンスの前提である以上、それらの契約に関するスポンサー内部授権や融資関連契約上のスポンサーの義務の有効性に関する表明および保証等も必要なこととなる。

ただし、スポンサーに直接的に金銭的な責任を負わせるとなると、スポンサーはシニア・ローンの返済に関して法的な責任を負わない原則の例外であり、合理的な理由が必要となる。たとえば、本来であればホスト国・オフテイカーが負うべきリスクについて事業契約上プロジェクト会社が負うリスクとなっていた場合である。そもそもスポンサーがそのような資源・インフラPPPプロジェクトをやるのかとの問題があるが、仮にスポンサーがそのようなリスクをとってまで当該プロジェクトをやる場合、そのリスクをシニア・レンダーに負わせることはできない。このリスクが現実化した場合には、スポンサー自身がシニア・ローンの返済に責任を負うことになる。

また、たとえば、とある技術を使ったプラントのプロジェクトで、同じ技術を使ったプラントの過去の履歴から、当該プラントの完工後数年間はトラブルを起こすことが多い場合がある。その場合、当該トラブル解決のための費用について、プロジェクトによっては上限額を決めて、スポンサーにプロジェクト会社に対する追加劣後ローン拠出義務を負わせることも対応策の1つである。

あるいは、保険事故が生じた場合、プロジェクト会社が当該事故により発

生した費用等を支払うまでに保険金がプロジェクト会社に対して支払われれば問題ない。しかしながら、もし保険契約の条件によりプロジェクト会社が当該費用等を支払うまでに保険会社が保険金を支払う義務がない場合には、その間の資金ギャップを埋める必要がある。これもスポンサーによる追加劣後ローン拠出義務により対応することになろう。ただし、この場合は、保険金がプロジェクト会社に支払われれば、当該保険金により当該劣後ローンは優先して返済されるべきである。

(3) セキュリティ・パッケージ

　セキュリティ・パッケージ（Security Package）とは、プロジェクトファイナンス特有の専門用語である。「セキュリティ」という文言が入っていることから担保権を意味すると思われがちであるが、「物的担保＋人的保証」より広い概念である。

　シニア・レンダーは、プロジェクトの審査において、プロジェクトの経済性やリスク分析を行う。そこでは、さまざまなリスクについて当該リスクをとるべきものがとっているかが問題となる。また、プロジェクト会社に残るリスクが当然存在する。まさにプロジェクト会社の運営リスクがそうである。その限りで、シニア・ローンが返済されないリスクがあるのである。これらの観点から、シニア・ローンに関してさまざまな信用補完措置（Credit Enhancement）が講じられることになる。この1つのプロジェクトに関して講じられる信用補完措置一式をセキュリティ・パッケージという。プロジェクトファイナンスにおいては、シニア・レンダーは、プロジェクトの審査において、最終的に、リスク分担の分析に伴い、セキュリティ・パッケージを構築することになる。

　セキュリティ・パッケージに含まれる信用補完措置には、具体的には、次のものが含まれる。その多くはすでに本書で説明したものである。
① 　EPC コントラクターの損害賠償の予約（liquidated damage）の支払義務

② スポンサー・サポート
③ スポンサーの完工保証
④ デット・エクイティ・レシオ
⑤ DSCR、LLCR および PLCR
⑥ シニア・ローンの返済期間
⑦ ウォーターフォール規定
⑧ 保険・デリバティブ
⑨ ホスト国によるサポートレター等
⑩ ECA および MDB の関与
⑪ 独立コンサルタントによる審査
⑫ 各種担保権

(4) プロジェクトファイナンスにおける担保権

　プロジェクトファイナンスにおいては担保権は設定されないといわれることがあるが、これは誤解である。むしろ、プロジェクトファイナンスにおいては、コーポレートファイナンスの場合より徹底的に担保権が設定される。プロジェクトファイナンスでは、財産的な価値があるか否かわからない資産についても担保権が設定される場合もあるのである。この担保対象の資産には、プロジェクト資産を構成する不動産および動産のみならず、事業契約を含むプロジェクト関連契約も含まれる。また、保険金等請求権やウォーターフォール規定に従って開設される各種口座（ただし、配当等支払口座を除く）も含まれる。さらに、スポンサーが有する株式および劣後ローン債権のうえにも担保権が設定される。

　そこで、プロジェクトファイナンスにおいて担保権が設定される理由が問題となる。その理由は、消極的（または防御的）理由と積極的理由の2つが存在する。そこで、以下、この2つの理由について説明する[18]。

(ⅰ) プロジェクトファイナンスにおいて担保権が設定される理由
　　──消極的（防御的）理由

　この消極的（防御的）理由は、プロジェクトファイナンスが対象とするプロジェクトのキャッシュフローを保護する観点から、プロジェクト会社が有する資産ならびにスポンサーが有する株式および劣後ローン債権に関して、それらがプロジェクト会社やスポンサーにより処分され、または第三者からの差押え等がなされることを防止するというものである。

　プロジェクトファイナンスは、キャッシュフローに依拠したファイナンスである。したがって、そのキャッシュフローを生み出す資産が散逸すると、当該キャッシュフローを維持できないのである。そもそもプロジェクト会社は、対象となるプロジェクトのみを行う特別目的会社である。したがって、プロジェクト会社の資産は、当該プロジェクトにおけるキャッシュフローを生み出す資産に限定される。したがって、当該プロジェクト会社が有するすべての資産のうえに担保権を設定するのである。この場合、特に財産的な価値があまりない資産でも当該キャッシュフローを生み出す観点からは欠くことのできない資産であり、かつ代替資産を容易に調達できないのであれば、キャッシュフロー維持の観点から、当該資産のうえにも担保権を設定する必要があるのである。

　なお、キャッシュフローを生み出す資産の散逸には、プロジェクト会社によるプロジェクト資産の処分のほかに、第三者であるプロジェクト会社の債権者からのプロジェクト会社の資産に対する差押え等も含まれる。もし当該資産に担保権が設定されていた場合、当該第三者は当該資産からの債権回収は事実上期待できないので、差押え等を行うインセンティブがないことになるのである。

　また、プロジェクト会社の資産のみならず、スポンサーが有する株式およ

18　同旨のものとして、前掲 Graham D. Vinter "Project Finance Third Edition" 247〜250頁。

び劣後ローン債権のうえにも担保権が設定されるが、これは、**第Ⅱ編4(2)**で前述したオーナーオペレーターの原則から、スポンサーがかわるとキャッシュフローが維持できないリスクがあるからである。

(ii) プロジェクトファイナンスにおいて担保権が設定される理由──積極的理由

　この積極的理由は、次のとおりである。プロジェクトファイナンスでは、プロジェクトがうまくいかず予定されたキャッシュフローが出ず、したがって、シニア・ローンの返済が予定どおりなされない場合、それはスポンサー兼O&Mオペレーターがその帰責事由によりプロジェクトを予定どおり遂行できていないことが理由となる。したがって、その場合は、最終的にはスポンサーを新たなスポンサーに交替させて、プロジェクトを立て直し、それにより予定されたキャッシュフローが出るようにしてシニア・ローンの返済がなされるようにするのである。このスポンサーを交替させる手段は2つある。1つは、①旧スポンサーが有する株式および劣後ローン債権を新スポンサーに譲渡する方法である。もう1つは、②旧プロジェクト会社のすべての資産を新スポンサーが有する新プロジェクト会社に譲渡する方法である。これらの譲渡は、旧スポンサーや旧プロジェクト会社の意思に反してでもなされる必要がある。このことから、旧プロジェクト会社のすべての資産ならびに旧スポンサーが有する株式および劣後ローン債権のうえに担保権を設定し、担保権の実行という手段により、旧スポンサーや旧プロジェクト会社の意思に反してでも強制的に、旧スポンサーが有する株式および劣後ローン債権を新スポンサーに譲渡し、または旧プロジェクト会社のすべての資産を新スポンサーが有する新プロジェクト会社に譲渡するのである。これがプロジェクトファイナンスにおいて担保権が設定される積極的な理由である。

　この2つの手段を図示すると、図Ⅲ-8のとおりとなる。なお、担保権の実行によりスポンサーを交替させる場合には、①旧スポンサーが有する株式および劣後ローン債権の新スポンサーに対する譲渡、ならびに②旧プロジェ

図Ⅲ-8　担保権の実行によるスポンサーの交替

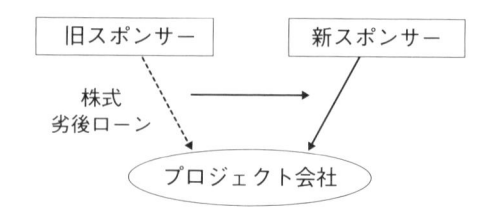

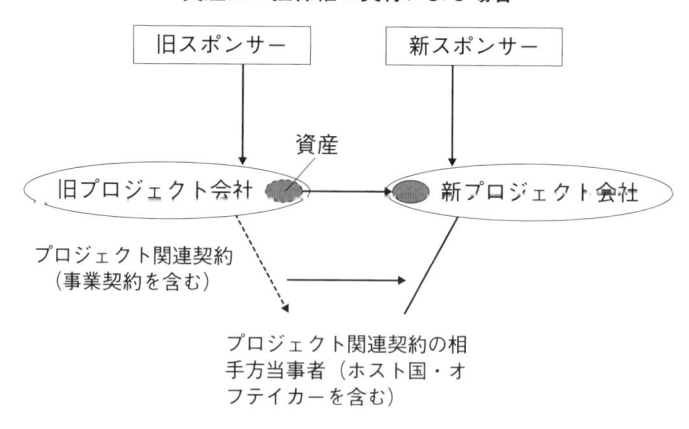

株式・劣後ローン上の担保権の実行による場合

```
┌─────────┐         ┌─────────┐
│旧スポンサー│ ──────→ │新スポンサー│
└─────────┘         └─────────┘
      ╎株式              │
      ╎劣後ローン         │
      ↓                  ↓
   ╭─────────────╮
   │プロジェクト会社│
   ╰─────────────╯
```

資産上の担保権の実行による場合

```
┌─────────┐         ┌─────────┐
│旧スポンサー│         │新スポンサー│
└─────────┘         └─────────┘
                           │
            資産           ↓
╭──────────────╮   ╭──────────────╮
│旧プロジェクト会社│──→│新プロジェクト会社│
╰──────────────╯   ╰──────────────╯
      │
      │プロジェクト関連契約
      │（事業契約を含む）
      ↓
 プロジェクト関連契約の相
 手方当事者（ホスト国・オ
 フテイカーを含む）
```

クト会社のすべての資産の新スポンサーが有する新プロジェクト会社に対する譲渡は、一方の譲渡だけがなされればよく、双方の譲渡を行う必要はない。

　このシニア・レンダーのスポンサーを交替させる権利は、プロジェクトファイナンスにおいてシニア・レンダーが有するステップ・インの権利の1つである。シニア・レンダーが有するステップ・インの権利については、(5)(ii)で後述する。

　このように、プロジェクトファイナンスにおいては、プロジェクトがうまくいかず予定されたキャッシュフローが出ず、したがって、シニア・ローンの返済が予定どおりなされない場合、プロジェクトを新スポンサーまたは新

スポンサーが有するプロジェクト会社に対して譲渡して、当該スポンサーにプロジェクトを立て直してもらい、その立て直されたキャッシュフローからシニア・ローンの返済を受けるのである。したがって、コーポレートファイナンスの場合の担保権の設定と異なり、第一義的には担保物の対価には着目しておらず、担保実行はシニア・ローンの債権回収の最終段階ではないのである。

このように、プロジェクトファイナンスには、プロジェクトの立直しの機能があるのであり、これは間接的にもホスト国・オフテイカーにとってもメリットのあることなのである。

なお、少々技術的な話となるが、プロジェクトの資産が旧プロジェクト会社から新プロジェクト会社に対して譲渡された場合、シニア・ローンに係る債務は旧プロジェクト会社が借入人のままであり、新プロジェクト会社に移転しないのかが問題となる。プロジェクトファイナンスで現実にこの手法で、プロジェクトの資産が新プロジェクト会社に譲渡された実例は聞いたことがない。しかしながら、実務的には、担保権の実行時点におけるシニア・ローンの残高に相当する金員がシニア・レンダーから新プロジェクト会社に対して新たなプロジェクトファイナンスのローンの形式で貸し付けられ、その貸付金は担保権実行の際の対価として新プロジェクト会社から旧プロジェクトファイナンスのシニア・ローンの残高の返済に充てられるのであろう。

(iii) ①旧スポンサーが有する株式および劣後ローン債権の新スポンサーに対する譲渡、ならびに②旧プロジェクト会社のすべての資産の新スポンサーが有する新プロジェクト会社に対する譲渡のメリット・デメリット

では、シニア・レンダーが担保権を実行する場合、①旧スポンサーが有する株式および劣後ローン債権の新スポンサーに対する譲渡、ならびに②旧プロジェクト会社のすべての資産の新スポンサーが有する新プロジェクト会社に対する譲渡のどちらを選択することになるのであろうか。

もちろん、①旧スポンサーが有する株式および劣後ローン債権の新スポンサーに対する譲渡のほうが手続的にはより簡便である。しかしながら、この場合、プロジェクト会社の法人格に変更はないことになる。もし、余計な債務がプロジェクト会社に存在する場合、新スポンサーはその債務を返済しないとプロジェクトから利益をあげることはできないことになり、その分プロジェクトを立て直すインセンティブに欠け、そもそも新スポンサーになろうとしない可能性もある。これによりプロジェクトの立直しがなされず、シニア・ローンの返済がなされないこととなりシニア・レンダーにとって望ましいことではなく、間接的にもホスト国・オフテイカーにとっても望ましいことではないのである。

　このことから、②旧プロジェクト会社のすべての資産の新スポンサーが有する新プロジェクト会社に対する譲渡がなされる手段が確保されている必要があるのである。なお、この場合は、さまざまな担保物について担保権を実行する必要があり、手続が煩雑になる。また、新たなプロジェクト会社を設立する必要がある。さらに、プロジェクトによっては、新プロジェクト会社のほうで再度新たに許認可を取得する必要がある場合もある（なお、当然のことながら、当該許認可を取得できないリスクも存在する）。

(iv) 担保権設定の時期

　プロジェクトファイナンスにおける担保権を設定する消極的（防御的）理由および積極的理由からすれば、第1回のシニア・ローンの実行までにすべての担保権が設定されている必要がある[19]。将来発生する資産（債権を含む。また、スポンサーの株式および劣後ローン債権も含む）についても、第1回

19　なお、厳密には、実際のプロジェクトファイナンスでは、第1回のシニア・ローンの実行より前にエージェント・フィーの債権やスワップ・プロバイダーのプロジェクト会社に対する債権が発生する可能性がある。これらの債権もシニア・ローンの債権同様、担保権で担保されるべき債権である。これらの債権のために第1回のシニア・ローンの実行前にも担保権が設定されることも考えられる。これは、実務的には、最終的には案件ごとに決められるべき問題であろう。

のシニア・ローンの実行までに設定される担保権により対抗要件も具備したかたちで担保権が設定される必要がある[20]。

なお、具体的なプロジェクトにおいては、第1回のシニア・ローンの実行までにすべての担保権が設定できない場合もある。たとえば、O&M契約が第1回のシニア・ローンの実行日にはまだ締結されていない場合もある。また、運営段階における保険契約も第1回のシニア・ローンの実行日においては締結されていない可能性が高い。さらに、たとえば、日本法では建物は土地とは別の不動産とされている。通常、第1回のシニア・ローンの実行日ではプロジェクトに係る建物がまだ完成しておらず、したがって、第1回のシニア・ローンの実行日において、当該建物のうえに担保権を設定することができない。これらの担保権は最終的には遅くとも財務的完工までには設定されている必要があり、優先貸付契約において当該担保権の設定がプロジェクト会社の義務として規定されることになる。

問題はこれらの担保権の設定についてプロジェクト会社の義務とするだけで十分か、である。もしプロジェクト会社が当該義務に違反した場合、当該義務違反は優先貸付契約上期限の利益喪失事由となる。したがって、シニア・レンダーとしてはシニア・ローンについて期限の利益を喪失させて担保権を実行できることになる。しかしながら、この場合、プロジェクトを構成

---

[20] なお、日本法では、将来発生する債権について担保権設定時においてどこまで担保権の対象とできるかが法律上の問題となっている。コーポレートファイナンスにおける担保権の設定の目的からすれば、一定の限度を設けるべきとの議論にも合理性はあるのかもしれない。しかしながら、プロジェクトファイナンスにおける担保権の設定の理由からすれば、少なくとも特定の契約から発生する将来債権については無制限に担保権が当初から設定できる必要がある。また、これに関連して、日本法では、当該債権の債務者に関して倒産・再生手続が開始した場合に、当該担保権は当該倒産・再生手続が開始した後に発生した債権にも効力が及ぶかが問題となる。特に再生手続の場合、当該債務者を再生させるためには一定の債権には担保権の効力は及ばないとすることには合理性があるのかもしれない。しかしながら、プロジェクトファイナンスにおける担保権の設定の理由からすれば、少なくとも特定の契約から発生する将来債権については当該倒産・再生手続が開始した後に発生した債権にも効力が及ぶ必要がある。後は、当該債務者または当該債務者の管財人が当該契約を当該倒産・再生手続において解約するか否かの問題とすべきであろう。なお、プロジェクト関連契約の当該倒産・再生手続における解約の問題については、(5)(ii)⑥で後述する。

するすべての資産のうえに担保権が設定されていないことになり、プロジェクトを構成するすべての資産を新プロジェクト会社に譲渡することができないことになる。これではプロジェクトファイナンスはワークしないことになる。この点については、当該担保権の設定をスポンサー・サポートの対象にする等の対応策が必要となる。

(v) 担保権の実行に求められる手続

次に、プロジェクトファイナンスの観点から、担保権の実行はどのような手続でなされる必要があるのかが問題となる。これは、とあるホスト国のプロジェクトに対してプロジェクトファイナンスを供与する前に当該ホスト国の法制度調査（デュー・ディリジェンス）で調査すべき項目の1つにあげられている。

通常は、特に不動産担保権の場合、担保権の実行は裁判所による競売手続によりプロジェクトの資産の換価がなされることが多い。しかしながら、これではプロジェクトの資産を新スポンサーの新プロジェクト会社に取得させることを確保したことにならず、(ii)で前述したプロジェクトファイナンスにおける担保権を設定する積極的目的を達成することはできない。この観点からすれば、シニア・レンダーは裁判手続を経ることなく直接プロジェクトの資産を新プロジェクト会社に取得させることができる担保権の実行手続が、プロジェクトファイナンスでは必要となるのである[21]。

(vi) プロジェクト関連契約のうえへの担保権の設定

プロジェクトファイナンスでは、すべてのプロジェクト関連契約のうえへ担保権の設定がなされる。なぜならば、プロジェクト関連契約もプロジェクトのキャッシュフローにとってはなくてはならないプロジェクト会社の資産

21　したがって、たとえば、日本における抵当権制度は、抵当権の実行は裁判所による競売によるしかないことから、プロジェクトファイナンスの目的にはあまりそぐわないものである。

であるからである。なお、プロジェクトファイナンスのメリットは、2⑴で前述したとおり、プロジェクト会社とプロジェクト関連契約を締結する当事者（具体的には、ホスト国・オフテイカー、O&M オペレーター、EPC コントラクター等。ここでは、便宜的に、プロジェクト関係当事者という）にもあるのである。したがって、当該プロジェクト関係当事者も合理的な範囲内で、プロジェクト関連契約のうえへ担保権の設定に関して必要となる行為を行う必要があるのである[22]。

プロジェクト関連契約のうえへの担保権の設定をどのように行うかは、対象となるプロジェクト関連契約の準拠法および担保権の準拠法により異なることになる。

個々のプロジェクトによっては、プロジェクト関連契約上の旧プロジェクト会社の債権・権利についてのみ担保権を設定するだけの場合もある。しかしながら、この場合、担保権を実行してもプロジェクト関連契約上の債権・権利だけ新プロジェクト会社に譲渡されるだけで、プロジェクト関連契約上の旧プロジェクト会社の義務・債務は旧プロジェクト会社に残ったままとなる。これで新プロジェクト会社はプロジェクトを立て直すことができるの

---

[22] なお、日本法では、2010年4月1日から施行された保険法において、責任保険契約に関して、責任保険契約の被保険者に対して当該責任保険契約の保険事故に係る損害賠償請求権を有する者は、保険給付を請求する権利について先取特権を有しており（保険法22条1項）、被保険者は、当該損害賠償請求権に係る債務について弁済をした金額または当該損害賠償請求権を有する者の承諾があった金額の限度においてのみ、保険者に対して保険給付を請求する権利を行使することができる（同条2項）。さらに、責任保険契約に基づき保険給付を請求する権利のうえには、原則として担保権が設定できない（同条3項）。担保権は通常はコーポレートファイナンスにおける債権回収の最終段階の手段であり、この観点から責任保険契約に基づき保険給付を請求する権利のうえに担保権を設定することを禁止する意義はあるのかもしれない（ただし、そもそも、当該先取特権の対象となる具体的な債権が明確ではなく、その意味で同条1項と2項の関係は文言上は明確ではないが、同条1項および2項に加え、同条3項を規定する必要が本当にあるか、別途検討の必要はあるであろう）。しかしながら、プロジェクトファイナンスではプロジェクトの立直しの観点から担保権が設定されるのである。保険金をローンの弁済に充当するために担保権を設定するのではない。同条3項の担保権の設定を禁止することは、このプロジェクトファイナンスの観点からは、あまり適切なものではないのである。

か、慎重に検討する必要がある。プロジェクトによっては、英国法におけるプロジェクト関連契約の Novation（更改）に相当する手当をする必要があるのかもしれない。

　英米法では契約上の地位という概念は存在しないが、大陸法では契約上の地位という概念が存在する場合がある。プロジェクト関連契約の準拠法が大陸法で契約上の地位という概念が存在するのであれば、この旧プロジェクト会社の契約上の地位をいかに新プロジェクト会社に譲渡するかが問題となる。担保権設定契約の準拠法において契約上の地位のうえに担保権を設定できるかも含め、プロジェクトファイナンスの契約を締結する前に法制度調査をやる必要がある法的論点である[23]。

　なお、プロジェクト関連契約のうえへ担保権が設定された場合、当該プロジェクト関連契約に係るプロジェクト関係当事者からすれば、プロジェクト関連契約がだれに譲渡されるのか当該担保権設定時はわからない。また、担保権実行時には旧プロジェクト会社は当該プロジェクト関連契約上義務違反をしている場合もあり、それにより当該プロジェクト関連契約に係るプロジェクト関係当事者が旧プロジェクト会社に対して有している権利・債権がどうなるかも関心があるところである。これらの問題については、(5)(ii)⑤で後述する。

　また、O&M 契約にも担保権が設定される。プロジェクトファイナンスにおいて担保権が設定される消極的（防御的）理由からはこの担保権の設定は必要となる。しかしながら、O&M 契約のうえへの担保権の設定に関しては、プロジェクトファイナンスにおいて担保権が設定される積極的理由は該当しない場合が多い。なぜならば、シニア・レンダーが担保権を実行する場合は旧スポンサーに見切りをつける場合であるからである。したがって、旧スポンサーである O&M オペレーターにも見切りをつけるのであり、O&M 契約を新プロジェクト会社に移転させる必要はないのである。なお、この点から、O&M 契約に関連する直接協定の内容は、他の直接協定とは内容が異なることになるであろう。

(vii) 事業契約のうえへの担保権の設定

なお、ホスト国によっては、行政法規(特に、契約締結に係る会計法規)の観点から、ホスト国・オフテイカーが契約を締結する場合には原則として入

---

23 なお、日本法でも契約上の地位の概念が存在する。日本法では、契約上の地位に(譲渡担保権も含め)担保権を有効に設定できるか疑問である。日本法では通常不動産、動産、債権、株式等、権利についてのみ担保権が設定でき、義務を伴う契約上の地位を担保権の対象とすることができるかが明確ではないのである(ただし、賃借権のうえには担保権が設定できるが、他方賃借権には賃料支払義務が含まれる。したがって、義務を伴うものにも担保権も設定できるとの考え方もあるかもしれない)。
　この問題に対する対応策として、日本法では、プロジェクト会社とシニア・レンダーとの間でプロジェクト会社の契約上の地位について地位譲渡予約契約を締結している。これが日本で初めてプロジェクトファイナンスの案件が行われた際に、筆者が属している法律事務所の先輩弁護士が考案した対応策である。なお、この地位譲渡予約契約では、シニア・レンダーは当該契約上の地位をシニア・レンダーまたはシニア・レンダーが指定する者に対して譲渡する予約が合意され、シニア・レンダーが当該予約に係る完結権を行使すれば、自動的に当該契約上の地位がシニア・レンダーまたはシニア・レンダーが指定した者に対して譲渡されることが合意される。
　ただし、これも法的に完全に有効ということができるかは明確ではない。なお、この地位譲渡予約に関して、優先する取引があった場合に有効に譲渡されるか明確ではないとの懸念をもたれる方もいる。しかしながら、優先する取引というのは、契約上の地位に関する処分が対抗要件関係にある場合に概念される問題である。他方、そもそも契約上の地位の譲渡の効力発生要件は、譲渡人と譲受人の合意のほかに契約上の他の当事者の同意が必要であるが、これらの要件が充足すれば契約上の地位の譲渡の効力は第三者との関係でも発生するのであり、そこには対抗要件という要件は存在しないのである。すなわち、契約上の地位の処分は優劣の問題は存在しないのである。仮に契約上の地位に関して二重譲渡が存在する場合、常識的には契約上の他の当事者はどちらか一方の契約上の地位の譲渡しか同意しないのである。もし両方の譲渡についてその契約上の他の当事者がそれぞれ同意すると、その契約上の他の当事者は二重譲渡された後の2つの契約に関してそれぞれ契約当事者となるのである。逆にいえば、契約上の他の当事者が契約上の地位の譲渡に関して同意するということはその譲渡された後の契約に拘束されることに同意することであり、あえて両方の譲渡について同意したのであれば、二重譲渡された後の2つの契約に関してそれぞれ契約当事者となるべきなのである。
　なお、プロジェクト会社の契約上の地位について地位譲渡予約契約を締結する際に、契約上の地位譲渡の効力発生要件としての契約上の他の当事者の同意を事前に取得することになる。この事前の同意の対象は、契約上の地位の譲受人が「シニア・レンダーまたはシニア・レンダーが指定した者」であり、したがってこの同意は譲受人が完全に特定されていないある程度包括的な同意とならざるをえない。日本法では包括的な事前承諾について必ずしも常に有効とは解釈できないことから、この契約上の地位譲渡予約に係る契約上の他の当事者の同意が日本法上有効か明確ではないことになる。

札による必要がある場合がある。そして、このことから、事業契約を新プロジェクト会社に移転されることに関して、入札がなされていないので行政法規上できない場合もある。この場合は、そもそもプロジェクトファイナンスを当該ホスト国のプロジェクトに供与することができなくなるのである。他方、プロジェクトファイナンスによる資金調達ができる場合には、それはホスト国・オフテイカーにもメリットがあるのである。したがって、外国からの投資を期待するのであれば、ホスト国はこれを可能ならしめる法制を設ける必要がある。たとえば、メキシコではIPPプロジェクトに対する外国からの投資を促進するために、この点に関するIPPプロジェクトに関する行政法規の特別法を制定した。

なお、一般論からすれば、当該行政法規の観点からホスト国・オフテイカーが契約を締結する場合に要求されるのは手続の公正である。この手続の公正を担保するのが入札である。他方、ホスト国・オフテイカーが契約を締結する場合に100％入札が要求されることはなく、例外が存在するのが通常ではないか。その例外では、手続の公正が実現されれば必ずしも入札によることは求められていないのである。そうであるならば、このシニア・レンダーによる事業契約を新プロジェクト会社に移転されることに手続の不公正があるとは思われない。そうであるならば、このシニア・レンダーによる事業契約を新プロジェクト会社に移転されることも当該行政法規には違反しないと解釈するのが合理的であろう。

(5) 直接協定およびステップ・インの権利

第Ⅰ編3(2)(iv)で前述したとおり、直接協定もプロジェクトファイナンスにおける専門用語である。プロジェクト関係当事者ごとに、当該プロジェクト関係当事者、シニア・レンダーおよび場合によりプロジェクト会社との間で締結される契約である。直接協定が締結される主な目的は、①当該プロジェクト関連契約（上のプロジェクト会社の権利）のうえに設定された担保権に関

する対抗要件の具備、および②シニア・レンダーのステップ・インの権利の確保である。そこで、ここではこの2つの目的について説明し、さらにシニア・レンダーのステップ・インの権利およびホスト国・オフテイカーのステップ・インの権利を説明し、その他直接協定で規定される事項を説明する。

なお、プロジェクトファイナンスのメリットは、2(1)で前述したとおり、プロジェクト関係当事者にもあるのである。したがって、当該プロジェクト関係当事者も合理的な内容の直接協定を締結する必要があるのである。

(i) プロジェクト関連契約（上のプロジェクト会社の権利）のうえに設定された担保権に関する対抗要件の具備

プロジェクト関連契約（上のプロジェクト会社の権利）のうえに設定された担保権の設定について対抗要件を具備する必要がある。当該対抗要件は、当該担保権の準拠法（国際私法を含む）によって決まるものであるが、通常は当該プロジェクト関連契約に係るプロジェクト関係当事者による当該担保権の設定に関する承諾であろう。また、当該プロジェクト関連契約に係るプロジェクト関係当事者による担保権の設定に関する承諾が担保権の設定の対抗要件でない場合でも、当該プロジェクト関連契約に係るプロジェクト関係当事者が当該担保権の設定を承諾することは、プロジェクトファイナンスにおけるステップ・インの権利がシニア・レンダーにあることを当該プロジェクト関係当事者に認識してもらう観点からも重要であろう。この観点から、プロジェクト関連契約に係るプロジェクト関係当事者による担保権の設定に関する承諾が、直接協定では通常規定されることになる。

なお、プロジェクト関連契約上、プロジェクト会社が当該プロジェクト関連契約（上のプロジェクト会社の権利）のうえに担保権を設定する場合には、事前に当該プロジェクト関連契約に係るプロジェクト関係当事者の承諾を得る必要がある場合がある。担保権の準拠法によっては、この承諾は、法的には対抗要件としての承諾とは別のものである場合もある。この両方の承諾を直接協定で規定できるか、特に後者は担保権の設定前に取得する必要のある

事前の承諾である必要があることから、直接協定の締結と担保権設定契約の締結のタイミングも含め、検討する必要がある。

また、ホスト国・オフテイカーによっては、担保権設定契約や優先貸付契約の内容の開示を求めてくる場合がある。しかしながら、第Ⅱ編3(2)(vi)①で前述したホスト国・オフテイカーがO&M契約やEPC契約の内容に関与する場合と同様、これはホスト国・オフテイカーにとって百害あって一利なしである。資源・インフラPPPプロジェクトおよびプロジェクトファイナンスを理解しているホスト国・オフテイカーであれば、そのような開示は求めない。むしろ、担保権の設定の有効性についてはホスト国・オフテイカーは責任を負わないことを確認する規定を直接協定で設けることを求めることがある。

(ii) **ステップ・インの権利**

ステップ・インの権利もプロジェクトファイナンス特有の専門用語である。シニア・レンダーが有するステップ・インの権利には、次の2種類が存在する。

① **ステップ・インの権利①**

このステップ・インの権利は、シニア・レンダーが、プロジェクト会社にかわって（プロジェクト会社を代理して）プロジェクト関連契約上のプロジェクト会社の義務を履行することができる権利である。まさに、プロジェクト会社の権利および義務にステップ・インする（介入する）のである。この場合は、後述の②の場合と異なり、プロジェクト関連契約を新スポンサーの新プロジェクト会社に譲渡することはしない。このステップ・インの権利は、その時点のスポンサーおよびプロジェクト会社をそのままにして、プロジェクトの立直しを図ることを目的としたものである。

なお、実際には、シニア・レンダーには当該プロジェクト関連契約上のプロジェクト会社の義務を履行する技術的能力がないことから、当該能力を備えた者に履行してもらうことになる。

直接協定においては、シニア・レンダーが、プロジェクト会社にかわって（プロジェクト会社を代理して）プロジェクト関連契約上のプロジェクト会社の義務を履行することができることを規定することになる。なお、このステップ・インの権利①が行使されるのは、プロジェクト関連契約上プロジェクト会社の帰責事由によるプロジェクト会社の債務不履行が発生している場合である。当該債務不履行を治癒するために、シニア・レンダーはステップ・インの権利①を行使するのである。

② 　ステップ・インの権利②

　このステップ・インの権利は、シニア・レンダーが、プロジェクトの立直しを図るための、スポンサーを交替させる権利（旧スポンサーを新スポンサーに交替させることができる権利）である。この内容は、(4)で前述したとおり、プロジェクト会社が有する資産ならびにスポンサーが有する株式および劣後ローン債権のうえに担保権を設定することである。

　直接協定においては、シニア・レンダーが、当該担保権の設定をプロジェクト関係当事者が承諾することが規定されることになる。すなわち、(ii)で前述した承諾に含まれることになる。

③ 　シニア・レンダーにとっての治癒期間

　通常、プロジェクトがうまくいっていないときは、プロジェクト会社はプロジェクト関連契約上プロジェクト会社の帰責事由による債務不履行を行っている。この場合、通常は、プロジェクト会社に対して一定の治癒期間（Cure Period）が与えられ、当該治癒期間が経過したにもかかわらず当該債務不履行が治癒していない場合、当該プロジェクト関連契約に係るプロジェクト関係当事者は、当該プロジェクト関連契約を解約する権利を取得することになる。もし当該プロジェクト関連契約に係るプロジェクト関係当事者が当該プロジェクト関連契約を解約する権利を行使すると、それによりプロジェクトは終了してしまう。もしプロジェクトが終了してしまうと、シニア・レンダーのステップ・インの権利は無意味なものとなる。したがって、シニア・レンダーがステップ・インの権利を行使して、プロジェクトの立直しを図る

ためには当該プロジェクト関連契約が解約されず、プロジェクトが終了していないことが必要となる。

　この観点から、直接協定においては、プロジェクト関連契約においてプロジェクト会社に対して与えられた治癒期間に加え、別途シニア・レンダーにも一定の治癒期間を与え、その間は当該プロジェクト関連契約に係るプロジェクト関係当事者は当該プロジェクト関連契約を解約しないことが規定されることになる。なお、当該治癒期間は、たとえばIPPプロジェクトでタービンの羽根が損傷した場合、当該羽根の交換には半年くらいかかる場合もあるのである。したがって、債務不履行の原因にもよるが、ある程度長期の期間が設定される必要があるのである。もしこのシニア・レンダーに与えられる治癒期間が短いと、シニア・レンダーとしてはステップ・インの権利を行使するインセンティブがないことになり、当該プロジェクト関連契約に係るプロジェクト関係当事者、特にホスト国・オフテイカーのためにもならないのである。

　なお、シニア・レンダーは、当該治癒期間中は治癒のための合理的な努力を尽くしている必要がある。もしシニア・レンダーがそのような努力を尽くしていないのであれば、当該治癒期間は終了し、当該プロジェクト関連契約に係るプロジェクト関係当事者は当該プロジェクト関連契約を解約できるとすることが合理的であろう。

④　**ステップ・インの権利②の行使にはプロジェクト関連契約上の債務不履行は必須要件ではない**

　シニア・レンダーがステップ・インの権利②を行使して担保権を実行する場合、実務的には、プロジェクト関連契約上プロジェクト会社の帰責事由によるプロジェクト会社の債務不履行が発生していることが多いであろう。しかしながら、たとえば、プロジェクト契約上のプロジェクト会社の帰責事由によるプロジェクト会社の債務不履行が存在しない場合でも、シニア・レンダーがステップ・インの権利②を行使する必要がある場合も存在する。たとえば、O&Mオペレーターが O&M 業務を行うに際して、事業契約上のプロ

ジェクト会社の義務を履行されるようにO&M業務を行っているが、当初予定していたO&M業務に係る費用より多額のO&M業務に係る費用がかかった場合、事業契約においてはプロジェクト会社の帰責事由によるプロジェクト会社の債務不履行は存在しない。しかしながら、O&M業務に係る追加費用は、**第Ⅱ編3(2)(vi)②**で前述したとおり、スポンサーの利益が原資となり、その原資がなくなるとシニア・ローンの返済ができないことになるのである。このような場合も、シニア・レンダーとしてはスポンサーを交替させて、プロジェクトを立て直す必要があるのである。

ホスト国・オフテイカーからすれば、事業契約上のプロジェクト会社の帰責事由によるプロジェクト会社の債務不履行が存在しないにもかかわらずスポンサーが交替することには抵抗感があるかもしれない。しかしながら、そのような場合には早晩事業契約上のプロジェクト会社の帰責事由によるプロジェクト会社の債務不履行は発生するのであり、当該不履行の発生を未然に防ぐ観点からは、ホスト国・オフテイカーのメリットにもなることに留意する必要がある。

⑤ **プロジェクト関連契約に係るプロジェクト関係当事者からの要請事項**

プロジェクト関連契約に係るプロジェクト関係当事者が担保権を設定することを承諾することは、担保権の本質は担保権を実行することである以上、当然に担保権を実行することに関する承諾も含まれる。少なくとも含まれると解釈されるべきである。もし、プロジェクト関連契約に係るプロジェクト関係当事者が担保権の実行に関しても、別途プロジェクト関係当事者の担保権実行時における承諾事項とすると、このステップ・インの権利②がないことになり、プロジェクトファイナンスが成り立たないことに留意すべきである。

ただし、(4)(vi)で前述したとおり、プロジェクト関連契約に係るプロジェクト関係当事者からすれば、プロジェクト関連契約がだれに譲渡されるのか当該担保権設定時はわからない。また、担保権実行時には旧プロジェクト会社が当該プロジェクト関連契約上義務違反をしている場合もあり、それにより

当該プロジェクト関連契約に係るプロジェクト関係当事者が旧プロジェクト会社に対して有している権利・債権がどうなるかも関心があるところである。これらの観点から、プロジェクト関連契約に係るプロジェクト関係当事者も当該担保権の実行に一定の条件をつける合理的な理由がある場合も存在する。たとえば、新スポンサーに関しては客観的に事業遂行能力があることを要件とすることも考えられる。ただし、シニア・レンダーもやみくもにだれでも新スポンサーでいいとは考えていない。プロジェクトを立て直して、立て直されたキャッシュフローからシニア・ローンの返済を受けることを期待するのである。その意味で、シニア・レンダーは可能な限り客観的に事業遂行能力がある者を新スポンサーに選任するのである。したがって、直接協定において、プロジェクト関連契約に係るプロジェクト関係当事者がシニア・レンダーに対して、新スポンサーに客観的に事業遂行能力があることを担保権の実行の要件とする必要があるか否かは十分検討する必要がある。

もしシニア・レンダーがそのような新スポンサーが存在するにもかかわらず当該新スポンサーを選任しないリスクがあるのであれば、それは本質的に当該シニア・レンダーがプロジェクトファイナンスを行う能力が劣ることを意味する。そうであれば、当該プロジェクト関連契約に係るプロジェクト関係当事者がホスト国・オフテイカーである場合には、そもそもそのようなシニア・レンダーにプロジェクトファイナンスを供与することとしたスポンサーの事業遂行能力に問題があるのであり、そのようなスポンサーにプロジェクトを落札させることが本質的な問題なのである。

また、プロジェクト関連契約がEPC契約の場合、シニア・レンダーがステップ・インの権利②を行使する場合には、プロジェクト会社がEPC契約上プロジェクト会社の帰責事由により債務不履行を行っている場合が想定される。そして、EPC契約におけるプロジェクト会社の債務は、EPC代金支払債務が主である。シニア・レンダーがステップ・インの権利②を行使してスポンサーを交替させた場合、シニア・レンダーによるステップ・インの権利②の行使はプロジェクトの立直しを図ることを目的としている以上、EPC

代金が未払いのまま EPC コントラクターに EPC 契約上の義務を履行し続けることを要求することには合理性はないであろう。その意味で、シニア・レンダーがステップ・インの権利②を行使する際には、未払いの EPC 代金の支払がなされることを要件とすることが考えられる。

なお、プロジェクト関連契約が事業契約の場合においてシニア・レンダーがステップ・インの権利②を行使するときには、プロジェクト会社が事業契約上プロジェクト会社の帰責事由により債務不履行を行っている場合が想定される。EPC 契約の場合と同様、ホスト国・オフテイカーが、シニア・レンダーが当該債務不履行を治癒することを保証することをシニア・レンダーがステップ・インの権利②を行使する際の要件とすることを主張する場合もある。しかしながら、事業契約の場合は、EPC 契約の場合と異なり、プロジェクト会社が事業契約上プロジェクト会社の帰責事由により債務不履行を行っている債務は、事業を行う債務であり、金銭債務ではない（なお、第Ⅱ編5⑴(iii)で前述したとおり、そもそも事業契約においてプロジェクト会社が負う金銭債務はホスト国・オフテイカーが事業契約上要求した銀行の支払保証や未払いのアベイラビリティ・フィーの減額により事業契約解時時に回収されるべき債務に限定されるべきであり、それ以外の金銭債務を発生させることには合理性がないことに留意する必要がある）。そうすると、当該債務不履行となっている事業を行う債務は、新スポンサーによるプロジェクトの立直しを通じて治癒されることになるが、新スポンサーが100％プロジェクトの立直しに成功するか否かはだれにも予想できないのである。したがって、結果的にプロジェクトが立て直されることをシニア・レンダーに保証させることにはなんら合理性はないのである。

⑥ **プロジェクト会社に関して倒産・再生手続が開始された場合の対応策**

もしプロジェクト会社に関して倒産・再生手続が開始された場合[24]、シニア・レンダーのステップ・インの権利②はどうなるのか。たとえば、プロジェクトの資産のうえに設定された担保権の行使が制限される可能性がある。また、プロジェクト関連契約上の債権のみが担保権の対象の場合、プロ

ジェクト関連契約自体が双方未履行の双務契約として、プロジェクト会社またはプロジェクト会社の管財人から解約されるリスクもあるのである。これではシニア・レンダーのステップ・インの権利②は実効性がないことになる。

このような場合には、新スポンサーが新プロジェクト会社を設立し、プロジェクト関連契約に係るプロジェクト関係当事者が、当該新プロジェクト会社と新たなプロジェクト関連契約を締結することにプロジェクト関連契約に係るプロジェクト関係当事者がシニア・レンダーとの間で合意することにより、シニア・レンダーのステップ・インの権利②の実効性がない事態に対して対応するのである。このプロジェクト関連契約に係るプロジェクト関係当事者が当該新プロジェクト会社と新たなプロジェクト関連契約を締結する義務（この義務は、シニア・レンダーに対する義務であることに留意する必要がある）が、直接協定において規定されることになるのである。

なお、新プロジェクト関連契約は、旧プロジェクト関連契約の内容と同一のものとすべきであろう。また、旧プロジェクト関連契約における旧プロジェクト会社の帰責事由による旧プロジェクト会社の債務不履行の状態も含まれるべきであろう。なお、新スポンサーに関する事項に関しては、⑤で前述したステップ・インの権利②を行使する際の要件と基本的には同じことが

---

24 なお、プロジェクト会社に再生手続（米国におけるChapter 11や日本法における会社更生法や民事再生法に基づく手続である）が適用されるかは議論に値する論点であると思料される。再生手続は、裁判所の手続により、再生債務者に対する債権者の債権について基本的に平等に取り扱い、かつ可能な限り回収を図ることと再生債務者の再生を図ることを目的とした制度である。他方、シニア・レンダーのステップ・インの権利②も、プロジェクト会社の再生を目的とするものであり、その手続においてはプロジェクト関連契約に係るプロジェクト関係当事者の債権は基本的に保護されるのである。シニア・レンダーのステップ・インの権利②はいわば裁判手続によらない公平な再生手続である。そうであるならば、裁判所は民間企業が構築した裁判手続によらない公平な再生手続を尊重すべきであり、シニア・レンダーがステップ・インの権利②を行使する意思がある限り、少なくともプロジェクト会社、スポンサー（株主）およびプロジェクト関係当事者からの裁判手続による再生手続開始の申立てに関しては、（どう理由づけるかはともかく）有効なものではないとすることも検討されるべきではないか。ただし、純粋な第三者（たとえば、不法行為に基づく損害賠償請求権をプロジェクト会社に対して有する債権者からの裁判手続による再生手続開始の申立てに関しては、このような有効でないとする判断はむずかしいと思料される。

当てはまるであろう。また、当該旧プロジェクト関連契約上の旧プロジェクト会社の帰責事由による旧プロジェクト会社の債務不履行の治癒に関しても、⑤で前述したステップ・インの権利②を行使する際の要件と基本的には同じことが当てはまるであろう[25]。

⑦ ホスト国・オフテイカーのステップ・インの権利

なお、便宜的に、ここでホスト国・オフテイカーのステップ・インの権利について説明する。ホスト国・オフテイカーのステップ・インの権利とは、ホスト国・オフテイカーが、プロジェクト会社にかわって（プロジェクト会社を代理して）事業契約上のプロジェクト会社の義務を履行することができる権利である。この場合は、プロジェクト関連契約を新スポンサーの新プロジェクト会社に譲渡することはしない。

そもそもホスト国・オフテイカーのステップ・インの権利が認められる趣旨は、プロジェクト会社の帰責事由によりプロジェクト会社が事業契約上の債務不履行を行っている場合、事業契約の目的である公的なサービスが国民に対して提供できなくなるリスクがある。ホスト国・オフテイカーはこのリスクを一時的に避けるために、このステップ・インの権利を行使するのである。シニア・レンダーにおけるステップ・インの権利①に相当するものであり、かつ対象となるプロジェクト関連契約は事業契約のみである。このホスト国・オフテイカーのステップ・インの権利は、事業契約で規定されることになる。

なお、ホスト国・オフテイカーのステップ・インの権利は、プロジェクト会社の帰責事由によるプロジェクト会社の事業契約上の債務不履行を一時的に治癒するだけである。当該債務不履行が確定的な場合にホスト国・オフテイカーがとる手段は、ホスト国・オフテイカーおよび旧プロジェクト会社との間で締結された事業契約を解約し、新スポンサーが設立した新プロジェク

---

[25] このプロジェクト会社の倒産時における対応策であるが、プロジェクト関連契約に関しては存在するが、その他の資産に関しては、存在しない。その意味で、本質的な対応策は、プロジェクト会社が倒産する前にスポンサーを交替させることである。

ト会社と新たな事業契約を締結することである。したがって、シニア・レンダーにおけるステップ・インの権利②に相当する権利は不要である[26]。

(iii) プロジェクト関連契約に係るプロジェクト関係当事者のプロジェクト関連契約上の義務を遵守するシニア・レンダーに対する義務

シニア・レンダーは、プロジェクト関連契約に係るプロジェクト関係当事者、特にホスト国・オフテイカーが、当該プロジェクト関連契約上の義務を遵守することを前提として、プロジェクトファイナンスを供与するものである。したがって、もしプロジェクト関連契約に係るプロジェクト関係当事者が当該プロジェクト関連契約上の義務に違反すると、プロジェクトファイナンスの前提が崩れることになる。もちろん、このリスクをスポンサーに転嫁することはできない。このことから、直接協定においては、プロジェクト関連契約に係るプロジェクト関係当事者が当該プロジェクト関連契約上の義務を遵守することを誓約させることになる。このプロジェクト関連契約に係るプロジェクト関係当事者の義務はシニア・レンダーに対する義務である。したがって、もしプロジェクト関連契約に係るプロジェクト関係当事者が当該プロジェクト関連契約上の義務に違反した場合には、当該プロジェクト関連契約上プロジェクト会社に対して債務不履行に基づく責任を負うことに加え、直接協定上シニア・レンダーに対して債務不履行に基づく責任を負うことになる。このプロジェクト関連契約に係るプロジェクト関係当事者の直接協定上のシニア・レンダーに対する債務不履行に基づく責任は、損害賠償責任となる。しかしながら、シニア・レンダーが被る損害は、シニア・ローンが回収できなかったことであり、損害賠償額は回収できなかったシニア・

---

[26] なお、日本の一部のPFI・DBOプロジェクトにおいて、ホスト国・オフテイカーのためにプロジェクト会社の株式のうえに担保権を設定することが要求されることがある。しかしながら、これには合理性はまったくなく、したがって、PFIやDBOの本質を理解していない要求であることに留意すべきである。

ローンの金額となる。これが直接協定上のシニア・レンダーに対する債務不履行との因果関係があるものとして、具体的にプロジェクト関連契約に係るプロジェクト関係当事者がシニア・レンダーに対して損害賠償責任を負うか否かは、直接協定の準拠法にもよるが、一般論としてはプロジェクト関連契約に係るプロジェクト関係当事者は容易には当該責任は負わないのではないか。ただし、常に当該責任を負わないと断言することもできないであろう。このような法的には不確かな状態が、プロジェクトファイナンスでは、いわばプロジェクト関連契約に係るプロジェクト関係当事者とシニア・レンダーとの間の妥協の産物として意味のあるものとなっているのではないか。

なお、日本のPFIでは、時として、シニア・レンダーが融資関連契約上の義務を遵守することを国・地方公共団体等に対して誓約することが求められる場合がある。しかしながら、そもそも資源・インフラPPPプロジェクトにおいて資金調達はスポンサーの責任で行うものであり、国・地方公共団体等が資金調達に関してシニア・レンダーやスポンサー、プロジェクト会社に義務を負わせることは資源・インフラPPPプロジェクトの本質に反することである。また、シニア・レンダーが融資関連契約に違反しても、プロジェクト会社やスポンサーが損害を被ることはあっても、国・地方公共団体等は保護に値する損害を被ることはない。国・地方公共団体等の保護は、あくまでも事業契約の解約時の事業契約で規定されている損害賠償の予約だけであり、それは銀行の支払保証や未払いのアベイラビリティ・フィーの減額で担保されているのである。

時として、契約の一方の当事者が有する権利と同じ権利を契約の他方当事者が要求することがあるが、契約の当事者はその契約の内容により異なった権利を有するのであり、契約の一方の当事者が有する権利と同じ権利を形式的に契約の他方当事者が要求することは、契約というものの本質を理解していない主張であることに留意すべきである。

あとがき——志の高い若き諸君のために

　思えば、これまで比較的運に恵まれてきた弁護士としての人生である。親の愛に恵まれ、中学・高校では自ら考える力を養うことができた。大学では優秀な友人と議論を戦わすことができ、弁護士になってからは所属する法律事務所の諸先輩方から厳しくも温かいご指導を受けることができた。さらに、真の法的リスク・契約問題を、時として基礎理論にさかのぼって論理的に説明することを評価する依頼者の方々に恵まれた。そしてなによりも、さまざまな場面で出会った諸先輩方から、仕事の枠を超えて、筆者が弁護士として飛躍するために必要となる知識、経験、機会を得ることができた。たとえば、公的機関の委員をやり、また講演会の講師をすることができた。お陰様で、何とか一人前の弁護士になることができたのではないかと思っている。本当に感謝の念で一杯である。本来であれば、この場をお借りして、これらの諸先輩方おひとりおひとりにお礼の言葉を表すべきと思われる。しかしながら、諸先輩方が筆者に期待したことは、少しでもこの世の中をよくすることである。そうであるならば、50歳を過ぎた筆者がすべきことは、諸先輩方が筆者にされたことを、今度は筆者が筆者の後輩たちにすることである。この観点からは、筆者はまだ諸先輩方の期待に半分も応えていない。

　筆者は、1997年6月から1999年5月までの2年間、旧日本輸出入銀行（現・株式会社国際協力銀行（JBIC））のプロジェクトファイナンス部の案件に専属的に関与した。これを機に、資源・インフラPPPとプロジェクトファイナンスは、筆者のライフワークとなった。これまで幾度か、資源・インフラPPPとプロジェクトファイナンスの教科書を執筆したいとの話を有志たちにしたことがあったが、いずれも日々の仕事の忙しさを言い訳にして、実現することはなかった。その後、2010年にJBICが京都大学経営管理大学院で「プロジェクトファイナンス」の講座を受け持つことになり、筆者もJBICから2コマ合計3時間講義をする機会を頂戴した。そして、その年の12月の筆

者の講義の最後に、同大学の若くて優秀な助教の方から、「感動した。こんなことはどこにも書いていない。ぜひとも本にしてほしい」といわれた。この助教の方の熱意が、筆者に本書を執筆させたのであると思う。決意してから執筆しおわるまでに3年もの長い年月がたってしまった。大変申し訳ないことである。しかし、これで少しは後輩たちに役に立つことができたのではないか、筆者の諸先輩方に少しは顔向けできるのではないかと思っている。

　筆者が初めて資源・インフラPPPとプロジェクトファイナンスのセミナーの講師をしたのは、今から14年以上前の2000年1月26日・28日の財団法人海外投融資情報財団主催のセミナーであった。このセミナーで述べたことは、本書で筆者が書いたことと基本的には同じであった。残念ながら、今日に至るまで日本において資源・インフラPPPとプロジェクトファイナンスが正確に理解されることはなかった。これを機に、少しでも日本における資源・インフラPPPとプロジェクトファイナンスの状況が改善され、また日本の企業が海外の資源・インフラPPPとプロジェクトファイナンスの案件により参画できるようになれば、筆者としては、望外の喜びである。また、本書で述べたことに関しては、批判的に分析していただきたい。今後も、さまざまな方からご批判・ご指摘を受けながら、この資源・インフラPPPとプロジェクトファイナンスのマーケットの志の高い参加者全員で、資源・インフラPPPとプロジェクトファイナンスを向上・進化させていくことが今後の筆者の課題である。

　なお、このセミナーで参加者に配布した資料の最後にPFIに関して記したことは、「海外ではすでにインフラストラクチャー運営事業会社が存在⇒インフラ整備事業の民営化、PFI化は避けられない現実からすれば、現時点で当該事業会社を日本で育成、発展させなければ、外資との競争に敗れる。逆に、日本で育成、発展させれば、海外での事業展開が可能となる⇒本質は、産業育成政策」であった。しかしながら、日本でインフラ「運営」事業会社が育成されることは、これまでほとんどなかった。いま、オールジャパンといわれるが、主役である純粋に民間であるインフラ「運営」事業会社が日本

にはほとんど存在しないのである。単に技術が高いだけではなく、さまざまなプレーヤーの利害を調整し、英語による交渉力も含め、プロジェクトを統括する事業遂行能力が必要なのである。現に、PFIを理解した優秀な日本のプレーヤーは、海外の純粋に民間であるインフラ「運営」事業会社と組んでいるのである。この育成がなされることが期待できない日本の現状を、根本から変える必要があるのである。

　最後に、今回、本書の発行を引き受けていただいた一般社団法人金融財政事情研究会には、大変お世話になった。特に、本書を担当された谷川治生氏、髙野雄樹氏には、本を執筆するのが初めての筆者の原稿にきわめて丁寧な校正を入れていただいた。この場をお借りして心より感謝申し上げる。

2014年4月3日

PFI誕生の地、英国ロンドンのヒースロー空港に向かう機中にて

樋口　孝夫

事項索引

英 字

ADR（Alternative Dispute Resolution、裁判外紛争解決手続） …… 15
BLT …………………………………… 31, 32
bond ………………………… 60, 127, 128
BOO ………………………………………… 31
BOT …………………………………… 30, 157
BTO（Build-Transfer-Operate） …… 38
date-certain, fixed price, lump-sum, full turnkey …………………………… 19
DBO プロジェクト …………………… 36
DCF（Discounted Cash Flow） …… 147
DSCR（Debt Service Coverage Ratio） … 136, 172, 179, 203, 204, 219
EBITDA（Earnings Before Interest, Taxes, Depreciation and Amortization） ……………………… 192
ECA（Export Credit Agency）
　………………………………… 118, 216, 219
EIRR（Internal Rate of Return on Equity；Equity-IRR） ……… 46, 146
EPC 契約 ……………………… 11, 19, 135
EPC コントラクター（EPC Contractor） ……………………… 11, 12, 19
EPC プロジェクト ………………… 12, 30
Equity-IRR（Internal Rate of Return on Equity；EIRR）
　…… 55, 97, 105, 108, 122, 145, 146, 179, 181, 188, 196, 197, 199, 203
Equity-IRR の向上 ………………… 146
FIT（Feed-in Tariff）制度 ………… 33
FIT 制度 …………………………………… 101
FSTA（Fuel Supply and Transportation Agreement） …………… 82
Internal Rate of Return on Equity（Equity-IRR；EIRR） ………… 46, 146
IPP（Independent Power Producer、独立系発電事業者）
　……………………………………………… 2, 33
IPP プロジェクト ………………… 27, 206
IRR（Internal Rate of Return）
　……………………………………………… 46, 146
LCC（Life Cycle Cost） ……………… 40
LLC（Limited Liability Company） ……………………………………… 12, 56
LLCR（Loan Life Coverage Ratio） ………………… 172, 203, 204, 219
LNG プロジェクト …………………… 95
MDB（Multilateral Development Bank） ……………………… 118, 216, 219
Modigliani-Miller 理論 ……………… 151
Novation ………………………………… 228
NPV（Net Present Value） ………… 147
O&M オペレーター（O&M Operator） ……………… 10, 11, 12, 18, 77
O&M 業務委託料
　………………………… 64, 70, 73, 91, 133, 161
O&M 業務委託料等支払口座 ……… 183
O&M 契約 ……………………… 11, 18, 133
PFI（Private Finance Initiative）
　……………………………………………… 2, 33
PFI 法 ……………………………………… 18, 68
PIRR（Internal Rate of Return on Project；Project-IRR） ……… 46, 146
PLCR（Project Life Coverage Ratio） ………………………… 203, 210, 219
PPA（Power Purchase Agree-

ment) ……………………… 28, 206
PPP (Public Private Partnership)
　………………………………… 2, 33
PQ (ピー・キュー) …………………… 88
Project-IRR (Internal Rate of Return on Project ; PIRR) ………… 146
PSC (Public Sector Comparator) … 40
ROE (Return on Equity) ………… 149
ROI (Return on Investment) …… 149
Senior Loan ………………………… 14
Single (Point) Responsibility …… 77
SPC (Special Purpose Company)
　………………………………… 11, 48
standby L/C ……………… 60, 127, 128
Subordinated Loan ………………… 10
take or pay ………………………… 28
VFM (Value For Money) …… 40, 122
VFMの向上 ………………………… 163

あ 行

アウトプット仕様 …………… 42, 121
アディショナリティ (Additionality) ………………………………… 41
アベイラビリティ・フィー (Availability Fee)
　……………… 59, 94, 109, 120, 124, 237, 241
インカム・ゲイン …………………… 54
インフラファンド …………… 100, 178
ウォーターフォール規定
　……………… 56, 133, 142, 168, 182, 183, 202, 205, 212, 219
運営期間 ………… 19, 87, 89, 91, 124, 182
運営リスク ……… 103, 106, 124, 172, 185
エクイティ・エクイバレント (Equity Equivalent、出資同等) …… 197
エクイティ・プロ・ラタ (Equity Pro Rata) ……………………… 180
エクイティ・ラスト (Equity Last) ……………………………… 181
エクイティ・リーケージ (Equity Leakage) ……………………… 133
オーナーオペレーター (Owner-Operator) の原則
　……………… 10, 23, 62, 64, 69, 134, 142, 156, 217, 221
オフショア (Offshore) EPC契約
　…………………………… 13, 20, 79
オフテイカー (Off-taker) ………… 2
オフテイク (Off-take) 契約
　…………………………… 10, 16, 101
オフバランス ……………………… 154
オペレーションコスト …………… 91
オペレーションコスト予備費口座
　…………………………………… 183
オンショア (Onshore) EPC契約
　…………………………… 13, 20, 79

か 行

外為取引 (為替) リスク ………… 117
瑕疵担保責任 ……………………… 216
貸付期間 …………………………… 209
貸付前提条件 (Conditions Precedent) ……………………………… 211
過小資本税制 (Thin Capitalization) ……………………………… 194
完工遅延リスク …………………… 128
完工保証 … 154, 174, 181, 212, 215, 219
完工リスク
　……………… 21, 60, 63, 70, 74, 79, 90, 103, 106, 114, 127, 172, 173
間接法のキャッシュフロー ……… 192
元利金返済カバー率 ……………… 204

期限の利益喪失事由（Event of Default） ……………… 190,207,208,211,213,214
期限前弁済 …………………………… 137
基本契約 ……………………………… 57
キャッシュ・アベイラブル・フォー・デット・サービス（Cash available for debt service） ……………………………… 204
キャッシュフロー ……………… 52,91,140,142,143,168,170,183,220,226
キャッシュフロー・ストラクチャー …… 56,92,182,192,194,203
キャッシュフロー・モデル ………… 172
キャッシュフローの感度分析（Sensitivity Analysis） ……………………………… 172,206,210
キャパシティ・フィー（Capacity Fee） …………………………… 94,120
キャピタル・ゲイン ………………… 54
強制期限前弁済事由 ……………… 210
業務遂行能力 ………… 39,100,214
許認可等 …………………………… 10
許認可取消しリスク ……………… 117
銀行による支払保証 ………… 60,127
金利スワップ契約 ………………… 17
計画DSCR ………………………… 190
契約違反リスク …………………… 117
契約主義 …………………………… 66
契約上の地位 ……………………… 228
原燃料供給者 ……………………… 8
公共施設等運営権 ………………… 18
航空機ファイナンス ……………… 141
公租公課等支払積立口座 ………… 183
コーディネーション（Coordination）契約 ……………… 13,20,79

コーポレートファイナンス ………… 211
国際開発金融機関 ………………… 118
コスト・オーバーラン …………… 21,70
固定価格買取制度 ………………… 33
固定費 ……………………………… 94
コンサルタント契約 ……………… 25
コンセッション ………… 10,18,113
コンソーシアム …………………… 171

さ 行

財政負担額の現在価値 ……………… 40
財務制限条項 ………………… 177,197
財務的完工（Financial Completion） …… 91,173,190,212,213,225
サスティナビリティ（Sustainability） ……… 85,100,101,162,164,175
サブ・ローン ……………………… 10
ジェネラル・パートナー（general partner） ……………………… 56
事業 ……………………………… 143
事業期間 …………………………… 87
事業金融 …………………………… 179
事業計画 …………………………… 172
事業契約（オフテイク契約）…… 16,102
事業権 ………………………… 10,87,120
事業遂行能力 ……… 52,67,74,83,88,106,142,143,158,160,164,168,171,177,186,199,236
事業の単一性の原則 ……………… 72
自己資本利益率 …………………… 149
資産 ……………………………… 143
市場化テスト ……………………… 34
システムの輸出 …………………… 30
事前資格審査（Pre-qualification） ……………………………… 88

事項索引　247

実績DSCR（Historical DSCR）
　　　　　　　　　　　　190, 207
シニア・レンダー（Senior Lender）　　　　　　　　　　13, 22
シニア・ローン　　　　　　　　14
シニア・ローン弁済口座　　　183
シニア・ローン弁済積立金口座　183
支払保証　　　　　　　128, 237, 241
資本的支出（Capital Expenditures）　　　　　　　　　　36, 55
シャドー・トール（shadow toll）
　　　　　　　　　　　　　　113
収入口座　　　　　　　　183, 191
出資比率維持（義務）　　　23, 217
証券化　　　　4, 51, 140, 142, 178
正味現在価値　　　　　　146, 147
シングル・ポイント・レスポンシビリティ（Single Point Responsibility）の原則　　12, 77, 142, 173
信用補完措置（Credit Enhancement）　　　　　　　　　　218
信用力　　　　　84, 86, 88, 171, 204
ステップ・インの権利
　　　25, 166, 209, 222, 230, 231, 232
ストラクチャードファイナンス
　　　　　　　　　　　　140, 212
スポンサー　　　　　　　　10, 22
スポンサー・サポート
　　　　　23, 173, 216, 219, 226
スポンサー・サポート契約（Sponsor Support Agreement）
　　　　　　　　　22, 23, 154, 217
スポンサー・リスク　　　　　106
スポンサーの有限責任の原則　186
スポンサー劣後貸付契約　　　　20
スポンサーを交替させる権利
　　　　　　　　　166, 222, 233

政治暴力リスク　　　　　　　117
性能発注　　　　　　　　42, 121
性能未達に係る損害賠償の予約　135
誓約（Covenants）　　　　　　211
責任保険契約　　　　　　　　227
セキュリティ・パッケージ（Security Package）　　　　　　218
設計・建設期間
　　　　18, 19, 87, 89, 90, 127, 180
絶対劣後債権　　　　　　　　201
潜在的期限の利益喪失事由　　190
操業完工（Operational Completion）　　　　90, 135, 173, 213
相対劣後債権　　　　　　　　201
双方未履行の双務契約　　　　238
損害賠償の予約
　　　　　127, 129, 130, 218, 241

た　行

大規模修繕積立金口座　　　　183
大規模な定期修繕（major overhaul）　　　　　　　　　　206
対抗要件の具備　　　　　　　231
タラソ福岡のPFI（事業）　66, 178
担保関連契約（Security Agreement（Documents））　　　23
担保権　　　　　　　　　　　99
地位譲渡予約契約　　　　　　229
治癒期間（Cure Period）　　　233
長期の事業金融　　　　　　　169
直接協定（Direct Agreement）
　　　　　　　　　24, 167, 230
直接法のキャッシュフロー　193, 197
テイク・オア・ペイ（Take or Pay）　　　　　　　　　　　94
デット・エクイティ・レシオ

（Debt Equity Ratio）
.... 172,179,219
デット・サービス・カバレッジ・
　レシオ 204
電力売買契約 28
投下資本利益率 149
倒産隔離 50
投資 48,53
投資保護協定 101
透明性 53
特別目的会社 11,72,74
独立コンサルタント（エンジニ
　ア）（Independent Consultant/
　Engineer）
　.... 14,25,135,161,171,173,177,219
土地取得リスク 103,106,172
トラッキング・ストック（track-
　ing stock）............................ 72,73
トラック・レコード 88

な 行

内部収益率（Internal Rate of Re-
　turn on Project/Investment）
　... 46,146
燃料供給輸送契約 82
ノン・リコース（Non-recourse）... 22
パートナーシップ（Partnership）
　.. 12

は 行

配当可能利益 194
配当等支払口座 183,191
配当等支払準備口座 183,191
配当等の要件
　................ 135,189,191,201,207,214

ハコ物 PFI 38,72
パス・スルー 74,127
バック・トゥ・バック（back-to-
　back）.. 74
バリュー・フォー・マネー 40
バンキングがもつ「懐の深さ」
　.. 169,177
表明および保証（Representations
　and Warranties）................... 211
ファイナンスリース 141
不可抗力事由 112
不可抗力事由リスク（Force Ma-
　jeure Risk）.......... 103,109,116,172
物理的・機械的完工（Physical/
　Mechanical Completion）
　... 90,173,213
プルーブン・テクノロジー（prov-
　en technology）........................ 88
プルーブン・テクノロジーの原則
　................................. 85,159,171,173
プロジェクト・マネージメント・
　サービス契約（Project Manage-
　ment Services Agreement）
　... 20,77
プロジェクト・ライフ・カバレッ
　ジ・レシオ 210
プロジェクト会社 11
プロジェクト完工（Project Com-
　pletion）....................................... 90
プロジェクト関連契約（Project
　Agreements（Documents））
　... 16,27,28
プロジェクトコスト ... 91,99,179,213
プロジェクト立直し機能 165
プロジェクトの経済性（収益性）
　................... 100,146,172,210,218
プロジェクトの立直し

　　　　　…… 177, 189, 223, 227, 232, 233
プロジェクトファイナンスの定義
　　　　　……………………………… 140
プロジェクトボンド ……………… 178
ペーパー・カンパニー
　　　　　………………… 11, 21, 56, 74, 76
返済期間（tenor）………… 210, 219
変動費 ………………………………… 94
法令変更リスク
　　　　　………… 100, 103, 109, 117, 172
ホスト国・オフテイカー ……………… 9
ホスト国・オフテイカーのステッ
　プ・インの権利 …………………… 239
ホスト国におけるマクロ経済運営
　体制リスク ………………………… 85
ボラティリティ（Volatility）
　　　　　………… 51, 142, 143, 168, 210
ポリティカル・リスク
　　　　　………… 101, 103, 114, 117, 172
ポリティカル・リスク・カーブア
　ウト（political risk carveout）… 216

ま 行

マーケット（需要）・リスク
　　　　　………… 93, 103, 106, 112, 172, 174
マーケット・リスク・テイク型
　　　　　……… 45, 93, 100, 107, 119, 174, 210
マクロ経済運営体制（リスク）
　　　　　………………………… 101, 175
民営化 ………………………………… 34
民間資金等の活用による公共施設
　等の整備等の促進に関する法律
　（PFI法）…………………………… 3
民間資本（Private Finance）……… 34
モニタリング（機能）
　　　　　……………… 14, 53, 165, 176

や 行

有限責任 ………………………… 55, 57, 66
融資関連契約（Financing Agree-
　ments（Documents））
　　　　　………………… 16, 22, 27, 28, 212
ユーセージ・フィー（Usage Fee）
　　　　　………………………… 94, 120
優先貸付契約（Senior loan Agree-
　ment）……………………………… 22
優先貸付人 ………………………… 13
優先ローン ………………………… 14
輸出信用機関 …………………… 118
要求水準 …………………………… 42
予想 DSCR（Project DSCR）…… 207

ら 行

ライフサイクルコスト ……… 68, 70, 72
リース ………………………………… 55
利益相反 …………………………… 70
リコース …………………………… 22
リスクのパス・スルー ……………… 74
リスク分析 ………………………… 218
リスク分担 ………………………… 102
リミテッド・パートナー（Limit-
　ed partner）……………………… 56
リミテッド・パートナーシップ
　（Limited partnership）………… 56
リミテッド・ライアビリティ・カ
　ンパニー ……………………… 12, 56
リミテッド・リコース（Limited
　Recourse）………………………… 22
利用可能状態に対する支払型
　　　　　……………… 45, 58, 93, 100, 107,
　　　　　　　　　109, 120, 122, 174
劣後 O&M 業務委託料 …………… 134

劣後ローン 10, 20, 24, 180, 193, 197
レバレッジ効果
　............................ 46, 146, 152, 179, 187
ローカル・ディビデンド・ストッ
　パー（local dividend stopper）... 194
ローン・ライフ・カバレッジ・レ
　シオ 204

わ 行

割引率（Discount Rate）................ 148

資源・インフラPPP／プロジェクトファイナンスの基礎理論

2014年7月4日　第1刷発行
2020年11月9日　第3刷発行

著　者　樋　口　孝　夫
発行者　加　藤　一　浩
印刷所　株式会社太平印刷社

〒160-8520　東京都新宿区南元町19
発 行 所　一般社団法人 金融財政事情研究会
　編集部　TEL 03(3355)2251　FAX 03(3357)7416
販　　売　株式会社きんざい
　販売受付　TEL 03(3358)2891　FAX 03(3358)0037
　　　　　URL https://www.kinzai.jp/

・本書の内容の一部あるいは全部を無断で複写・複製・転訳載すること、および磁気または光記録媒体、コンピュータネットワーク上等へ入力することは、法律で認められた場合を除き、著作者および出版社の権利の侵害となります。
・落丁・乱丁本はお取替えいたします。定価はカバーに表示してあります。

ISBN978-4-322-12561-0